KB207837

마음챙김이 자리 잡을 수 있는 곳은
지금 이 순간뿐입니다.

아무것도 남기지 않기

아잔 브람의 위빠사나 명상 강의

불광출판사

이 책은 2017년 1월 말과 2월 초에 걸쳐 스리랑카에서 열렸던 열흘간의 명상 수련회에서
아잔 브람이 강의한 열다섯 번의 법문을 녹취하고 번역한 것입니다.

〔약어〕

A.	Aṅguttara Nikāya	앙굿따라 니까야
D.	Dīgha Nikāya	디가 니까야
M.	Majjhima Nikāya	맛지마 니까야
S.	Saṁyutta Nikāya	상윳따 니까야
Ud.	Udāna	우다나(감흥어)

〔일러두기〕

1 원래 아잔 브람의 법문에는 이 책에서 별색으로 표시한 경전 인용이 없었습니다.
   참석 대중이 대부분 스리랑카 비구였고 이분들은 해당 경전 내용을 대부분 암송하고
   있었기 때문입니다. 하지만 독자들을 위해 해당 경전을 찾아 삽입했습니다.

2 니까야는 초기불전연구원에서 출판한 책에서, 『담마빠다』는 일아 스님이 번역하고
   불광출판사에서 출판한 책에서 옮겨왔습니다. 인용 게재를 허락해주신 초기불전연구원
   그리고 일아 스님께 감사드립니다.

3 약어 옆의 번호는 각 경전이 몇 번째 경전인지 보여줍니다.
   예를 들어 M10은 『맛지마 니까야』 10번 경을 의미합니다.

4 빨리어 한글 표기는 초기불전연구원의 방식을 따랐습니다.

5 강의 내용과 경전의 번역에 차이가 있는 경우 강의의 맥락에 맞게 번역어를 바꾸었습니다.
   바꾼 부분에는 옆에 '●'로 표시를 했습니다.

아무것도 남기지 않기

아잔 브람의 위빠사나 명상 강의

목차

1

무엇을 하려는 마음을 놓아버리십시오

수행의 마음가짐

비구들이여, 어떻게 들숨날숨에 대한
마음챙김을 닦고 어떻게 거듭거듭 행하면 큰 결실이
있고 큰 이익이 있는가?
비구들이여, 여기 비구는 숲속에 가거나 나무
아래에 가거나 빈방에 가거나 하여 가부좌를 틀고
상체를 곧추세우고 전면에 마음챙김을 확립하여 앉는다.
그는 마음 챙기면서 숨을 들이쉬고 마음 챙기면서
숨을 내쉰다.

＿『맛지마 니까야』「들숨날숨에 대한 마음챙김 경」(M118)
§§16~17, 초기불전연구원

수행은 무엇을 얻기 위해 하는 것이 아닙니다. 우리는 니밋따(nimitta)
나 선정(禪定, jhāna)을 얻기 위해 수행하는 것이 아닙니다. 깨달음을
얻기 위해 수행하는 것도 아닙니다. 오히려 니밋따와 선정, 그리고
깨달음으로 가는 길에 있는 장애를 놓아버리기 위해서 수행합니다.
수행이란 모든 것을 놓아버리는 것입니다. 무엇을 얻기 위해 수행하
는 것과 모든 것을 놓아버리려고 수행하는 것에 별로 차이가 없다고
생각할지도 모릅니다. 하지만 이러한 태도의 변화로 모든 것이 달라
집니다. 명상을 대하는 수행자의 마음가짐이 변합니다. 놓아버리기
위해 수행하는 수행자는 모든 것이 사라진다는 것을 알게 됩니다.

수행은 자아에 더 많은 것을 제공하기 위해 하는 것이 아닙니다. 더 많은 것을 소유하기 위해 수행하는 것도 아닙니다. 수행은 놓아버리기 위해 하는 것입니다. 그리고 모든 것을 놓아버리려면 무엇을 원할 때와 반대의 방향으로 가야 합니다.

부처님이 가르치신 사성제(四聖諦) 중의 두 번째인 고집성제(苦集聖諦)는 탄하(taṇhā)가 모든 괴로움의 원인이 된다는 것입니다. 탄하는 갈애 또는 취착으로 번역됩니다. 저는 그 번역이 그다지 마음에 들지 않습니다. 왜냐하면 갈애나 취착이라고 하면 강한 욕망만 포함되고 미세한 욕망이나 수행에서의 욕심은 괴로움의 원인에서 제외되는 것 같기 때문입니다. 하지만 수행에서의 바람이나 좋은 일에 대한 미세한 욕망도 괴로움의 원인이 됩니다.

부처님이 히말라야에서 혼자 머물며 수행하는데 마라(Māra)가 다가와 방해하려 했습니다. 마라는 부처님에게 세상을 변화시키는 통치를 시작하라고 했고 세상에 있는 빈곤, 부패, 전쟁, 그리고 그 밖의 모든 갈등을 해결하라고 권했습니다. 오랜 세월 쌓아온 선업의 힘으로 고통받는 사람들을 도울 수 있도록 전륜성왕이 되라고 제안했습니다. 그것은 이타적인 염원이었지만 부처님은 그것이 괴로움을 멈추는 길이 아니라 그저 연장시킬 뿐이라는 것을 이해했고 거절하셨습니다. [『상윳따 니까야』 「마라 상윳따」 「통치 경」(S4:20)]

미세한 욕망도 괴로움의 원인이 됩니다. 저는 탄하를 '어떤 형태로든 무엇인가 바라는 마음'이라고 이해합니다. 수행에서 무엇을 원하는 것도 역시 탄하, 바라는 마음입니다. 수행을 통해 평화롭게 되기 바란다면 결코 평화롭게 되지 못할 것입니다. 호흡을 알아차리려 한다면 호흡을 알아차리지 못할 것입니다. 니밋따, 선정, 깨달음을 원한다면 여러분은 그러한 것에서 멀어질 것입니다. 바라는 마음을 놓아버리고 내어 맡겨야 합니다. 그때 니밋따, 선정, 깨달음이 일어납니다. 괴로움의 원인은 바라는 마음입니다. 괴로움의 소멸인 열반의 원인은 바라는 마음을 놓아버리는 것입니다.

천 겹의 꽃잎을 가진 연꽃

어딘가에 도달하기 위해서는 우선 먼저 무엇인가 원해야 한다고 사람들은 생각합니다. 원하지 않으면 아무것도 얻지 못할 것이라고 생각합니다. 하지만 저의 경험으로는 그 반대입니다. 수행의 길에서는 원하면 아무것도 얻지 못합니다. 무엇을 원하는 대신 바라는 마음을 모두 놓아버리고 고요히 머물러야 합니다.

저는 제가 말하고자 하는 것을 설명하기 위해 '천 겹의 꽃잎을 가진 연꽃'이라는 단순한 비유를 생각해냈습니다.

밤에 연꽃의 꽃잎은 닫혀 있습니다. 닫혀 있는 연꽃의 가장 바깥 꽃잎은 거칠고 두껍고 단단하고 더럽습니다. 바깥 꽃잎은 더위와 추위, 바람과 비를 견뎌야 하기 때문입니다. 아침에 태양이 떠오르면 햇살의 빛과 따뜻함이 바깥 꽃잎에 닿아 꽃잎이 열리기 시작합니다. 안에 있는 꽃잎은 훨씬 더 부드럽습니다. 또한 아름답고 향기롭습니다. 바깥 꽃잎이 열리면 햇살이 그 다음 꽃잎을 따뜻하게 데우기 시작합니다. 그래서 그 꽃잎도 열리게 됩니다. 이렇게 연꽃의 꽃잎은 한 겹씩 한 겹씩 열립니다. 한 겹의 꽃잎이 열리면 그 다음 꽃잎에 햇살이 가닿고 그러면 그 꽃잎도 서서히 열리는 것입니다. 꽃잎을 여는 것은 햇살의 밝음과 따뜻함입니다. 이 비유에서 연꽃은 여러분의 몸과 마음입니다. 꽃잎이 열리는 것은 의지력에 의한 것이 아닙니다. 빛과 따뜻함 속에 고요히 머무르면 꽃잎은 저절로 열립니다.

저는 오랫동안 명상 수행을 지도했습니다. 그런데 수행을 지도하다 보면 전혀 그럴 법하지 않은 사람이 깊은 명상에 드는 일을 볼 때가 종종 있습니다. 이 년 전, 호주의 명상 수련회에 참가하러 온 남자분이 있었습니다. 호주 사람이었는데 키가 195센티미터가 넘었고 온몸이 문신으로 덮여 있었으며 여기저기 피어싱도 하고 있어서 수련회에 참가하러 온 사람이라기보다 거리의 폭력배 같았습니다. 저는 그 사람이 저희 사원에서 6킬로미터 정도 떨어져 있는 교도소를 찾아 가다 길을 잘못 들은 사람인 줄 알고 그곳에 가는 길을 가르쳐주었습니다. 하지만 그는 저희 명상 수련회에 온 사람이었고 그의 이름은 예약자 명단에 있었습니다.

수련회 기간 동안 수행에 대한 개인 면담 시간이 있었습니다. 그는 저에게 자신의 수행 경험을 이야기했습니다. 그 이야기를 듣고 저는 그저 놀란 것이 아니라 충격을 받았습니다. 왜냐하면 그가 경험한 것은 첫 번째 선정, 초선(初禪)이었기 때문입니다. 외견상 짐작되는 라이프 스타일로는 전혀 그럴 법하지 않은 수행자가 선정을 얻은 것입니다. 그때 저는 그 사람의 가장 바깥 꽃잎을 보고 그 사람을 판단했다는 것을 알았습니다. 바깥 꽃잎에는 문신이 있을 수 있습니다. 거칠게 보일 수도 있습니다. 하지만 그렇다고 해서 그 안에 있는 다른 꽃잎을 저평가해서는 안 됩니다. 여러분 내면에도 니밋따, 선정, 그리고 깨달음의 아름다운 꽃잎이 모두 다 들어 있습니다.

담마(Dhamma), 부처님의 법을 이러한 시각에서 이해한다면 수행이란 어떤 특별한 행위가 아니라 '그저 열리게 놓아둠'이라는 것을 알게 될 것입니다. 연꽃의 꽃잎을 열게 하는 수단은 빛과 따뜻함입니다. 햇살의 밝은 빛은 마음챙김을 의미합니다. 그리고 햇살의 따뜻함은 자애로움입니다. 몸과 마음이라고 불리는 이 꽃잎이 열리기 위해서는 마음챙김과 자애로움, 두 가지가 함께 있어야 합니다.

그리고 이 비유는 수행의 다음 단계가 현재 수행의 내부에 존재한다는 것도 보여주고 있습니다. 예를 들어 여러분이 호흡 수행의 제3단계인 호흡의 전체를 아는 수행을 하고 있다고 합시다. 다음 단계인 호흡이 고요해지도록 놓아두는 단계, 그리고 그 다음 단계인 기쁨과 행복감을 느끼는 단계들이 모두 지금의 수행 속에 들어 있습니다. 이것을 이해하는 것은 매우 중요합니다. 왜냐하면 다음 단계로 가기 위해 지금 현재의 수행을 치워버릴 필요가 없기 때문입니다. 호흡 수행은 사다리를 오르는 것과 다릅니다. 다음 단계로 가기 위해 지금 여러분이 밟고 있는 그 발판을 밀어내야 하는 것이 아닙니다. 수행이 진전되는 과정은 오히려 연꽃의 꽃잎이 열리는 과정과 흡사합니다. 때로 저는 러시아의 마트료시카 인형에 비유하기도 합니다. 이 러시아 인형은 지금 보고 있는 인형의 내부에 그 다음 인형이 존재합니다. 이와 마찬가지로 수행의 다음 단계는 현재 수행의 내부에 존재합니다.

따라서 지금 현재 여러분이 수행에서 경험하고 있는 것을 옆으로 밀어내지 마십시오. 싫어하는 마음을 갖거나 부정적인 태도로 대하지 마십시오. 지금 현재 수행에서 경험하는 것을 주의 깊게 바라보십시오. 자애로운 마음가짐으로 받아들이고 있는 그대로 놓아두십시오. 그러면 다음 단계로 나아가게 됩니다. 더 깊은 수행을 원하지 않는 것이 제가 가르치는 수행법의 특징입니다. 바라는 마음을 놓아버리십시오. 무엇을 하려는 마음을 놓아버리십시오. 모든 행위를 놓아버리고 고요하게 멈추십시오.

고요함

부처님은 깨달음을 얻던 날, 네란자라강에 자신의 발우를 띄우면서 만일 깨달음을 얻을 수 있는 바라밀이 성숙되었다면 그 발우가 강물을 거슬러 올라가리라고 서원했습니다. 그리고 부처님의 발우는 강물의 흐름을 거슬러 올라갔습니다. 이제 저는 무엇이 흐름을 거슬러 올라가는 것인지 이해하고 있습니다. 고요히 머무는 것, 전혀 움직이지 않는 것, 그런 것이 흐름을 거스르는 일입니다. 끝없이 움직이는 욕망의 흐름을 거슬러 움직이지 않고 정지해 있는 것입니다.

사마디(samādhi)라는 단어는 서양에서 잘못 이해되고 있습니다. 리스 데이비스(Rhys Davids) 교수는 스리랑카에 오래 머물며 빨리어를 배웠고 영국으로 돌아가 빨리어 경전을 영어로 제일 처음 번역했습니다. 그는 사띠(sati)를 '마음에 새겨 잊지 않음[mindfulness]'이라고 번역했는데 그것은 잘된 번역어입니다. 하지만 그는 사마디를 '집중[concentration]'이라고 옮겼는데 이것은 잘못된 번역어입니다. 이러한 잘못된 번역은 수행을 하는 데 많은 오류를 범하게 했습니다.

제가 이해하기로 사마디는 집중이 아니라 고요함이라는 뜻입니다. 저는 오래전부터 사마디를 고요함, 정지라고 가르쳤습니다. 그것이 저의 경험과 일치했으며 또한 저의 스승인 아잔 차(Ajahn Chah) 스님의 가르침에도 부합했기 때문입니다. 그러다 저는 한문으로 번역된 아가마(Agama), 즉 아함경을 연구하는 학자들과 만날 기회가 있었습니다. 아함경은 빨리어 경전과 상당히 유사합니다. 그 학자들에 따르면 사마디라는 단어는 한역 경전에서 언제나 고요함이나 정지라는 뜻의 한자어로 번역되었고 집중이라는 뜻으로 번역된 일이 없었다고 합니다. 오래전 인도의 언어를 한문으로 번역했던 승려와 학자들은 사마디의 의미를 집중이 아닌 고요함으로 이해하고 있었던 것입니다.

수행의 목적이 집중이 아니라 고요함이라는 것을 바르게 이해하면 욕망이나 의지의 힘으로는 수행할 수 없는 이유를 알게 될 것입니다. 놓아버림, 내어 맡김, 있는 그대로 놓아둠, 이런 것은 우리 마음을 고요함으로 이끕니다. 욕망과 의지는 우리를 집중으로 이끕니다.

저는 수행할 때 우선 앉아서 눈을 감은 다음 마음챙김을 갖추고 자애로운 마음가짐을 갖습니다. 아무것도 바라지 않습니다. 무엇인가 하려는 마음을 놓아버리고 행복하게 머물면서 '나'라고 믿는 것을 그저 내어 맡깁니다. 그리고 연꽃의 첫 번째 꽃잎인 몸을 알아차리면서 몸에 자애로움을 보냅니다.

몸에 자애로움을 보낸다는 것은 우선 편안한 자세로 앉는 것을 의미합니다. 바닥에 앉는 것이 익숙지 않은 사람은 의자에 앉아서 수행하면 됩니다. 제가 조금 전에 말한 문신을 한 그 수행자도 의자에 앉아 수행했습니다. 그는 호주 사람이었고 바닥에 앉는 것보다 의자에 앉는 것이 더 편했습니다. 반드시 반가부좌나 결가부좌의 자세로 수행해야 하는 것은 아닙니다. 그런다고 선정에 드는 것이 아닙니다. 자신에게 알맞은 자세를 찾아 이런저런 자세를 취해보는 것이 좋습니다.

자애로움

지금부터 사십여 년 전, 출가를 해서 태국에 머문 지 이삼 년쯤 되던 해에 저는 발진티푸스에 걸린 일이 있습니다. 당시에는 그 지역에 발진티푸스를 옮기는 매개체가 있다는 것이 알려지지 않았습니다. 외국인들이 그 지역에 거주하면서 여러 차례 동일한 증상을 보였기 때문에 방콕의 병원에서 의료 조사팀이 파견되었고 결국 그 병이 발진티푸스이며 그 지역에 발진티푸스를 옮기는 작은 벌레들이 살고 있다는 것을 알게 되었습니다. 그 지역의 원주민들은 세대를 거치면서 자연스러운 면역 기능을 갖추었기 때문에 병의 매개체가 있다는 사실을 몰랐던 것입니다. 면역을 갖추지 못한 외국인들이 그곳에 살면서 비로소 병의 정체가 밝혀졌습니다.

발진티푸스에 걸리면 서너 주 동안 매우 심한 고열에 시달립니다. 저도 몇 주 동안 고열에 시달렸고, 기력을 잃고 쇠약해져 있었습니다. 당시 저는 승려용 병동에 입원해 있었는데 그곳의 시설은 몹시 열악했습니다. 환자용 변기조차 없어서 병동 끝에 있는 화장실을 이용해야 했습니다. 저는 침대의 지지대를 붙잡고 쓰러질 듯 몸을 움직여 그 다음 침대의 지지대를 붙잡고 힘이 들어 잠시 쉬다가 몸을 움직여 또 다음 침대의 지지대를 붙잡는 식으로 간신히 화장실로 가서 겨우 볼일을 보았습니다. 화장실 가는 데도 시간이 오래 걸릴 만큼 쇠약해져 있었던 것입니다.

제가 그 병원에 있을 때 아잔 차 스님이 문병 온 일이 있습니다. 저는 그 스님이 저를 위해 문병을 오셨다는 사실에 무척 감동했습니다. 아잔 차 스님을 뵙자 병이 나아지는 듯싶었습니다. 스님은 제 침대 옆에 와서 저에게 말했습니다.

"브라흐마왐소, 걱정 말아. 병이 언제까지고 계속되는 일은 없어. 병이 낫든지 아니면 죽든지 둘 중 하나야."

그렇게 말하고서는 곧 자리를 떠나셨습니다. 저는 좀 더 따뜻한 위로의 말을 기대하고 있었지만 그처럼 명쾌한 통찰에는 대항할 길이 없었습니다.

계속되는 고열로 체력이 저하되자 마음은 점점 더 부정적인 방향으로 기울었습니다. 하지만 어느 날 저는 제가 불교의 승려이며 명상 수행자임을 기억했습니다. 그래서 힘이 하나도 없었지만 호흡 수행을 시작했습니다. 아픈 상태에서도 숨은 쉬므로 호흡 수행을 할 수 있을 것 같았습니다. 그래서 전혀 힘을 들이지 않고 가볍게 호흡에 마음챙김을 두었습니다. 그 이전에 몇 년 정도 수행을 했기 때문에 그다지 어렵지 않게 몸의 다른 부분을 잊고 호흡에 마음챙김을 둘 수 있었습니다. 그러자 호흡을 제외한 몸의 다른 부분이 사라지면서 통증도 사라졌습니다. 아름다운 호흡만 남았습니다. 그리고 오랜 시간 동안 깊은 명상 상태에 머물러 있을 수 있었습니다. 명상에서 나오자 다시 통증이 시작되었는데, 그 명상의 행복감은 정말 놀랍도록 평화로운 것이었습니다.

그리고 나서 저는 제 자신이 어떤 자세로 수행을 했는지 보았습니다. 그와 같은 수행 자세는 어떤 수행 전통의 어떤 책에서도 본 적이 없습니다. 침대에 누워 있었지만 경전에 나오는 사자(獅子) 자세를 취해 오른쪽으로 누워 있었던 것도 아닙니다. 한 다리는 이쪽으로 다른 다리는 저쪽으로 뻗어져 있었고 팔도 여기저기 멋대로 뻗어져 있었습니다. 깊은 명상에 들 수 있을 법한 자세가 전혀 아니었습니다.

그때 저는 수행에 있어서 자세는 중요하지 않다는 것을 깨달았습니다. 여럿이 수행할 때는 규칙을 따라야 하겠지만 혼자서 수행할 때는 몸이 가장 편안함을 느끼고 긴장을 이완할 수 있는 자세에서 수행하기 바랍니다.

이것이 제가 말하는 햇살의 밝음과 따뜻함입니다. 몸을 알아차리면서 자애롭게 대하는 것입니다. 몸에 대한 마음챙김은 자세를 알아차리는 것에서 시작됩니다. 눈을 감고 다리부터 머리까지 몸을 한 부분씩 점검합니다. 그것이 마음챙김입니다. 그리고 자애로움도 필요합니다. 불편하면 자세를 바꾸어주는 것이 자애로움입니다.

마음챙김이 서양의 심리 치료에서 사용되는 이유 중 하나는 피드백을 제공하는 이점이 있기 때문입니다. 다리의 불편함을 느끼고 자세를 바꾸었을 때, 바꾼 자세가 더 편한지 혹은 오히려 더 불편한지 마음챙김이 곧장 피드백을 제공합니다. 이 피드백을 받아서 활용하면 수행자는 가장 편안한 자세를 찾아 그 자세로 수행하게 됩니다. 마음챙김으로 피드백을 받고 자애로움으로 편안할 때까지 자세를 바꾸는 것입니다.

수행할 때마다 자세는 조금씩 달라집니다. 아침인지 저녁인지에 따라, 더운지 추운지에 따라, 혹은 음식을 얼마나 먹었는지에 따라 우리의 신체가 약간씩 변화를 갖기 때문입니다.

'이것이 수행할 때 나의 자세다. 난 무슨 일이 있어도 이 자세로 수행한다.'고 고집할 필요가 없습니다. 몸이 아프면 누워서 수행할 수도 있습니다. 일을 많이 해서 피곤한 날은 일을 하지 않고 쉰 날과 다른 자세로 수행할 수도 있습니다. 수행할 때마다 언제나 똑같은 자세를 취해야 하는 것이 아닙니다.

마음챙김과 자애로움이 함께 있으면 몸에 가장 적합한 자세를 찾게 됩니다. 이런 설명이 너무 초보적이라고 생각하지 마십시오. 이 과정을 통하여 몸이 마음챙김과 자애로움의 혜택을 보는 것과 동시에 마음챙김과 자애로움이 계발됩니다. 이처럼 마음챙김과 자애로움으로 자신의 신체를 대하면 병이 치료되기도 합니다.

저는 최근에 폴란드의 어느 여성분에게서 메일을 받았습니다. 이분은 인터넷을 통해 저의 강의를 들었다고 합니다. 이 여성분에게는 심한 관절염이 있어서 하루에 몇 차례씩 강한 진통제를 먹어야 생활할 수가 있었습니다. 진통제는 여러 가지 부작용을 일으켰지만 그녀에게는 다른 선택의 여지가 없었습니다. 통증이 너무나 심했기 때문입니다. 그녀는 제가 가르치는 수행법을 따라 수행을 했고 그 결과 놀랍게도 관절염이 완전히 치료되었다고 합니다.

저도 식중독에 걸린 적이 있습니다. 승려들은 다른 사람이 공양하는 음식을 먹기 때문에 음식에 관련된 병에 걸릴 때가 잦습니다. 일종의 직업병인 셈입니다. 식중독에 걸리면 장(腸)이 급격하게 수축되기 때문에 강한 통증을 느낍니다. 저는 한밤중에 심한 복통을 느꼈지만 구급차를 부르지는 않았습니다. 저는 통증에 마음챙김을 두었습니다. 통증을 없애려고 했던 것이 아닙니다. 통증에서 벗어나려고 했던 것이 아닙니다. 통증이 느껴지지 않는 어느 한 부분을 찾아 그곳에 초점을 맞추고 있으려 했던 것이 아닙니다. 그런 식으로 통증에서 멀어지려 했던 것이 아니라 오히려 통증 쪽으로 향했습니다. 할 수 있는 만큼 통증과 함께 머물렀습니다. 그리고 통증에 자애로움을 보냈습니다.

여러분은 통증에 자애로움을 보내면 어떤 일이 생기는지 잘 알 것입니다.

저는 런던에서 살던 어린 시절 축구를 좋아했습니다. 당시 제 또래의 아이들이 축구를 하던 곳은 돌로 포장된 도로였습니다. 바닥이 돌이었기 때문에 태클을 할 때마다 무릎이 까졌습니다. 무릎이 까져 피가 흐르면 저는 어머니에게 달려갔습니다. 그러면 어머니는 제 무릎에 뽀뽀를 해주셨습니다. 어머니가 무릎에 뽀뽀를 해주면 아픔이 사라졌습니다.

자애로움은 근육을 이완시켜서 통증을 상당 부분 사라지게 합니다. 그래서 자애로운 의사나 간호사가 있는 병원에서는 환자가 통증을 극복하기가 훨씬 쉽습니다. 또한 자애로움을 느끼면 몸에서 엔도르핀 등의 호르몬이 나오고 이것이 혈액을 통해 우리의 면역 체계에 힘을 줍니다. 통증이 줄어들고 면역력이 강화되는 것입니다.

저는 식중독에 걸렸을 때 장에 자애로움을 보냈습니다. 자애로움을 보내는 과정에서 마음챙김은 저에게 피드백을 주었습니다. 자애로움을 보낼 때마다 통증은 조금씩 줄어들었습니다. 통증이 줄어드는 정도는 작았지만 저는 그 약간의 차이를 감지할 수 있었습니다. 그래서 또 한 번의 자애로움을 보냈습니다. 통증은 조금 더 줄어들었습니다. 이것이 저의 명상이었습니다. '식중독 걸린 장에 마음챙김과 자애로움 보내기.'

이십 분 정도 지나자 더 이상 장이 수축되지 않았고 통증이 사라졌습니다. 소화 기능이 정상으로 돌아오고 식중독에서 벗어났습니다. 저 자신도 놀라웠습니다. 식중독을 극복하는 데에도 수행을 이용할 수 있었던 것입니다. 약을 사용하지 않고도 식중독에서 벗어날 수 있었습니다. 마음의 자연스러운 본성인 마음챙김과 자애로움을 이용하여 이완하기만 하면 되었습니다.

그 폴란드 여성분이 관절염을 극복한 것도 같은 방법에 의한 것이었습니다. 이처럼 마음챙김과 자애로움을 이용해서 우리 신체를 이완시킬 수 있고 두통 같은 통증 등 다른 병도 고칠 수 있습니다.

이완

저는 이제 만으로 예순다섯 살이 되었습니다. 저의 몸은 점점 뻣뻣해지고 여러 군데 통증을 느낍니다. 수행할 때 저는 먼저 몸을 알아차리면서 자애로운 마음을 갖습니다. 따라서 수행 중에 저의 몸은 몹시 이완됩니다. 마치 온천욕을 하는 것 같습니다. 사람들이 온천욕이나 마사지에 그렇게 많은 비용을 지불하는 이유가 무엇이겠습니까? 좋은 기분을 느낄 수 있기 때문입니다. 이완할 수 있기 때문입니다. 불교 승려라서 저는 온천욕을 하지도 않고 마사지를 받지도 않습니다. 비용을 지불할 수도 없지만 그보다 우선 온천욕이나 마사지가 필요하지 않기 때문입니다. 저는 그저 앉아서 온몸을 완전히 이완시킵니다. 그렇게 긴장을 완전히 풀면 몸이 사라져버립니다.

몸이 사라지는 것은 몸에 어떤 일도 일어나지 않기 때문입니다. 고통이나 통증, 간지러움이나 그 밖의 다른 자극이 없기 때문입니다. 자극이 없으면 몸은 사라집니다. 몸의 긴장을 이완하면 몸은 더이상 존재하지 않습니다. 그러면 우리는 몸을 지나쳐서 더 깊은 내면으로 들어갈 수 있게 됩니다. 천 겹의 꽃잎을 가진 연꽃의 첫 번째 꽃잎이 열리고 두 번째 꽃잎에 햇살이 닿습니다. 몸이 사라지고 그 안에 있는 마음의 영역으로 들어서게 되는 것입니다.

평화로움 측정계

사람들은 운전할 때 차의 계기판에 있는 여러 가지 측정계를 보면서 운전합니다. 계기판에는 연료가 얼마나 남아 있는지, 엔진의 온도가 얼마나 되는지 등을 나타내는 측정계들이 있습니다. 그중에서 가장 중요한 것은 속도를 나타내는 속도계, 스피도미터(speedometer)입니다. 가속 페달을 밟으면 속도계에 있는 바늘이 올라갑니다. 속도계에 있는 바늘이 피드백을 주는 것입니다. 속도계의 바늘이 너무 높은 수치를 가리키면 가속 페달을 밟는 발을 늦춥니다. 그러면 속도가 줄어들고 속도계의 바늘이 아래로 내려갑니다. 우리는 그런 방식으로 운전합니다. 적절한 속도로 운전해서 사고도 내지 않고 경찰에게 잡히지도 않습니다.

　우리 마음에도 이처럼 여러 가지 측정계가 있습니다. 그중의 하나를 저는 피소미터(peaceometer), '평화로움 측정계'라고 이름 붙였습니다. 마음이 얼마나 평화로운지 나타내는 측정계입니다. 미래를 계획하고 걱정하고 불안을 느끼면 평화로움 측정계의 바늘이 올라갈 것입니다. 깊은 수행 상태에서는 바늘이 아래로 내려갈 것입니다. 바늘이 어디를 가리키고 있는지에 관심을 기울이기 바랍니다. 바늘의 위치는 언제나 다를 것입니다. 평화로움 측정계를 쉽게 인식하는 방법은 1부터 10까지 수치를 부여하는 것입니다. 걱정이나 불안이 극도로 심해서 바늘이 가장 높이 올라간 상태에 10이라는 수치를 부여합니다. 평화롭고 고요해서 바늘이 아래로 내려간 상태에는 1이라는 수치를 부여합니다. 지금 현재 여러분의 마음은 1에서 10 사이의 어느 수치를 가리키고 있습니까?

　저에게 대답할 필요는 없습니다. 스스로에게 질문을 던져 지금 자신의 마음이 얼마나 평화로운지 혹은 얼마나 들떠 있는지 점검하면 됩니다. 판단을 내리는 것이 아닙니다. 수치가 높으니 나는 좋지 않은 수행자라고 평가하는 것이 아닙니다. 판단하는 것이 아니라 그저 알아차리는 것입니다.

　무엇을 바라는 마음이 생기면 평화로움 측정계에 어떤 변화가 일어나는지 알아차리십시오. 지금 현재 일어나는 것을 받아들이지 않고 부정적인 태도로 대하면 평화로움 측정계에 어떤 변화가 있습니까? 놓아버리면 어떤 변화가 일어납니까? 있는 그대로 두면 어떤 변화가 일어납니까? 지금 이 순간을 향해 가슴을 열면 어떤 변화가 일어납니까? 통제를 멈추고 내어 맡기면 어떤 변화가 일어납니까? 이것은 나의 마음도 아니고 나의 자아도 아니라는 것을 되새기면 어떤 변화가 일어납니까?

하늘에서 내리는 비를 바라보듯 자신의 마음에 일어나는 변화를 바라보십시오. 비가 도움을 주거나 불편을 주거나 상관없이 비는 우리의 통제 바깥에 있습니다. 그저 있는 그대로 놓아두십시오. 걱정이 있거나 평화로운 기분이 되거나 그저 있는 그대로 받아들이십시오. 그러고 나서 평화로움 측정계에 어떤 변화가 있는지 알아차리기 바랍니다. 있는 그대로 받아들이면 평화로움 측정계의 바늘이 아래로 내려가 평화로움을 가리킬 것입니다.

평화로움 측정계를 인식하는 수련을 통해서 놓아버리는 법을 배울 수 있습니다. 수행에서 가장 중요한 '평화로운 마음가짐'을 익히는 것입니다.

마음의 평화

마음가짐이 준비되어 있지 않은데 호흡 수행을 시작하는 수행자들이 많이 있습니다. 처음부터 호흡의 전체 과정을 다 알아차리려고 하기도 합니다. 그때 수행자가 사용할 수 있는 수단은 의지력뿐입니다. 의지의 힘으로 수행을 하려고 합니다. 그러면 긴장이 일어납니다.

의지력으로 수행을 한다는 것은 준비가 되어 있지 않은 마음 상태로 너무 일찍 호흡 수행을 시작했다는 뜻입니다. 준비 없이 호흡 수행을 시작하면 수행 중에 긴장이 일어나거나 그렇지 않으면 마음이 다른 곳으로 벗어나 버립니다. 마음이 다른 데로 방황하는 이유 역시 마음가짐이 아직 준비되지 않았기 때문입니다. 준비가 되면 호흡이 수행자에게 다가옵니다. 마음의 평화가 그 준비입니다. 마음이 평화로우면 호흡이 저절로 다가옵니다.

『맛지마 니까야』118번 경전인「들숨날숨에 대한 마음챙김 경 [Ānāpānasati Sutta]」(M118)에는 '전면(前面)에 마음챙김을 확립하여'라는 구절이 있습니다. 여기에서 전면에 마음챙김을 확립한다는 것은 마음챙김에 가장 우선순위를 두고 다른 어떤 것보다 중요한 것으로 삼는다는 의미입니다. 즉, '마음챙김의 자리잡음을 가장 우선순위에 두고'라는 뜻입니다. 호흡 수행을 시작하기 전에 먼저 마음챙김이 자리잡아야 하는 것입니다.

마음챙김의 힘을 강하게 하기 위해서 평화로움 측정계를 인식하는 훈련이 도움이 됩니다. 평화로움 측정계의 바늘이 높은 수치를 가리키고 있으면, 다시 말해 마음이 평화롭지 않으면 억지로 호흡 수행을 시작할 것이 아니라 우선 마음을 평화롭게 만드는 것이 좋습니다. 평화로움 측정계의 바늘이 낮은 수치를 가리키고 있을 때 호흡 수행을 시작하는 것입니다. 그러면 자연스럽게 연꽃의 다음 꽃잎에 햇살이 가닿습니다.

호흡

마음이 평화로워져서 호흡 수행을 시작하려면 우선 어디에서 호흡을 느껴야 하는지가 문제가 됩니다. 어디에서 호흡을 알아차려야 합니까? 「들숨날숨에 대한 마음챙김 경」(M118)에는 인중에서 호흡을 느끼라거나 배에서 호흡을 느끼라는 말이 없습니다. 여러분이 알다시피 이것은 인중 수행도 아니고 배 수행도 아닙니다. 이것은 호흡 수행입니다. 저는 건초열이라는 꽃가루 과민 증상이 있기 때문에 자주 코가 막힙니다. 그래서 코로 숨을 쉬지 못할 때가 있습니다. 그러니 인중에서 호흡을 느끼는 수행을 할 수가 없습니다.

코가 막혀서 인중에서 호흡을 느낄 수 없을 때도 우리는 당연히 숨을 쉽니다. 그리고 자신이 숨을 쉬고 있다는 것을 알고 있습니다. 호흡 수행의 시작은 자신이 숨을 쉬고 있다는 것을 아는 그 상태로 머무르는 것입니다,

제가 처음 말레이시아에서 수행을 가르칠 때, 많은 수행자들이

저에게 와서 명상 두통에 대해 질문했습니다. 저는 명상 두통이라는 말을 그때 처음으로 들어보았습니다. 두통이 생기면 명상을 통해 치료를 할 수는 있을 것입니다. 하지만 명상 때문에 두통이 생긴다는 말은 처음 들었습니다. 육 개월 정도 지나서야 그 이유를 알 수 있었습니다. 인중에서 호흡을 느끼려고 하면 무의식적으로 안구가 인중을 향하게 됩니다. 그래서 감은 눈꺼풀 아래에서 눈이 사팔이 됩니다. 그러면 눈 주위의 근육이 긴장하고 결국 두통을 느끼게 되는 것입니다.

수행자는 다음 단계로 나아가려는 의도 없이 자신이 숨을 쉬고 있다는 것을 알면서 그저 머무르기만 하면 됩니다. 그러면 마음챙김의 힘이 강해지고 저절로 호흡의 처음부터 끝까지 다 알아차릴 수 있게 됩니다. 들숨과 날숨의 사이, 날숨과 들숨의 사이도 알아차릴 수 있게 됩니다.

이것이 ['온몸을 경험하면서 (들숨, 날숨)을 쉬리라.'며 공부짓는] 호흡 수행의 제3단계입니다. 여기서 온몸은 신체를 의미하지 않습니다. 여기에서 온몸은 호흡의 온몸을 의미합니다. 이 단계에서 수행자는 호흡의 전체 과정을 알아차리게 됩니다. 이러한 진전은 자동으로 이루어집니다. 마음챙김의 힘이 강해져서 호흡의 전체가 저절로 수행자에게 드러나는 것입니다.

그러면 수행자는 각각의 호흡이 서로 다르다는 것을 알게 될 것입니다. 각 호흡은 모두 서로 다릅니다. 마치 서로 똑같은 풀잎이 없는 것과 같습니다. 이 일대에는 수백만의 풀잎이 있겠지만 그중 정확하게 동일한 풀잎은 없을 것입니다. 그와 마찬가지로 수백만 번의 호흡 중에 서로 완전히 동일한 호흡은 없습니다. 그 미세한 차이를 알 만큼 마음챙김의 힘이 강해지게 됩니다.

　　호흡의 전체를 알아차리면서 머무르면 이제 호흡은 고요해지고 평화롭게 됩니다. 바른 방법으로 수행하면 각 단계마다 마음챙김의 힘은 점점 더 강해집니다. 아침에 떠오른 태양의 햇살이 낮이 되면서 점점 더 강렬해지는 것과 같습니다. 수행자는 호흡에서 더 많은 것을 알게 되고 호흡의 전체 과정을 보게 됩니다. 그리고 그 결과로 호흡이 고요해집니다. 호흡 수행에 대한 자세한 이야기는 후에 하게 될 것입니다.

사념처 수행

평화로움 측정계를 알아차리는 수행은 사념처(四念處) 수행과 대응 관계에 있습니다. 몸을 알아차리는 것은 사념처 중의 '몸에 대한 마음챙김 수행[身念處]'과 같고 느낌을 알아차리는 것은 '느낌에 대한 마음챙김 수행[受念處]'과 같습니다. 이 수행의 과정에서 수행자는 원인과 조건을 이해하게 됩니다.

　　『상윳따 니까야』의 「일어남 경」(S47:42)에는 사념처, 즉 몸[身], 느낌[受], 마음[心], 정신 현상[法] 각각의 일어남과 사라짐의 원인을 이해하는 것이 사념처의 일어남과 사라짐으로 설명되어 있습니다. 이제 수행자는 어떻게 하면 몸이 고요해지고 어떻게 하면 불편하게 되는지 그 원인을 이해하게 됩니다. 또한 수행 중에 일어나는 행복한 느낌과 불쾌한 느낌의 원인을 이해하게 됩니다. 일단 그 원인을 이해하면 수행자는 평화로운 몸, 행복한 몸을 계발할 수 있습니다.

> 비구들이여, 네 가지 마음챙김 확립[四念處]의
> 일어남과 사라짐을 설하리라. 잘 들어라.
> 비구들이여, 무엇이 몸[身]의 일어남인가? 자양분의
> 일어남으로 인해 몸의 일어남이 있고 자양분의 소멸로
> 인해 몸의 사라짐이 있다. 감각 접촉의 일어남으로 인해
> 느낌[受]의 일어남이 있고 감각 접촉의 소멸로 인해
> 느낌의 사라짐이 있다. 명색(名色)의 일어남으로 인해
> 마음[心]의 일어남이 있고 명색의 소멸로 인해 마음의
> 사라짐이 있다. 주의 기울임의 일어남으로 인해 정신
> 현상[法]의 일어남이 있고 주의 기울임의 소멸로 인해
> 정신 현상의 사라짐이 있다.
> ＿『상윳따 니까야』「일어남 경」(S47:42)

이 수행은 사념처 수행의 세 번째인 '마음에 대한 마음챙김 수행[心念處]'으로 이어집니다. 사념처 수행을 설명하고 있는『맛지마 니까야』「마음챙김의 확립 경」(M10)의 '마음에 대한 마음챙김 수행' 부분에서 부처님은 장애가 있는 마음과 장애가 없는 마음, 선정에 든 마음과 선정에 들지 못한 마음을 예로 들며 그 각각의 마음을 분명히 알라고 하셨습니다. 그것은 평화로움 측정계의 양쪽 극단과 같습니다. 서로 다른 극단의 마음 상태를 알라는 것은 그 사이 어딘가에 있는 자신의 마음 상태를 지금 이 순간 알아차리라는 것입니다. 지금 여러분의 마음은 평화롭습니까? 들떠 있습니까? 장애에 덮여 있습니까? 장애에서 벗어났습니까?

사념처의 원인과 조건을 이해하게 되면 어떻게 해야 마음이 평화로워지는지 그 방법을 알게 될 것입니다.

이 과정이 팔정도의 일곱 번째인 정념(正念), 바른 마음챙김의 수행입니다. 그리고 이러한 마음챙김 수행이 팔정도의 여덟 번째인 정삼매(正三昧), 바른 고요함으로 이어집니다. 몸과 느낌과 마음을 알아차리면 바른 마음챙김이 계발되고 바른 마음챙김이 계발된 후에 호흡 수행을 통해서 바른 고요함으로 향하는 것입니다.

아무것도 남기지 않기

2

숨

<u>호흡 수행 1단계~4단계</u>

1 길게 들이쉬면서 '길게 들이쉰다.'고 꿰뚫어 알고,
   길게 내쉬면서 '길게 내쉰다.'고 꿰뚫어 안다.

2 짧게 들이쉬면서 '짧게 들이쉰다.'고 꿰뚫어 알고,
   짧게 내쉬면서 '짧게 내쉰다.'고 꿰뚫어 안다.

3 '온몸을 경험하면서 들이쉬리라.'며 공부짓고 '온몸을
   경험하면서 내쉬리라.'며 공부짓는다.

4 '몸의 작용[身行]을 편안히 하면서 들이쉬리라.'며
   공부짓고 '몸의 작용을 편안히 하면서 내쉬리라.'며
   공부짓는다.

__『맛지마 니까야』「들숨날숨에 대한 마음챙김 경」(M118) §18,
  초기불전연구원

대다수의 사람들이 동감하듯 수행의 가장 커다란 방해꾼은 역시 잡념입니다. 수행하려고 앉아서 잡념만 했던 경험은 누구에게나 있습니다. 오랜 경험을 통해 저는 잡념이 일어나지 않게 하는 효과적인 방법을 몇 가지 알게 되었습니다. 그리고 효과가 없는 방법도 몇 가지 알게 되었습니다.

우선 효과가 없는 방법 중 하나는 잡념에 빠져들면 마음을 호흡으로 가져오고 또 잡념에 빠져들면 마음을 다시 호흡으로 가져오는 것입니다. 이런 일을 반복하면서 몇 년이 흘러갈 수도 있습니다.

그러면 마음이 계발되는 것이 아니라 수행이 몹시 지겨워지게 될 것입니다.

불교의 방법은 잡념이 왜 일어나는지 그 원인을 조사하는 것입니다. 마음이 다른 곳으로 가는 근본 원인을 이해해야 합니다. 언젠가는 잡념이 일어나지 않는 날이 올 것이라고 막연히 기대하며 마음을 호흡으로 다시 가져오기를 무작정 되풀이하는 대신에 잡념이 끝없이 일어나는 원인을 찾는 것입니다.

새장 안에서 새를 키우는 경우를 생각해봅시다. 새장의 문을 언제나 닫아놓으면 새는 밖으로 날아갈 수가 없습니다. 그러던 어느 날 새장의 문이 열리면 새는 밖으로 날아가 다시는 돌아오지 않을 것입니다. 이 새에게 새장은 감옥이었기 때문입니다. 만일 새가 원할 때마다 나갔다 들어올 수 있게 새장의 문을 연 채로 놓아둔다면 어떻겠습니까? 문이 열려 있어도 새장 안에 신선한 곡식, 깨끗한 물, 아름다운 횃대, 그리고 새가 좋아하는 다른 여러 가지 것이 마련되어 있다면 이 새는 밖으로 나가기보다 새장에 머물고 싶어 할 것입니다. 행복하고 평화롭기 때문입니다.

호흡 수행에 행복감도 없고 평화로움도 없어서 지내기 불편하다면 마음은 다른 곳으로 날아가려 할 것입니다. 호흡에서 벗어나 아무 소용도 없는 계획을 짜기 시작하거나 미래에 대한 망상에 빠져들 것입니다.

과거에 대한 기억, 미래에 대한 망상

저는 올해로 42년째 승려 생활을 하고 있습니다. 그동안 계획하지 않은 일들은 일어난 반면 제가 계획했던 일들은 일어나지 않았습니다. 미래를 계획한다는 것은 얼마나 어리석은 일입니까? 아무 소용이 없다는 것을 알지만 우리는 미래에 대한 망상을 시작합니다. 단지 이 순간에서 벗어나고 싶기 때문입니다. 미래에 대해 망상하지 않으면 과거의 기억을 떠올리기 시작합니다.

기억이라는 것은 과거에 실제로 일어났던 일과 다릅니다. 심리학자들이 여러 차례에 걸쳐 기억에 대한 실험을 했고 많은 연구를 했습니다. 그들이 내린 결론도 마찬가지입니다. 기억이라는 것은 결코 믿을 수 있는 것이 아닙니다. 기억은 실제로 일어났던 일과 다릅니다. 오히려 일어났기를 바라는 희망에 더 가깝습니다. 물론 제가 지금 말하고 있는 것은 선정에 기반한 특수한 형태의 기억이 아닌 평범한 기억입니다.

제가 어린 시절에 학교에서 하던 놀이가 있습니다. 중국과는 아무 상관없지만 저희는 이것을 '중국 속삭임'이라고 불렀습니다. 열 명, 스무 명, 서른 명의 아이들이 한 줄로 섭니다. 그리고 선생님이 첫 번째 아이의 귀에 어떤 문장을 속삭입니다. 첫 번째 아이는 두 번째 아이에게 두 번째 아이는 세 번째 아이에게 같은 내용을 속삭입니다. 그래서 마침내 마지막 아이에게 이르렀을 때 처음에 선생님이 했던 말의 내용은 완전히 바뀌어 있었습니다. 물론 이것은 그저 아이들의 놀이입니다.

하지만 이와 비슷한 일이 제1차 세계대전 때 영국군 내에서 실제로 일어났다고 합니다. 군의 명령은 최고 지휘관에게서 시작되어 말단의 병사에게 이릅니다. 영국군의 최고 사령관이 자기 휘하의 지휘관에게 명령했다고 합니다.

"병력을 강화하라! 우리는 전진한다./ Send reinforcements! We are going to advance."

이 명령은 사단장에게서 연대장으로, 연대장에서 대대장, 중대장, 소대장 등으로 전해져서 결국 이등병에게 전달이 되었습니다. 하지만 명령이 전달될 때마다 내용이 조금씩 달라져서 최전선의 이등병들이 들은 명령은 "3~4펜스를 보내라! 우리는 춤추러 간다./ Send three and four pence! We are going to a dance."였다고 합니다. 펜스는 과거에 영국에서 사용하던 화폐 단위입니다.

우리의 기억도 마찬가지입니다. 어떤 사건에 대해 회상할 때 우리는 최초의 사건을 떠올리는 것이 아니라 그 사건에 대한 가장 최근의 회상 내용을 떠올립니다. 그래서 우리의 기억은 '중국 속삭임'이라는 놀이처럼 한 줄로 이어진 사슬의 형태를 지니게 됩니다. 그리고 그 결과 처음에 일어났던 일과 완전히 다른 내용이 기억으로 저장됩니다.

"병력을 강화하라! 우리는 전진한다."라는 문장과 "3~4펜스를 보내라! 우리는 춤추러 간다."는 문장은 영어로는 서로 비슷하게 들리지만 뜻은 완전히 다릅니다. 우리의 기억도 그렇습니다. 최초의 사건과 어딘가 비슷하지만 내용은 전혀 다릅니다. 사람의 기억은 이런 식으로 작동합니다.

기억이 이렇게 작동한다는 것을 이해하면 기억은 신뢰할 수 없으며 주의를 기울일 가치가 없다는 것을 깨닫게 되고 기억에 대한 관심이 줄어들 것입니다. 왜 우리는 과거의 기억에 끝없이 매달립니까? 미래에 대해 망상하는 것과 같은 이유입니다. 현재 이 순간으로부터 달아나기 위해서입니다.

새장의 문 열어두기

여러분이 지금 이 순간에 머무르며 호흡을 알아차릴 수 없는 이유는 잘못된 태도로 호흡을 대하기 때문입니다. 여러분은 호흡을 통제하고 가두어 두려고 합니다. 호흡은 새장에 갇힌 새의 처지가 됩니다. 기회만 있으면 달아나려 할 것입니다.

새가 원하면 나갈 수 있게 새장의 문을 열어 두십시오. 새는 언제든지 나갈 수 있지만 나가기를 원하지 않을 것입니다. 여러분이 자애심을 가지고 대해 주기 때문입니다. 자애로운 마음가짐이 수행의 과정에서 중요한 것은 바로 이런 이유 때문입니다.

어떤 싱가포르 여성분이 명상 수련회에 참가한 일이 있습니다. 그녀는 호흡을 알아차리려고 하면 마음이 여기저기로 망상하며 돌아다녀서 도저히 수행을 할 수가 없다고 했습니다. 그래서 저는 그녀에게 이야기를 하나 들려주었습니다. 저희 사원에 다니는 호주 여성분의 이야기입니다.

그 호주 여성분에게는 아들이 하나 있는데 어느 날 이 아이가 집을 나가겠다고 했답니다. 아들이 대여섯 살쯤 되었을 때의 일입니다. 이 현명한 여성분은 아이를 혼내는 대신 근사한 생각이라고 칭찬하고 가방 챙기는 것을 도와주었답니다. 그녀는 아이와 함께 아이에게 중요한 물건인 스파이더맨 셔츠, 곰 인형, 그리고 잠옷 등을 가방에 챙기고 아이가 좋아하는 샌드위치를 만들어 갈색 종이봉투에 담아주었습니다. 그러고는 현관에 서서 집을 떠나는 아이에게 손을 흔들어주었습니다. 대여섯 살짜리 아이가 한 손에는 가방을 들고 다른 손에는 갈색 종이봉투를 들고 자신만의 삶을 향해 집을 떠났던 것입니다. 마당을 지나고 대문을 나서고 큰 길에서 왼쪽으로 길을 돌아 150미터쯤 갔을 때 이 아이는 향수병에 걸렸습니다. 엄마도 그립고, 침대도 그립고, 장난감도 그립고…. 그래서 그 아이는 뒤로 돌아 집으로 갔습니다. 아이의 엄마는 현관에서 아이를 기다리고 있었다고 합니다. 아이가 돌아올 것을 알고 있었던 것입니다. 그 여성분은 아들을 꼭 끌어안으며 '집에 돌아온 것을 환영한다, 우리 아들.'이라고 말해주었고 문제가 해결되었다고 합니다.

제가 이 이야기를 하고 그 의미를 설명하기도 전에 이 젊은 싱가포르 여성분은 배를 잡고 웃음을 터뜨렸습니다. 저는 무엇이 그렇게 우스운지 이유를 물었습니다. 그녀는 간신히 웃음을 멈추고는 자신이 그 나이였을 때 자기에게도 같은 일이 있었다고 했습니다. 그녀도 자기 엄마와 무슨 일이 있었고 집을 떠나겠다고 말했답니다. 그녀의 어머니도 좋은 생각이라면서 찬성했고 가방 챙기는 것을 도와주었다고 합니다. 한 가지 다른 점은 그녀의 어머니는 싱가포르 사람답게 도시락을 싸주는 대신 점심을 사먹으라며 싱가포르 달러로 20달러를 주었다는 것입니다. 그녀는 아파트에 살고 있었으므로 마당을 지나 대문을 나서는 대신 엘리베이터를 탔습니다. 그녀의 어머니는 엘리베이터 앞에서 손을 흔들며 배웅해 주었습니다. 그러나 엘리베이터가 일층에 다다를 즈음 벌써 그녀는 집이 그리워졌습니다. 엄마도 보고 싶고, 아빠도 보고 싶고, 오빠도 보고 싶고, 장난감도 보고 싶고…. 그래서 다시 자신이 살고 있던 층의 번호를 눌러 되돌아갔고 엘리베이터의 문이 열리자 어머니가 그 자리에서 기다리고 있었다고 합니다.

우리가 지나치게 많은 것을 요구하면 마음은 어떻게든 현재에서 벗어나려고 합니다. 조용히 있으라고 하고 숨을 보라고 하고 이러라고 하고 저러라고 하면 마음은 멀리 떠나고 싶어 합니다. 그런 경우에는 마음이 떠나도록 가방을 챙겨주고 도시락을 싸주든지 아니면 점심 값을 주고 손을 흔들며 배웅을 해주면 됩니다. 자애로운 마음가짐으로 대하면 마음은 그다지 멀리 가지 않을 것입니다. 떠나자마자 곧 돌아올 것이고 여러분과 함께 머무를 것입니다. 새장의 문을 열어두고 아름답게 새장을 가꾸어주면 새가 다시 돌아오는 것과 마찬가지입니다. 자애로움이 있어야 마음이 고요해집니다. 행복감을 느끼면 마음은 다른 곳으로 가지 않고 머물러 있습니다. 그때에 호흡 수행을 할 준비가 갖추어진 것입니다.

호흡 초대

마음이 행복감을 느끼고 고요해지면 수행자는 호흡을 안으로 초대합니다. 저는 언제나 초대한다는 단어를 사용합니다. 호흡을 움켜잡아서 마음 안으로 끌고 들어오는 것이 아닙니다. 호흡을 초대한다는 것은 호흡을 존중하는 것입니다. 존중하는 태도로 호흡을 대하면 수행에서 많은 문제가 해결됩니다.

호흡을 안으로 잡아당기고 호흡이 밖으로 나가면 다시 끌어다 놓는 식으로 수행한다면 호흡은 줄곧 달아날 기회만 찾을 것입니다. 호흡을 붙잡고 있으려면 엄청난 노력을 기울여야 할 것이고 수행하는 내내 긴장을 늦출 수 없을 것입니다.

의지력으로 수행해도 어느 단계까지는 나아갈 수 있습니다. 의지가 강하면 니밋따의 단계까지 나아가서 밝은 빛을 느낄 수도 있습니다. 그러나 선정을 얻을 수는 없습니다. 여전히 수행자가 행위하고 통제하기 때문입니다. 수행의 과정에 수행자가 개입되어 있습니다. 수행하는 자가 여전히 존재합니다.

『청정도론』에 제가 좋아하는 구절이 있습니다. '길은 있으나 길을 가는 자는 없고, 열반은 있으나 열반을 얻는 자는 없다.'라는 구절입니다. 길은 있으나 길을 가는 자는 없습니다. 여러분이 수행하는 것이 아닙니다. 여러분이 길을 가는 것이 아닙니다. 먼저 여러분 자신이 사라져야 합니다. 길 위에서 없어져야 합니다. 그때 길은 고속도로처럼 넓게 열릴 것입니다. 그런 길은 놓칠 수가 없습니다.

수행하려고 억지로 애쓴다면 어느 지점까지는 다다를 수도 있지만 그 이상은 갈 수 없습니다. 선정을 얻으려면 놓아버려야 합니다. 선정은 자기 자신이 사라지는 곳이기 때문입니다.

따라서 수행의 시작 단계부터 초대하는 마음으로 호흡을 대하기 바랍니다. 억지로 잡아끌어서는 안 됩니다.

저는 오랫동안 호흡 수행을 했기 때문에 이제는 호흡을 초대하지 않아도 됩니다. 저는 긴장을 완전히 풀고 마음의 평화로움을 느낍니다. 과거도 미래도 존재하지 않는 지금 이 순간에 머무릅니다.

그러면 호흡이 <u>스스로</u> 나타납니다.

　부처님께서 호흡 수행을 주요 수행법으로 가르치신 이유 중의 하나는 다른 것이 모두 사라진 후에 남는 것이 호흡이기 때문인 것 같습니다.

정지한 것은 사라진다

제가 출가하기 전 영국에서 살 때의 일입니다. 당시 영국에는 명상 수련회를 여는 곳이 드물었습니다. 그래서 저는 수행을 할 수 있는 곳이면 불교의 어느 전통에 속해 있든 상관없이 수련회에 참가하고는 했습니다. 한 번은 참선을 가르치는 선원의 수련회에 참가한 일이 있습니다. 그곳에서는 눈을 뜨고 벽을 보며 좌선하라고 가르쳤습니다. 아무 장식도 없이 비어 있는 흰 벽이었습니다. 눈을 뜨고 벽을 보며 앉아 있으라는 것 말고는 수행에 대한 다른 설명도 없었습니다. 다행히 그 전에 어느 정도 수행의 경험이 있었으므로 저는 벽을 보고 앉아 이런저런 망상을 하는 대신 고요한 마음으로 벽을 바라보고 있었습니다. 그런데 십오 분쯤 지나자 이상한 일이 일어났습니다. 벽이 사라진 것입니다. 눈을 뜨고 벽을 보고 있었는데 다음 순간 그저 사라져버렸습니다.

　수행자로서 우리는 담대함을 지녀야 합니다. 이상한 일이 생기면 무조건 두려워할 것이 아니라 원인이 무엇이며 어떤 결과가 생긴 것인지 생각할 필요가 있습니다. 벽이 사라지자 처음에는 의아했지만 곧 원인을 알 수 있었습니다. 비어 있는 흰 벽을 십 분 이상 바라보고 있으면 뇌는 시각을 작동 정지시킵니다. 아무것도 일어나지 않기 때문에 시각으로 들어오는 정보를 더 이상 등록하지 않는 것입니다. 따라서 시각이 정지됩니다. 컴퓨터나 태블릿 PC를 오 분 정도 사용하지 않고 그냥 놓아두면 화면이 꺼지는 것과 마찬가지입니다. 감각에 아무 일도 일어나지 않으면 감각이 꺼져버립니다. 정지합니다. 그리고 정지한 것은 사라집니다. 저의 마음이 고요했고 벽에 어떤 변화도 일어나지 않았으므로 벽이 사라졌던 것입니다.

다른 예를 들어보겠습니다. 전기 장치를 사용하느라 지금 이 명상홀에는 낮은 기계음이 들리고 있습니다. 여러분은 지금 그 소리를 듣고 있습니다. 하지만 그 소리에 다른 변화가 일어나지 않으므로 곧 그 소리는 들리지 않게 될 것입니다. 변화가 없으므로 사라지는 것입니다.

변화하지 않으면 사라진다는 것을 아는 것은 매우 중요합니다. 몸이 편안하고 변화가 생기지 않으면 얼마 후 몸은 사라집니다. 더 이상 몸을 인식하지 않게 됩니다. 아무 일도 일어나지 않기 때문입니다. 뇌는 움직이고 변하는 것만을 인식합니다. 변하지 않고 한결같은 것은 사라집니다. 혀는 자기 침의 맛을 알지 못합니다. 변하지 않기 때문입니다.

호흡 수행을 하면서 고요히 앉아 있으면 몸이 사라집니다. 눈을 감고 앉아 있으면 우선 보이는 것은 눈꺼풀의 안쪽입니다. 몇 초 지나면 눈꺼풀의 안쪽은 사라집니다. 아무 일도 일어나지 않기 때문입니다. 수련회 기간에 주위를 완전히 고요하게 만들 필요는 없습니다. 그러나 갑자기 큰 소리를 내지 않도록 조심해야 합니다. 그런 소리가 수행을 방해합니다. 지붕에 떨어지는 규칙적인 빗소리 같은 것은 거의 방해가 되지 않습니다. 바뀌지 않고 계속 한결같기 때문입니다. 수련회에서는 좋은 음식을 먹는 것도 중요합니다. 만일 소화불량에 걸린 사람이 많으면 수행 중에 주위의 냄새가 갑자기 변화하여 후각이 작동하기 때문입니다.

변화가 없으면 감각이 하나씩 사라집니다. 시각이 사라지고 후각과 미각이 사라진 다음 촉각과 청각도 사라집니다. 이미 말했듯 우리는 움직이는 것을 인식합니다. 감각이 사라진 후에도 여전히 움직이는 것은 호흡입니다. 따라서 호흡을 알아차리려 애쓰지 않아도 저절로 호흡을 알아차리게 될 것입니다. 그것이 마지막으로 남은 유일한 것이기 때문입니다.

호흡에 관심을 기울이는 단계

저는 승려가 된 지 구 년째 되던 해에 호주 퍼스(Perth) 시 근교로 가서 새로운 사원의 설립에 참여했습니다. 당시 저희 사원의 주지 스님은 자가로 스님이라는 분이었습니다. 그 스님이 후에 환속을 했기 때문에 제가 주지를 맡게 된 것입니다. 저와 자가로 스님, 둘이 지내던 시절에 어떤 사람이 와서 자신이 감각 박탈 탱크를 수입했으니 한번 실험해보지 않겠냐고 제안했습니다. 감각 박탈 탱크라는 것은 관처럼 생겼는데 어떻게 보면 뚜껑이 달린 욕조처럼 보이기도 합니다. 그 탱크에는 소금물이 담겨 있어서 사람이 들어가면 소금물에 몸이 둥둥 뜨게 되어 있습니다. 소금물의 온도는 사람의 체온과 같아서 물의 온도를 느낄 수 없고 몸이 물에 떠 있기 때문에 신체 어느 부분에도 압박을 느끼지 않습니다. 촉각이 사라지게 만든 것입니다. 뚜껑을 닫으면 외부와 차단되기 때문에 빛이 조금도 들어오지 않는 암흑 상태이며 소리도 들리지 않게 만들어졌습니다. 물론 공기는 통하게 되어 있습니다. 가능한 가장 편안한 자세를 취할 수 있도록 고안된 장치였습니다.

주지였던 자가로 스님이 제안을 받아들여 그 장치를 실험해보았습니다. 자가로 스님은 완전한 암흑 상태 속에서 소리도 전혀 들리지 않았으며 몸도 몹시 편안했고 오로지 남는 것은 호흡뿐이었다고 말했습니다. 모든 것이 사라졌기 때문에 숨소리만이 남았다고 했습니다.

저는 제 순서가 되어 저도 한번 해보기를 몹시 고대했습니다. 압박감도 없고 통증도 없고 추위도 더위도 느끼지 않는 완벽한 조건에서 깊은 삼매에 들 수 있을 것 같았습니다. 하지만 저에게는 기회가 오지 않았습니다. 왜냐하면 어떤 사람이 지방 신문을 가져왔는데 거기에 커다랗게 광고가 실려 있었기 때문입니다.

'감각 박탈 탱크, 퍼스에 최초로 수입 – 불교 승려들이 사용'이라고 광고에 씌어 있었습니다. 그 사람이 저희를 속인 것입니다. 그저 한번 해보라고 말해 놓고서는 광고에 이용했습니다. 자가로 스님은 저를 가지 못하게 했고 저는 몹시 실망했습니다. 몹시 실망했지만 여하튼 그 스님의 경험으로부터 배운 바가 있습니다. 외부의 감각이 사라지면 마지막으로 남는 것은 호흡입니다.

잡념에 빠지거나 어떤 일에 대해 걱정한다면 그러한 잡념이나 걱정이 바로 우리 자신의 마음을 인지하는 지점입니다. 몸도 고요해지고 마음도 고요해지면 몸과 마음을 인지할 지점이 사라집니다. 그러면 호흡에 관심이 갈 수밖에 없습니다. 그것이 마지막으로 남은 것이기 때문입니다. 이것이 바로 호흡 수행이 보편적 수행법인 이유입니다. 모든 것을 내려놓으면 호흡이 다가옵니다.

「들숨날숨에 대한 마음챙김 경」(M118)에서 설명하는 호흡 수행의 1~2단계는 긴 숨은 긴 숨으로, 짧은 숨은 짧은 숨으로 알라는 것입니다. 그러면 길지도 않고 짧지도 않은 중간 숨은 어떻습니까? 일부러 숨을 길게 쉬어야 하나요? 만약 일부러 숨을 길게 쉬어야 한다면 짧은 숨을 쉬기 전에 긴 숨을 얼마나 오랫동안 쉬어야 합니까?

아마 여러분은 제가 무슨 말을 하는지 이미 이해했을 것입니다. 호흡 수행의 제1단계를 먼저 하고 그 다음에 제2단계를 하는 것이 아닙니다. 이 두 단계는 어느 것을 먼저 하거나 상관없습니다. 호흡 수행의 1~2단계는 호흡에 관심을 기울이는 단계입니다. 그저 호흡을 주시하기보다 호흡이 긴지 짧은지 알아차림으로써 호흡에 더 많은 관심을 갖는 것입니다. 호흡이 긴지 짧은지, 아니면 길지도 짧지도 않은 중간인지를 알아차리고 있으면 호흡에 좀 더 흥미를 갖게 될 것입니다.

어떤 수행자들은 호흡이 긴지 짧은지 알아차리는 대신 일종의 만트라를 사용합니다. 제가 승려 생활을 시작한 태국에는 붓도(Buddho)라는 만트라를 사용하는 스님들이 많습니다. 태국 스님들에게는 '붓도'라는 단어가 커다란 의미를 지니고 있습니다. '붓도'라는 만트라를 되뇌며 수행하면 호흡에 좀 더 많은 관심을 가지게 되고 부처님을 존경하는 것처럼 호흡에 대한 존경심을 가지고 수행하게 됩니다. 아잔 차 스님도 이 방법으로 수행했습니다. 숨을 들이쉬면서 '부우', 숨을 내쉬면서 '도오'라고 속으로 뇝니다. 하지만 이것은 1~2단계 수행의 대안입니다. 수행이 진전되어도 계속 이렇게 만트라를 사용하여 호흡 수행을 하는 것은 아닙니다.

호주에서 수행을 지도하던 초기에 저는 이 '붓도' 만트라 수행법으로 호흡 수행을 가르쳤습니다. 하지만 서양 사람들은 태국 사람들이 가졌던 것 같은 관심과 존경심을 갖지 않았습니다. 그래서 저는 다른 만트라를 생각해냈습니다. 몇 가지 만트라를 실험해보았더니 긍정적인 단어를 사용하는 편이 효과적이었습니다. '평화[peace]'라고 뇌는 만트라도 효과가 있습니다. 몸이 아플 때는 숨을 들이쉬면서 '건강'이라고 해도 좋습니다. 지쳐 있을 때는 숨을 들이쉬면서 '에너지'라고 할 수도 있습니다. 이런 만트라를 사용하는 경우에는 그 단어가 의미하는 바를 스스로 느껴야 합니다. 예를 들어서 '평화'라는 만트라를 사용하면 마음속에 평화로움을 느끼며 '평화'라는 단어를 되뇌어야 합니다. 그러면 잠시 후 단어가 지칭하는 상태에 실제로 이르게 될 것입니다. 언어는 그 의미와 별개의 것입니다. 하지만 평화라는 단어를 통해서 평화로운 마음 상태에 다가갈 수도 있습니다.

호주 퍼스에는 비구니 사원이 있습니다. 저는 비구니 승가를 다시 만들기 위해 여러 가지 노력을 기울였고 마침내 호주에 비구니 승가가 생겼습니다. 그리고 비구니 스님들이 지낼 수 있는 사원이 만들어졌습니다. 그 비구니 사원에서 저는 그저 법문을 하기보다 일종의 시범을 보이기로 했습니다.

저는 비구니 스님에게 제가 사용해도 되는 화장실이 어디인지 물었습니다. 비구니 스님이 저에게 화장실 문을 가리켰고 저는 화장실이라고 적혀 있는 문 앞에 서서 소변을 보는 시늉을 했습니다. 비구니 스님이 저에게 무엇을 하고 있느냐고 물었습니다. 저는 "여기가 화장실 아닌가요? 스님이 이곳을 가리켰고 실제로 화장실이라고 적혀 있습니다."라고 대답했습니다.

언어와 언어가 지시하는 바는 다릅니다. '화장실'이라 적혀 있다고 해서 그 표지판에 대고 곧장 볼일을 볼 수 있는 것은 아닙니다. 정확하게 하자면 '화장실은 안에 있다.'라고 적어야겠죠. 화장실이라고 적혀 있는 표지판은 그곳에서 볼일을 봐도 된다는 뜻이 아니라 그 안에 볼일을 봐도 되는 장소가 있다는 뜻입니다.

마찬가지로 평화라는 단어가 곧 평화로움은 아니지만 평화라는 단어를 되뇌면 마음이 평화로운 상태에 가닿게 됩니다. 평화로움이 몸과 마음에 다가옵니다. 숨을 들이쉬면서 '평화'라고 하고 숨을 내쉬면서 '놓음[let go]'이라고 뇌는 만트라도 효과가 있습니다. 걱정, 근심, 분노, 의무, 아픈 가족, 그 모든 것을 놓아버리는 것입니다.

우리의 마음은 힘을 가지고 있습니다. 삼십 분 정도 호흡 수행을 하면서 숨을 들이쉴 때마다 '건강'이라고 속으로 되뇌면 실제로 건강해질 것입니다. 최근에 과학자들은 몸에 미치는 마음의 힘에 대하여 많은 연구를 하고 있습니다.

호흡 세기

호흡을 세는 방법도 호흡 수행 1~2단계의 또 다른 대안이 될 수 있습니다. 들숨 쉬면서 하나, 날숨 쉬면서 하나, 들숨 둘, 날숨 둘. 이렇게 호흡을 세는 방법이 있습니다. 그리고 그 외에도 여러 가지 방법이 있습니다. 숨이 길 때는 숨을 들이쉬면서 '1, 2, 3, 4, 5, 6, 7, 8, 9.' 숨을 내쉬면서 '9, 8, 7, 6, 5, 4, 3, 2, 1.' 하는 식으로 세고 숨이 짧아지면 그보다 작은 숫자까지 세는 방법도 있습니다. 여러 가지 방법이 있지만 너무 오래 숨을 세면 지치게 됩니다. 어느 정도 마음이 고요해지면 더 이상 숫자를 세지 않고 그저 호흡을 알아차리는 것이 좋습니다. 특히 숫자 세는 것을 싫어하는 사람은 이런 방법을 사용할 필요가 없습니다. 서양 농담에 세상에는 세 가지 종류의 인간이 있다고 합니다. 첫 번째는 숫자를 셀 줄 아는 사람들, 두 번째는 숫자를 셀 줄 모르는 사람들.(세 번째가 나와야 하는데 나오지 않았다. 농담을 하는 사람 본인은 정작 숫자를 세지 못하는 사람이었다고 놀리는 서양식 유머._편집자주)

호흡 수행 1~2단계의 목적은 마음이 다른 곳으로 헤매다니지 않고 호흡에 머무르게 하는 것입니다. 따라서 반드시 호흡을 세거나 만트라를 사용해야 하는 것은 아닙니다. 그저 호흡을 알고 있으면 됩니다. 호흡을 알면서 호흡과 함께 충분히 오래 머무르면 수행자는 호흡에서 더 많은 것을 보게 됩니다. 그리고 호흡을 처음부터 끝까지 알아차리게 됩니다.

이렇듯 호흡에 마음챙김을 유지하면서 어떤 행위도 하지 않으면 마음은 에너지를 얻게 됩니다. 우리의 에너지, 특히 정신적인 에너지는 엄청나게 소모되고 있습니다. 생각하고 염려하고 불평하고 속으로 중얼거리느라 많은 에너지가 소모됩니다. 그래서 우리의 마음은 항상 약하고 피로합니다. 마음챙김의 힘이 충분히 강하지 않습니다.

그런데 평화롭게 머무르면 에너지가 소모되지 않고 저장됩니다. 마음에 에너지가 충분하면 말 그대로 잠에서 깨어난 상태가 됩니다. 빨리어[Pāli]에서 붓다(Buddha)라는 단어는 붓자띠(bujjhati), '잠에서 깨어나다'라는 동사에서 파생된 명사입니다. 여기에는 중요한 의미가 있습니다. 붓다는 정말로 깨어난 사람입니다.

여러분은 잠에서 깨어났습니까? 예, 잠자리에서는 나왔죠. 하지만 깊은 명상을 경험하고 나면 그때에야 비로소 오랜 잠에서 깨어난 것처럼 모든 것이 환하고 명료하게 인식될 것입니다. 호흡 수행의 전체 과정은 마음을 깨우는 과정입니다. 에너지가 점점 강해지고 마음이 밝아져서 알지 못하던 것을 알 수 있게 되는 일련의 과정입니다.

호흡의 온몸을 경험하기

걷기 명상도 마찬가지입니다. 한 걸음 한 걸음의 단순한 움직임 속에서 우리는 점점 더 많은 것을 알아차리게 됩니다. 발을 올리는 데 얼마나 많은 근육이 움직이는지도 알게 됩니다. 뇌졸중이나 중풍 등으로 몸의 일부가 마비되었다가 회복기에 들어 걷는 것을 다시 배우는 경우가 있습니다. 그런 분들은 걷는 것을 다시 배우는 일이 쉽지 않다고 말합니다. 우리는 어렸을 때 걸음을 익혔고 이제는 당연하게 여깁니다. 그래서 아무 생각 없이 자동으로 걷습니다. 그러나 다시 걸음을 배워야 하면 얼마나 많은 근육의 움직임이 필요한지 깨닫고 놀라게 된다고 합니다.

수행자의 경우도 마찬가지입니다. 호흡 수행을 통해서 호흡 한 번에 실제로 얼마나 많은 움직임이 일어나는지 깨닫고 놀라게 됩니다. 이제 이것은 더 이상 그저 숨을 들이쉬기, 숨을 내쉬기가 아닙니다. 수행자는 숨의 처음부터 끝까지 전체를 알아차리게 됩니다. 숨에 대한 온전한 마음챙김이 자리 잡는 것입니다.

어떤 수행 지도자들은 호흡 수행의 제3단계인 ['온몸을 경험하면서 (들숨, 날숨)을 쉬리라.'며 공부짓는] 단계에서 '몸'을 실제 육체로 해석해서 가르치는 경우가 있습니다. 제 생각에 이것은 정신 나간 짓입니다. 영어 표현에 '불셧(bull shit)'이라는 상당히 거친 표현이 있습니다. 뜻 그대로 말하자면 소똥이라는 뜻인데 보통 거짓말,

헛소리라는 뜻으로 쓰입니다. 제가 이런 표현을 사용하면 사람들은 승려가 그런 표현을 사용해서는 안 된다고 말합니다. 그래서 저는 이 단어를 빨리어로 번역했습니다. '고마양'.

'고'는 빨리어로 소라는 뜻이고 '마양'은 대변이라는 뜻입니다. 제가 자주 사용하기 때문에 이제는 저희 사원의 신도들도 '고마양'이라는 단어가 무슨 뜻인지 알아듣습니다. 부처님의 가르침을 전하면서 부처님의 본래 뜻과 다르게 가르치는 경우 저는 이 표현을 사용합니다. 고마양!

호흡 수행 제3단계의 '온몸을 경험하면서[sabba-kāya-paṭisaṃvedī]'에서 '몸'을 육체로 해석하는 것은 '고마양'입니다. 여기에서 온몸은 호흡의 온몸입니다. 몸을 뜻하는 빨리어 '까야(kāya)'는 그저 육체만 의미하는 것이 아닙니다. '마노 까야(mano-kāya)', 마음의 몸이라는 단어도 사용되고 태국에서 지금 약간 오용이 되고 있지만 '담마 까야(dhamma-kāya)', 법(法)의 몸이라는 표현에도 사용될 수 있는 단어입니다. 경전에서 초선을 설명하는 비유에 '몸'이라는 단어가 나오는데 이 경우에도 사람들이 혼란을 일으키는 것 같습니다. 초선에 대한 비유는 목욕가루가 물에 반죽되는 비유입니다.

비구들이여, 예를 들면 노련한 세신사●나 그의 조수가
금속 대야에 목욕가루를 가득 담아놓고는 물을 알맞게

부어가며 계속 이기면 그 목욕가루 덩이에 물기가
젖어들고 스며들어 물기가 안팎으로 흠뻑 스며들 뿐,
그 덩이가 물기를 흘려보내지 않을 것이다. 이와 같이
비구는 떨쳐버렸음에서 생긴 희열과 행복으로 이
몸을 흠뻑 적시고 충만케 하고 가득 채우고 속속들이
스며들게 한다. 온몸 구석구석 떨쳐버렸음에서 생긴
희열과 행복이 스며들지 않은 데가 없다.

__『맛지마 니까야』「앗사뿌라 긴 경」(M39) §15, 초기불전연구원

여기에서 물은 기쁨을 의미합니다. 이 비유에서 목욕가루를 신체라
고 생각하는 사람들이 있습니다. 신체에 기쁨이 스며든다고 이해하
는 것입니다. 하지만 그렇지 않습니다. 여기에서 목욕가루는 마음의
몸, 즉 마음을 의미합니다. 신체는 초선에 들어가기 전의 수행 단계
에서 이미 사라졌습니다. 이 비유는 마음에 기쁨이 스며든다는 뜻입
니다.

들숨 날숨을 알아차리면 저절로 고요해진다

사십여 년 전, 아잔 차 스님의 사원에서 제가 젊은 승려로 수행할 때
의 일입니다.

아잔 차 스님은 매일 저녁 6시부터 8시까지 두 시간 동안 원시림의 나무 아래서 모든 승려들과 수행하는 것을 좋아했습니다. 굉장히 낭만적으로 들리지만 사실 그 시간은 모기들이 극성을 부리는 모기들의 저녁 식사 시간입니다. 모기들은 오전에만 식사를 한다는 8계를 지키지 않습니다.

태국은 단 한 번도 외국의 식민지가 된 적이 없습니다. 따라서 저희 사원의 외국인 승려들은 태국의 그 지역에 발을 디딘 최초의 서양 사람들이었습니다. 제가 낯선 마을에 탁발을 가면 저는 그 마을 사람들이 본 최초의 서양인인 경우가 종종 있었습니다.

태국 전통에서는 신도들이 탁발하는 승려의 얼굴을 똑바로 바라보지 않습니다. 시선을 아래로 내리고 음식을 발우에 넣습니다. 하지만 제가 탁발을 하던 날에 그 마을 사람들은 서양 승려는 고사하고 서양인조차 처음 보는 것이었기 때문에 자신들의 전통에 어긋나게 모두 뚫어져라 제 얼굴을 바라보았습니다. 제 얼굴을 보는 것에 정신이 팔려 음식을 발우에 제대로 넣지 못하고 모두 땅에 흘려서 동네 개들이 죄다 먹어 치웠습니다. 동네 개들은 몹시 행복했고 저는 배가 고팠습니다.

모기도 마찬가지였던 것 같습니다. 모기에게 있어서 저희는 첫 번째 서양 음식이었습니다. 모기들이 서양 음식을 먹으러 가자고 자기 친구들을 초대했던 것이 틀림없습니다. 아잔 차 스님이나 다른 태국 스님들은 한두 마리의 모기에게 물렸는데 저희 서양 승려들은 무수히 많은 모기에게 물렸습니다. 제 팔에 앉아 있는 모기를 세어 본 적이 있는데 육칠십 마리 정도 되었습니다. 모기끼리 너무 가까이 붙어 있어 정확하게 셀 수도 없었습니다. 이것은 거의 고문이었습니다. 하지만 태국 스님들이 모두 평화롭게 앉아 있었기 때문에 저도 서양인의 자존심을 지키려고 앉아 있었습니다.

결국 수행하는 것밖에는 다른 선택의 여지가 없었습니다. 그런데 명상에 깊이 들어가면 몸이 사라져서 모기로 인한 괴로움을 느끼지 않았습니다. 이제 저는 나이 든 승려로서 되돌아보면서 모기에게 감사를 느낍니다. 수행에서 몸을 놓아버리는 과정, 호흡에 마음이 머무르고 신체의 나머지 부분이 사라지는 과정은 굉장히 중요합니다. 이 과정에서 모기가 실제적인 도움을 주었던 셈입니다. 또 하나 흥미로웠던 것은 두 시간 정도 깊은 명상에 들었다 나오면 모기에게 물린 자국이 없었던 것입니다. 처음에 저는 깊은 명상 상태가 일종의 에너지 장을 만들어서 모기들이 뚫고 들어올 수 없었던 것이라고 생각했습니다. 하지만 나중에 좀 더 과학적인 이해를 하게 되었습니다. 모기는 사람의 신체에서 나오는 이산화탄소에 이끌립니다. 마음이 동요하고 걱정이 있으면 몸에서 더 많은 이산화탄소가 나오고 그러면 더 많은 모기가 모여들게 됩니다. 모기에 물려서 뎅기열에 걸리면 어떡하나, 말라리아에 걸리면 어떡하나 걱정하면 할수록 더 많은 이산화탄소가 나오고 더 많은 모기들이 모여드는 것입니다. 마음이 고요하고 평화로우면 몸에서 나오는 이산화탄소의 양은 점점 더 줄어들게 되고 결국 모기는 여러분의 존재를 알아차리지 못하게 됩니다. 깊은 명상 상태에서는 생각도 줄어들고 호흡도 느려지기 때문에 신진대사가 줄어듭니다. 따라서 이산화탄소의 분출량이 적어지고 모기들이 인식할 수 없게 되는 것입니다. 그러므로 모기를 피하려면 모기에 대해서 걱정하지 않아야 합니다. 이렇게 들숨과 날숨을 알아차리고 있으면 숨은 저절로 고요하게 됩니다.

호흡이 고요해지면 마음은 더 많은 에너지를 얻게 되어 행복감이 일어납니다. 호흡이 고요해지는 단계에 이르면 수행에 흥미를 가지게 되므로 이 단계부터는 힘들이지 않고 수행할 수 있게 됩니다. 행복감이 일어나는 단계는 호흡 수행의 5~6단계입니다.

행복감은 저절로 일어납니다. 호흡의 처음부터 끝까지 전 과정에 마음을 기울이고 있으면 저절로 행복감이 일어나고 호흡이 즐거워집니다. 들숨과 날숨을 알면서 앉아 있기만 해도 행복하고 만족스럽습니다. 그러므로 더 이상 억지로 수행할 필요가 없습니다. 수행하는 것이 행복해서 수행하는 시간을 기다리게 됩니다. 경전에서 말하듯 마음이 수행으로 이끌려갑니다. 개가 음식을 향해 이끌려가는 것과 마찬가지입니다.

수행을 향해 끌려들고 수행을 사랑합니다. 수행에서 즐거움을 느끼기 때문입니다. 수행에서 행복감이 일어나면 그 행복감을 밀쳐 내지 마십시오. 때로 수행의 즐거움 때문에 식사를 잊고 수행에 몰두하는 수행자들이 있습니다. 수행이 더 즐겁기 때문입니다. 며칠 전에도 수행자 한 명이 식사를 잊고 명상홀에 앉아 수행하고 있었습니다. 여러분도 머지않아 밥 먹는 것을 잊고 수행에 몰입하게 될 것입니다. 어떤 사람이 식사 시간에 명상홀에서 수행하고 있으면 그대로 놓아두십시오. 어깨를 쿡 찌르면서 밥 먹으러 가자고 하지 마십시오. 수행이 더욱 즐겁습니다.

3

고요한 숨

호흡 수행 5단계~8단계

5 '희열을 경험하면서 들이쉬리라.'며 공부짓고 '희열을
   경험하면서 내쉬리라.'며 공부짓는다.

6 '행복을 경험하면서 들이쉬리라.'며 공부짓고
   '행복을 경험하면서 내쉬리라.'며 공부짓는다.

7 '마음의 작용[心行]을 경험하면서 들이쉬리라.'며
   공부짓고 '마음의 작용을 경험하면서 내쉬리라.'며
   공부짓는다.

8 '마음의 작용을 편안히 하면서 들이쉬리라.'며
   공부짓고 '마음의 작용을 편안히 하면서 내쉬리라.'며
   공부짓는다.

   ___『맛지마 니까야』「들숨날숨에 대한 마음챙김 경」(M118) §19,
   초기불전연구원

지난 강의에서 설명했듯 호흡 수행의 제3단계는 호흡의 처음부터
끝까지 아는 단계였고 제4단계는 호흡이 고요해지도록 놓아두는 단
계였습니다.

   호흡이 고요해지도록 그대로 놓아두는 것은 상당히 중요합니
다. 고요해지도록 놓아두면 정지하고, 정지한 것은 사라집니다. 이
과정이 삼매 수행입니다.

   또한 호흡이 고요해지면 마음챙김이 계발됩니다. 그리고 마음

챙김의 힘이 강해지면 저절로 기쁨과 행복감이 일어납니다. 이 과정을 정확히 이해한다면 기쁨과 행복감을 일으키려고 애쓰지 않고 전체 과정을 있는 그대로 놓아두게 될 것입니다.

행위 하는 자와 아는 자

마음챙김이 강해져 저절로 기쁨이 일어나는 과정을 알기 위해서는 마음의 특성을 이해해야 합니다. 경전에서도 지나가면서 슬쩍 언급되기는 하는데 분명히 설명되지는 않았습니다.

마음에는 두 가지 부분이 있습니다. 한 부분은 정보를 받아들이는 부분입니다. 들리는 소리를 그저 듣고, 보이는 것을 그저 보고, 떠오르는 생각을 그저 알아차리는 마음의 수동적인 부분입니다. 저는 이 부분을 '아는 자[knower]'라고 부릅니다.

다른 한 부분은 경험에 반응하는 부분입니다. 대상을 명칭으로 개념화하고 무엇을 해야 할지 결정하고 외부에 반응하는 마음의 능동적인 부분을 저는 '행위 하는 자[doer]'라고 부릅니다.

일상생활에서 '행위 하는 자'가 마음의 에너지를 대부분 사용합니다. 그래서 '아는 자', 마음챙김으로 흘러 들어갈 에너지가 없습니다. 그러므로 항상 정신적인 피로를 느낍니다. 하지만 수행 중에 수행자는 결정하고 반응하는 것을 멈춥니다. 그래서 '행위 하는 자' 쪽으로 에너지가 흘러들지 않게 되어 소모되는 에너지가 적어집니다. 따라서 남는 에너지가 '아는 자' 쪽으로 흘러듭니다.

생각하고 걱정하고 계획하면 마음챙김에 갈 수 있는 에너지의 양이 그만큼 줄어듭니다. 행위를 하지 않아야 '아는 자' 쪽으로 흘러들어갈 수 있는 에너지의 여유가 생깁니다. 에너지를 마음챙김 쪽으로 펌프질해주어서 충분한 에너지를 공급하는 셈입니다.

호흡 수행을 포함하여 수행이라는 것은 행위를 단순화시키는 것에서 시작됩니다. 행위가 줄어들면 마음챙김에 에너지가 흘러들고 마음챙김의 힘은 점점 더 강해집니다.

손전등을 들고 어둠 속을 걷는데 손전등의 건전지가 약하다면 밝게 비추려고 아무리 애를 써도 발 앞의 길이 보이지 않습니다. 하지만 건전지가 강한 손전등으로 비추면 어둠 속에 있는 모든 것을 분명하게 볼 수 있게 됩니다. 건전지가 약한 손전등은 마음챙김에 힘이 없는 상태와 같습니다. 보지 못하는 것이 많고 무슨 일이 일어나는지 잘 알지 못합니다. 에너지가 강해져야 마음이 깨어나 더 많은 것을 보고 듣고 느끼고 알게 됩니다.

『앙굿따라 니까야』의 「아누룻다 경」(A8:30)에서 부처님은 마음챙김이 자리 잡고 삼매를 갖추는 등의 여덟 가지 특성을 갖춘 수행자는 단순한 탁발 음식도 최고급 음식처럼 맛있게 느끼고 소박한 거처도 화려한 저택처럼 만족해 할 것이라고 말합니다. 모든 것이 더 즐겁고 행복하게 느껴질 것입니다. 마음의 힘이 강해졌기 때문입니다.

이런 이유에서 마음챙김의 힘이 강해진 호흡 수행의 5~6단계에서 기쁨과 행복감이 일어나는 것입니다. 기쁨과 행복감은 마음챙김의 힘이 강해지면 생겨나는 자연스러운 결과이며 동시에 마음의 힘이 강해졌다는 표시입니다. 강화된 마음의 힘을 기쁨과 행복감으로 경험하는 것입니다.

많은 사람들이 아침에 일어나 커피를 마시기 전까지는 몸이 찌뿌드드하고 불쾌하다고 말합니다. 에너지가 부족한 것입니다. 저도 커피와 차를 좋아합니다. 저는 커피의 첫 글자를 따서 커피를 '비타민C'라고 부르고 차[tea]의 첫 글자를 따서 차는 '비타민T'라고 부릅니다. 멀티비타민은 먹지 않고 오로지 '비타민C'와 '비타민T'만 먹습니다. 커피와 차도 에너지를 끌어 올리고 새로운 에너지를 줍니다. 그리고 에너지가 생기면 우리는 행복감을 느낍니다. 그러나 이런 것은 내부에서 생겨나는 자연스러운 에너지가 아닙니다.

행위를 멈추었을 때 일어나는 에너지는 자연스러운 에너지입니다. 그 에너지는 마음의 수동적인 부분인 '아는 자', 마음챙김으로 흘러듭니다. 그러면 여러분은 비로소 잠에서 깨어납니다.

마음에서 비롯된 아름다움

오래전 태국 북동부의 사원에서 우기 안거를 보낼 때의 일입니다. 어느 날 비가 너무 많이 와서 밖에서 걷기 수행을 하지 못하고 아무도 없는 사원의 법당에서 걷기 수행을 했습니다.

그 법당 바닥은 마을 사람들이 직접 공사한 시멘트 바닥이었습니다. 그 마을 사람들은 몹시 정이 많았지만 기술이 부족해서 바닥이 매끄럽지 않고 울퉁불퉁했습니다.

저는 과거나 미래에 대해 망상하지 않고 현재 순간에 머무른 채로 발 앞 1.5미터를 바라보면서 천천히 걷기 수행을 하고 있었습니다. 그렇게 걷기 수행을 하고 있는데 문득 눈에 들어온 바닥의 한 부분이 몹시 아름다웠습니다. 저는 걸음을 멈추고 그 시멘트 바닥을 바라보았습니다.

울퉁불퉁한 시멘트로 이루어진 회색 요철(凹凸)의 다양한 형태와 질감과 색조가 마치 전에 국립박물관에서 보았던 최고의 예술품 같았습니다. 저는 십오 분 정도 그 시멘트 바닥을 멍하니 바라보았습니다. 정말 놀라웠습니다. 평범한 시멘트 바닥이 제가 본 중 가장 아름다운 작품으로 변한 것입니다. 평범한 콘크리트가 왜 그렇게 아름답게 보이는 것인지 의아했습니다.

조금 지저분하지만 제가 상당히 좋아하는 이야기를 하나 하겠습니다. 호주에서의 일입니다. 저는 저희 사원 부근에 있는 명상 수련 센터에서 수련회를 지도하면서 저 자신도 깊은 명상을 즐기고 있었습니다. 그러다 볼일을 보러 화장실에 갔습니다. 볼일을 보고 변기에서 일어나면서 실수를 하나 저질렀습니다. 여러분은 깊은 명상 후에 이런 실수를 저지르지 말기 바랍니다. 저는 그만 무심코 변기 안을 들여다보고 말았습니다. 와아! 저는 평생 그와 같이 아름다운 대변을 본 적이 없었습니다. 옅은 갈색과 짙은 갈색의 절묘한 조화, 완만하게 휘어진 유연한 곡선, 깊고 그윽한 향기. 저는 그 대변의 아름다움에 매료되어 변기 앞을 떠날 수가 없었습니다. 꺼내서 누군가에게 보여주고 싶다는 생각이 머리를 스쳤습니다. 하지만 참아야 했습니다. 놓아버리기를 오랫동안 수행한 공력으로 간신히 버튼을 눌러 그 아름다운 대변을 흘려보낼 수 있었습니다.

마음챙김의 힘이 강하면 평소에 더럽고 하찮게 보이던 것까지 모두 아름답게 보입니다. 그렇다면 호흡은 어떻겠습니까? 마음챙김의 힘이 강하면 호흡은 더없이 아름답고 즐거운 것으로 느껴집니다. 이것은 자연스러운 과정입니다. 마음챙김의 힘이 강해졌다는 표시입니다.

호흡 수행을 하는데 호흡이 아름답지도 않고 즐겁지도 않다면 아직 마음챙김의 힘이 충분히 강하지 못한 것입니다. 너무 많이 행위하고 너무 많이 생각하고 너무 열심히 노력하고 있습니다. 그래서 에너지가 모두 소모되고 마음챙김으로 갈 에너지의 여유가 없습니다. 마음챙김에 에너지가 충분히 공급되면 행복감을 느끼게 됩니다. 이것은 일종의 법칙입니다.

　어떤 수행자가 저에게 와서 선정을 얻었다고 말하면 저는 그 말의 내용을 듣지 않습니다. 저는 그 사람의 얼굴을 봅니다. 얼굴 가득 미소를 지으며 기쁨에 겨워 있는 상태가 아니라면 선정이 아닙니다. 굉장한 기쁨, 지복감, 행복감, 이런 것이 깊은 삼매에서 나왔을 때의 표시입니다. 그래서 앞서 언급한 「아누룻다 경」(A8:30)에서 부처님이 삼매를 갖춘 수행자는 소박한 음식을 최고급의 음식처럼 맛있게 느낀다고 말한 것입니다. 반찬 없는 음식이 최고급 연회의 음식처럼 맛있게 느껴지고, 소박한 거처가 아름다운 저택으로 느껴지고, 단순한 승복이 파리의 일류 부티크에서 온 최고급 옷처럼 느껴지게 됩니다.

　이 아름다움은 대상에서 비롯되는 것이 아닙니다. 음식에서 비롯되는 것도 아니고, 거처에서 비롯되는 것도 아니고, 옷에서 비롯되는 것도 아니고, 호흡에서 비롯되는 것도 아닙니다. 이 아름다움과 기쁨은 마음챙김의 힘이 강해진 수행자의 마음에서 비롯됩니다. 행복감과 에너지를 가지게 된 마음에서 비롯되는 것입니다.

　따라서 ['희열을 경험하면서 (들숨, 날숨)을 쉬리라.'며 공부짓는] 호흡 수행의 제5단계와 ['행복을 경험하면서 (들숨, 날숨)을 쉬리라.'고 공부짓는] 제6단계는 마음챙김이 강해졌다는 표시가 되는 단계입니다.

수행의 즐거움

이 단계가 주는 또 하나의 장점은 더 이상 호흡을 알아차리기 위해 억지로 노력할 필요가 없다는 것입니다. 이토록 호흡이 즐거워진다면 마음챙김이 호흡으로 가는 것을 막을 수가 없게 됩니다. 약속이 있거나 다른 할 일이 있어도 계속 호흡을 보고 싶어 합니다. 어떤 사람들은 이것이 집착이라고 말합니다.

『디가 니까야』의 「정신경(淨信經)」(D29)에는 외도 수행자들이 '불교도는 명상의 즐거움을 추구하며 지낸다.'고 비난하거든 '그렇다.'고 긍정하라는 대목이 있습니다. 그리고 '명상의 즐거움을 추구한 결과가 무엇이냐?'는 질문을 받으면 '그 결과는 예류자, 일래자, 불환자, 아라한'이라고 대답하라고 합니다. 그 네 가지는 우리가 성취해야 할 깨달음의 단계입니다. 수행의 행복감을 추구하며 지내면 우리는 깨달음을 얻습니다. 다시 말해서 수행의 행복감을 추구하는 것은 수행자가 하기로 되어 있는 바람직한 일인 것입니다.

기쁨과 행복감으로 인해 수행자는 수행에 점점 더 취착하게 되고 그럴수록 수행의 즐거움은 점점 더 커집니다. 그래서 수행을 소중히 여기게 되고 당연히 더 자주, 더 오래 수행하게 됩니다. 수행을 즐기기 때문입니다.

감각적인 즐거움보다 훨씬 더 큰 행복이 바로 수행의 즐거움입니다. 수행의 즐거움은 수행자에게 허용된 특권입니다. 따라서 수행 중에 기쁨이 일어난다면 즐겨야 합니다. 기쁨을 만끽하세요. 무언가 잘못되었다고 생각하고 기쁨을 없애려 해서는 안 됩니다.

만약 어떤 수행 지도자가 수행 중에 일어나는 기쁨과 행복감을 조심하라고 말하고 수행의 행복감에 집착하지 말라고 한다면 그것은 또 하나의 '고마양', 어리석은 헛소리입니다. 부처님의 가르침에 정면으로 위배되는 잘못된 가르침입니다.

수행은 치과 치료 같은 것이 아니라 휴일에 놀러가는 것과 같습니다. 수행에서 기쁨을 느끼는 수행자는 수행을 좋아하고 수행하기를 간절히 원합니다. 그래서 명상 수련회를 예약하면 수련회가 시작되는 날을 손꼽아 기다리게 됩니다. 호흡 수행의 5~6단계가 그런 역할을 합니다. 또한 수행자는 힘들이지 않고 오랜 시간 수행하게 됩니다. 몇 시간씩 앉아서 수행하는 것은 인내의 힘이 아닙니다. 수행에서 즐거움을 느끼기 때문입니다.

수련회 기간 동안 8계를 지켜서 정오 이후에 음식을 먹지 않는 재가 수행자들이 호흡 수행의 즐거움에 빠져 점심을 먹지 않는 경우가 있습니다. 점심을 먹지 않으면 그 다음 날 아침까지 아무것도 먹을 수 없다는 것을 알면서도 점심을 먹는 것보다 수행하는 편을 선택합니다. 즐겁기 때문입니다.

저와 친한 스님 중에 아잔 간하(Ajahn Ganhah)라는 태국 스님이 있습니다. 그 스님이 호흡 수행을 가르치는 방법은 아주 간단합니

다. 가능한 평화롭고 행복하고 기쁘게 숨을 쉬라고 가르칩니다. 그
의 수행법은 숨을 쉬면서 태국어로 '행복한, 편안한, 좋은'이라는 의
미의 '사바이(sabai)'라고 뇌는 것입니다. 그 스님이 가르치는 수행법
은 그것이 전부입니다. 숨을 들이쉬면서 '사바이' 내쉬면서 '사바이'.
이것은 호흡 수행의 5~6단계로 곧장 갈 수 있는 상당히 훌륭한 방
법입니다. 아름답고 즐거운 수행을 할 수 있게 해줍니다.

이 5~6단계가 수행의 전환점입니다. 일단 이 아름다운 호흡의
단계로 들어서면 나머지 과정은 큰 어려움이 없이 자연스럽게 이루
어집니다. 수행이 즐거워서 수행을 하지 않으려야 하지 않을 수 없
기 때문입니다.

그러므로 아름다운 호흡의 단계로 들어서면 다른 일이 있다고
수행을 멈추거나 다른 일을 하고 나서 수행하려고 생각하지 마십시
오. 수행 지도자로서 저는 사람들에게 약속도 잊고 해야 할 일도 다
미루어두고 그저 수행에 전념하라고 말합니다. 이 수련회에서 수행
중에 기쁨과 행복감이 강하게 일어나면 법문을 들으러 올 필요도 없
고 공양을 하러 갈 필요도 없습니다. 그저 수행을 계속하십시오. 이
렇게 계속하다 보면 수행은 점점 깊어질 것입니다. 즐거움이 느껴지
기 때문에 마음이 저절로 호흡으로 향하는 것입니다.

즐거움을 주는 것에는 억지로 집중할 필요가 없습니다. 즐거움
을 주는 대상이 우리의 관심과 주의를 끌어들입니다. 수행자는 아무

것도 할 필요가 없습니다. 할 수도 없습니다. 그저 아름다운 들숨과 날숨을 행복한 마음으로 알아차리기만 하면 됩니다. 행복감이 일어나면 몸에 통증을 느끼는 일도 없습니다. 이대로 호흡을 알아차리며 언제까지라도 앉아 있고 싶을 것입니다.

운동선수가 경기에서 다쳐도 통증을 못 느끼는 경우가 있습니다. 경기에 너무나 몰두하고 있었기 때문입니다. 여러분도 소변 마려운 것을 자각하지 못하고 무의식적으로 참고 영화를 보다가 영화가 끝나고 나서야 깨달은 때가 있었을 것입니다.

행복감은 우리 몸의 다른 감각을 닫아버립니다. 그러므로 일단 아름다운 호흡, 즐거운 호흡이 일어나면 수행을 지속하기는 쉽습니다. 행위는 점점 줄어들고 마음챙김으로 가는 에너지는 점점 커지게 됩니다. 그래서 마음챙김의 힘이 점점 더 강해집니다. 그리고 마음챙김의 힘이 강해지면 강해질수록 행복감도 점점 더 늘어나게 됩니다. 수행을 즐기게 되는 것입니다.

또한 행위가 줄어들므로 신체에 필요한 산소량도 줄어듭니다. 따라서 호흡이 점점 줄어들며 부드럽고 평안해집니다. 호흡이 평안해지면 들숨과 날숨의 차이를 알아차리기가 어려워집니다. 더 중요한 것은 호흡의 시작과 끝도 알 수 없게 된다는 것입니다.

호흡에 대한 인식이 사라지는 순간

저는 『청정도론』을 처음부터 끝까지 정독한 적은 없습니다. 그저 여기저기 뒤적거리며 보았습니다. 그렇게 보다가 아름다운 비유를 하나 찾았습니다. 호흡 수행을 톱질에 비유한 것입니다.

톱질을 시작할 때 목수는 자르는 나무토막, 톱의 끝, 톱의 손잡이, 톱날을 다 보고 있습니다. 그러나 톱질을 하다 보면 목수는 나무토막도, 톱의 끝도, 손잡이도, 톱날도 보지 않고 오로지 톱날과 나무가 닿는 부분만 보게 됩니다. 나무토막에 닿는 톱날이 톱의 어느 부분인지도 알지 못하게 됩니다. 수행이 진전함에 따라 대상이 단순해진다는 것을 보여주는 비유입니다.

저는 이 비유에 동의합니다. 호흡 수행의 어느 단계부터는 더이상 호흡의 시작, 중간, 삼 분의 이, 끝 부분을 구분하지 못하게 됩니다. 톱질하는 사람에게 각각의 톱날이 모두 동등하게 여겨지는 것과 같습니다. 호흡 수행에서도 호흡의 각 부분이 모두 동등하게 여겨집니다. 이것은 호흡에서 변화가 일어나지 않고 있다는 의미입니다. 호흡이 평안해지고 마음챙김의 대상이 한결같게 됩니다. 이 단계가 마음의 작용[citta-saṅkhāra]을 경험하고 편안히 하는 호흡 수행 7~8단계입니다.

즉, ['마음의 작용을 경험하면서 (들숨, 날숨)을 쉬리라.'고 공부짓는] 제7단계와 ['마음의 작용을 편안히 하면서 (들숨, 날숨)을 쉬리라.'고 공부짓는] 제8단계입니다.

　호흡이 평안해지면 호흡에서 변하는 것이 없기 때문에 호흡에 대한 인식이 사라집니다. 호흡 수행의 모든 단계가 계속 호흡을 대상으로 하는 것은 아닙니다. 호흡은 자기가 해야 할 일을 다 마쳤습니다. 그리고 다른 것이 그 자리를 대신합니다.

　『디가 니까야』의 「사문과경(沙門果經)」(D2)에서 아자따삿뚜왕이 부처님을 만나러 웰루와나[죽림정사]로 가면서 코끼리를 타고 갈 수 있는 곳까지는 코끼리를 타고 가고, 그 후에는 코끼리에서 내려서 신발을 신고 갈 수 있는 곳까지는 신발을 신고 가고, 그 다음 신발을 벗고 마지막에는 맨발로 다가가 부처님을 만나는 이야기가 있습니다.

　호흡도 마찬가지입니다. 호흡은 여기까지 수행자를 데리고 왔습니다. 그리고 호흡은 자신의 일을 마치고 사라집니다. 호흡이 사라지는 단계가 ['마음을 경험하면서 (들숨, 날숨)을 쉬리라.'고 공부짓는] 호흡 수행의 제9단계입니다. 호흡이 사라지면 많은 수행자들이 혼란스러워합니다. 수행의 대상이 사라졌다고 생각합니다. 하지만 호흡은 더 이상 수행의 대상이 아닙니다. 이제부터는 호흡이 사라졌을 때 마음에 나타나는 아름다운 빛, 니밋따가 수행의 대상입니다.

　이 단계에서 호흡이 사라졌는데 아무것도 보이지 않는 경우가 있습니다. 호흡이 가도록 놓아버렸는데 호흡이 사라지고 나서 남는

075
호흡 수행 5단계~8단계

것이 무엇인지 인식할 만한 강한 마음챙김이 없는 경우입니다.

　　달이 떠 있지 않은 어두운 밤에 환한 방에서 깜깜한 바깥으로 나오면 처음에는 아무것도 볼 수 없습니다. 하지만 잠시 지나면 동공이 확장되어 조금씩 빛을 감지할 수 있게 되고 머지않아 사물을 볼 수 있게 됩니다. 수행 중에 아름다운 호흡의 단계를 지나 호흡이 사라졌는데도 아무것도 보이지 않는다면 인내를 가지고 그대로 머무르십시오. 곧 빛을 보게 될 것입니다. 환한 방에서 바깥으로 나왔을 때와 같습니다.

　　하지만 다른 경우도 있을 수 있습니다. 이 단계까지 수행을 해 오는 과정에서 기쁨과 행복감을 충분히 계발하지 못한 경우입니다. 기쁨과 행복감을 계발하지 못했다는 것은 마음챙김을 계발하지 못했다는 뜻입니다. 수행의 과정에 빠진 부분이 있는 것입니다. 그래서 저는 즐거운 호흡의 단계에서 기쁨을 만끽하라고 강조합니다. 움츠러들지 말고 기쁨과 행복감을 충분히 누리십시오. 행복감이 충분히 계발되었다면 수행자의 마음챙김은 그만큼 계발되었을 것이고 어둠으로 나왔을 때, 즉 호흡이 사라졌을 때 좀 더 쉽게 빛이 나타날 것입니다.

가장 좋은 부분을 보는 수행

지금 이 명상 수련회에는 저에게서 계를 받은 스님이 세 명이나 있습니다. 저는 그 수행자들이 자랑스럽습니다. 여기에 참여해주어서 고맙고 여전히 수행하고 있다는 것을 알게 되어 기쁩니다.

수계식에서 계사로서 새로 계를 받는 사람에게 읊어주는 문장이 있습니다. 전통적으로 빨리어로 이 문장을 읊어줍니다.

실라 빠리바위또 사마디 마합팔로 호띠 마하니상사.

(sīla-paribhāvito-samādhi-mahapphalo-hoti-mahānisaṃsa)

'계를 철저히 닦아서 생긴 삼매는 큰 결실이 있고 큰 이익이 있다.'는 뜻입니다. [『디가 니까야』「대반열반경」(D16)]

어떤 사람은 계율의 목적이 무엇인지 잘 모릅니다. 부처님은 계율이 삼매를 강화시킨다고 말합니다. 수행자는 이 수행 단계에서 계율의 이점을 알게 됩니다. 재가 신도가 다섯 가지 계율을 지키는 이점, 스님들이 비구계나 비구니계를 받아 지니는 이점, 그리고 감각 기능 단속 계율의 이점도 이 수행 단계에서 알게 됩니다. 수행의 과정에서 처음으로 계율의 이점을 알게 되는 것입니다. 만일 계율을 잘 지키는 수행자로 살아왔다면 이 단계에서 빛이 일찍 나타나고 또 매우 강합니다. 마음을 순수하고 행복하고 활기차게 만드는 것이 바로 계율이기 때문입니다.

말레이시아인 수행자가 한 명 있었습니다. 호흡이 사라지는 단계까지 수행이 진전되어서 니밋따가 나타났습니다. 하지만 그 수행자는 자신의 니밋따가 마치 더러운 누더기처럼 나타난다고 말했습니다. 그는 수행하는 과정에 잘못이 있었다고 추측했고 수행법을 바꾸면 된다고 생각하고 있었습니다. 저는 그 수행자에게 계율이 어떤지, 특히 최근의 생활이 어땠는지 물었습니다. 그러자 그는 얼굴이 붉어지고 저와 눈을 마주치치 못했습니다. 그 수행자는 바로 한 주 전에도 계율을 어겼던 것입니다.

계율은 마음에 영향을 미칩니다. 좋지 않은 일을 하거나 다른 사람과 말다툼을 하거나 계율을 어긴 경우 니밋따가 일어났을 때 자신이 한 일을 곧 알게 됩니다. 계율을 어긴 것을 남들에게는 속일 수 있지만 자신의 마음을 속일 수는 없습니다.

반대로 선하고 계율을 잘 지키고 너그러운 사람이라면 니밋따가 매우 밝게 나타날 것입니다. 어떤 사람들은 처음 니밋따가 나타났을 때 이미 아름답고 밝다고 말합니다. 태양 같다고 말하기도 합니다. 그런 사람은 계율을 잘 지키며 생활한 사람입니다. 이처럼 계율은 수행에 중요한 지지대가 됩니다. 호흡 수행의 제9단계, 마음을 직접 경험하는 이 단계에서 여러분은 계율의 이로움을 알게 됩니다. '계를 철저히 닦아서 생긴 삼매는 큰 결실이 있고 큰 이익이 있다.'는 가르침을 실감하게 되는 것입니다.

하지만 계율이 그다지 썩 좋지 않아 니밋따가 밝지 않은 경우에도 니밋따를 계발할 수 있는 방법이 있습니다. 저는 오랫동안 수행을 가르쳐서 이제는 능숙한 변호사처럼 온갖 허점을 뚫고 가는 방법을 잘 알고 있습니다. 불교 수행자이지만 우리는 역시 인간입니다. 번뇌 때문에 계율을 어기기도 하고 거짓말도 하고 화를 내기도 합니다. 커다란 계율은 어기지 않더라도 어리석음과 자만심 때문에 이런저런 계율을 어기는 경우가 있습니다. 계율을 어겨도 참회하면 다시 청정해지지만 마음에 얼룩이 남습니다. 그러나 마음에 얼룩이 있더라도 니밋따를 계발할 수 있습니다. 니밋따 군데군데 얼룩과 더러움이 있어도 그곳에 주의를 두지 마십시오. 니밋따의 깨끗하고 밝은 부분에 주의를 기울이십시오. 가장 아름다운 부분을 '줌 인(zoom in)'하듯이 확대하십시오. 확대해서 보고 그렇게 확대해서 본 부분 중 다시 가장 아름다운 부분을 또 확대해서 보십시오. 이것이 니밋따를 밝고 아름답게 만드는 방법입니다. 그렇지만 이렇게 하기 위해서는 긍정적인 마음, 용서하는 마음을 가져야 합니다.

어떤 사람들은 결점을 찾는 마음을 가지고 있습니다. 그런 사람은 결점 찾는 마음을 계발해왔습니다. 저로서는 최선을 다하고 있지만 저의 말이나 행동에서도 결점을 찾을 수 있을 것입니다. 심지어 부처님에게서도 결점을 찾아낸 사람들이 있었습니다. 가장 순수하고 지혜롭고 아름다운 부처님에게서도 결점을 찾을 수 있는 것이 사람의 마음입니다. 그러니 누구에게서나 결점을 찾을 수 있을 것입니다.

결점을 찾는 것은 세상을 잘못된 시각으로 바라보는 것입니다. 결점을 찾는 마음 대신에 고마워하는 마음을 계발하십시오. 완벽한 사람은 아무도 없습니다. 그래도 모든 사람에게는 나름의 아름다운 부분이 있습니다. 다른 사람이 가지고 있는 아름다운 품성에 관심을 기울이십시오. 사람들의 잘못된 부분, 어리석은 부분에 관심을 기울이지 마십시오. 아름다운 부분에 감사하십시오. 그리고 그들의 결점을 용서하십시오. 자애로움과 행복감은 항상 함께합니다. 다른 사람의 결점만 찾으려 하면 누구와도 함께 지낼 수 없고 삶은 괴로운 것이 될 것입니다. 그런 사람은 계발하지 말아야 할 품성을 계발하고 있는 것입니다. 니밋따에서도 잘못되고 더러운 부분에 주의를 기울이게 될 것입니다. 주위 사람에게서 아름다운 부분을 보고 감사하는 마음을 계발해왔다면 니밋따에서 가장 아름다운 부분에 주의를 기울이게 될 것입니다.

결점을 찾는 마음은 자신과 주위 사람에게 고통을 주고 또한 수행까지 방해합니다. 니밋따가 나타나는 것을 방해하고, 니밋따가 계발되는 것을 방해하고, 결국 선정에 이르는 것을 방해합니다. 세상은 완벽하지 않습니다. 사람들은 수련회 기간에도 말을 합니다.

밤에는 개들이 짖어댑니다. 그것이 개가 하는 일입니다. 평소의 생활에서 자신과 주위 사람에게서 가장 좋은 부분을 보는 수행을 한다면 저절로 니밋따에서 가장 아름다운 부분에 관심을 기울이게 될 것입니다.

결점을 찾는 것은 세상을 잘못된 시각으로
바라보는 것입니다. 결점을 찾는 마음 대신에
고마워하는 마음을 계발하십시오.
완벽한 사람은 아무도 없습니다. 그래도 모든 사람에게
는 나름의 아름다운 부분이 있습니다.
다른 사람이 가지고 있는 아름다운 품성에 관심을
기울이십시오. 사람들의 잘못된 부분, 어리석은
부분에 관심을 기울이지 마십시오. 아름다운 부분에
감사하십시오. 그리고 그들의 결점을 용서하십시오.
자애로움과 행복감은 항상 함께합니다.
다른 사람의 결점만 찾으려 하면 누구와도 함께
지낼 수 없고 삶은 괴로운 것이 될 것입니다.

4

마음의 빛, 니밋따

호흡 수행 9단계~11단계

9 '마음을 경험하면서 들이쉬리라.'며 공부짓고 '마음을 경험하면서 내쉬리라.'고 공부짓는다.

10 '마음을 기쁘게 하면서 들이쉬리라.'며 공부짓고 '마음을 기쁘게 하면서 내쉬리라.'며 공부짓는다

11 '마음을 고요히● 하면서 들이쉬리라.'며 공부짓고 '마음을 고요히 하면서 내쉬리라.'며 공부짓는다.

_『맛지마 니까야』 「들숨날숨에 대한 마음챙김 경」(M118) §20, 초기불전연구원

오늘 법문은 니밋따에 관한 것입니다. 저는 니밋따에 대해 법문하는 것을 좋아합니다.

호흡 수행을 하다가 호흡이 사라지고 어두운 상태가 되는 경우가 있습니다. 그러면 수행자는 무엇을 해야 좋을지 모르고 불안을 느낍니다. 몸이 사라지고 호흡까지 사라지니 죽을지도 모른다고 생각합니다. 수행의 각 단계에서 어떤 일이 일어나는지 미리 듣지 못했기 때문에 이런 불안감이 일어납니다. 호흡이 사라지는 것은 수행에서 일어나는 자연스러운 과정이고 아무 위험도 없다는 것을 알지 못하는 것입니다. 저는 오랫동안 수행을 지도한 명상 지도자입니다. 제가 수행을 지도하는 중에 사고가 일어난 적은 한 번도 없습니다. 미친 사람도 없고 죽은 사람도 없습니다. 여러분은 완전히 안전합니다.

수행 과정에서 호흡이 사라지면 죽음이 닥치는 것이 아니라 기쁨과 행복감이 일어납니다. 이 전체 과정에 대한 이해와 신뢰가 있으면 빛이 일어나기 전에 어두운 상태가 되어도 불안해하지 않고 기다릴 수 있게 될 것입니다.

하지만 이보다 더 바람직한 것은 기쁨과 행복감이 이미 충분히 계발되어 있어서 호흡이 사라진 다음 어두운 상태가 되지 않고 아름다운 빛이 나타나는 경우입니다. 호흡이 사라졌는데 빛이 나타나지 않고 어두운 상태가 되는 것은 마음챙김이 충분히 강하지 않기 때문입니다. 마음챙김이 충분히 강하지 않은 것은 행복감이 충분히 계발되지 않았기 때문입니다.

마음으로 보는 영상, 니밋따

마음에 나타나는 빛인 니밋따는 사람에 따라 저마다 다른 형태로 나타납니다. 저는 많은 사람들에게서 온갖 종류의 빛에 대한 묘사를 들었습니다. 처음에 빛이 나타날 때는 대부분 환한 영사막 같다고 말합니다. 특정한 형태를 갖추지 않은 밝은 영사막 같은 빛이 나타나는 것입니다. 눈부시게 밝지는 않은 경우가 많습니다. 이것은 초기 단계의 니밋따라고 할 수 있습니다. 아직 충분히 계발되지 않은 니밋따입니다.

니밋따의 색은 전혀 중요하지 않습니다. 별의별 색이 다 나타날 수 있고 수행 중에도 색은 변할 수 있습니다. 따라서 어떤 색인지는 의미가 없습니다. 제가 들어본 중 가장 특이한 색은 검은색이었습니다. 처음에는 그 수행자의 행동에 무슨 문제가 있는 것이 아닌가 하는 생각이 들었습니다. 우리 문화에서 흰색은 순결을 의미하고 검은색은 그 반대를 의미하기 때문입니다. 하지만 그 수행자가 자신의 검은색 니밋따를 묘사하는 것을 듣고 곧 의심이 풀렸습니다. 그는 자신의 니밋따가 몹시 깊고 아름답고 근사하고 광채를 지녔다고 말했습니다. 그렇다면 그것은 니밋따입니다.

니밋따의 색은 일상에서 보는 색깔보다 훨씬 강렬하게 느껴집니다. 푸른색 니밋따는 보통의 푸른색보다 더 푸르게, 노란색 니밋따는 더 노랗게, 검은색 니밋따는 더 검게, 황금빛 니밋따는 평생 본 적이 없는 아름다운 황금빛으로 느껴질 것입니다. 시각으로 보는 것이 아니기 때문입니다. 니밋따를 보는 것은 마음입니다. 그래서 시각으로 보는 것보다 훨씬 순수하고 강렬하게 느끼게 됩니다. 시각은 이미 오래전에 끊겼습니다. 니밋따는 마음으로 보는 영상입니다.

대부분의 수행자들이 니밋따를 시각적 대상인 빛으로 경험합니다. 다른 감각의 대상으로 느끼는 일은 거의 없습니다. 그 이유는 아마 우리에게 시각이 가장 지배적인 감각이기 때문일 것입니다. 우리는 대부분의 시간을 무언가 보면서 지내고 시각을 통해 세상을 이해합니다. 예를 들어 공항에 가면 사람의 얼굴을 보고 신원을 확인합니다. 냄새를 맡아보지 않습니다. 냄새를 맡아보고 "아! 당신은 아잔 브람이군요. 당신의 냄새가 컴퓨터에 기록되어 있습니다."라고 하지 않습니다. 개들이라면 그렇게 하겠죠. 요즘에 음성 신원 확인이 있기는 합니다만 역시 시각이 가장 중요한 감각 기관입니다.

니밋따라는 마음의 대상을 이해하려고 할 때 우리의 인식, '산냐(saññā)'는 지금의 경험과 유사한 것을 과거의 경험이 기록되어 있는 데이터 뱅크에서 찾아 비교합니다. 그 결과 지금 경험하고 있는 마음의 이미지가 전에 경험했던 것 중 이와 가장 유사한 '빛'으로 인지되는 것입니다. 하지만 이것은 마음의 대상입니다. 시각의 대상이 아닙니다. 이 과정을 정확하게 이해하는 것은 중요합니다. 니밋따의 빛이 강해지면 이렇게 강렬한 빛은 견딜 수 없다고 느끼는 경우가 있기 때문입니다. 눈이 멀 것이라는 두려움이 생길 수도 있습니다. 이런 불합리한 두려움으로 수행을 그만두기도 합니다. 하지만 니밋따가 수천 개의 태양을 합한 것보다 더 밝다고 해도 눈이 멀지는 않습니다. 눈으로 니밋따를 보고 있는 것이 아니기 때문입니다.

니밋따에는 여러 종류가 있습니다. 우선 분명한 형체를 갖추지 않고 환한 영사막 같은 '스크린 니밋따'가 있습니다 이런 경우에는 그 영사막의 가장 밝은 부분에 주의를 기울이면 됩니다. 대개 중앙 부분이 가장 밝습니다. 가장 밝은 부분을 바라보고 있으면 '천 겹의 꽃잎을 가진 연꽃'의 내부로 점점 더 깊이 들어가게 됩니다.

어떤 수행자에게는 제가 '불꽃놀이 니밋따'라고 부르는 니밋따가 나타나기도 합니다. 이 니밋따는 불꽃놀이에서 불꽃이 펑펑 터지듯이 여기저기서 펑펑펑펑 폭발을 일으킵니다. 몹시 흥미롭기는 하지만 수행에 알맞은 니밋따는 아닙니다. 수행자의 마음이 아직 충분히 고요하지 않다는 뜻입니다. 니밋따가 밝게 빛나자 수행자가 빛에 반응하고 그래서 니밋따가 사라지는 과정이 빠르게 되풀이되고 있는 것입니다.

니밋따가 한쪽 구석에 나타나는 경우도 있습니다. 니밋따가 마음의 중앙으로 오지 않고 한쪽 구석에 나타났다가 바라보려고 하면 싹 사라져버리는 것입니다. 마치 수행자가 얼마나 고요한지 점검하는 듯할 것입니다. 여기에서 필요한 것은 인내입니다. 인내를 가지고 기다리면 니밋따는 마음의 중앙으로 옵니다.

가끔은 '복잡한 니밋따'라고 부를 만한 니밋따가 떠오르는 경우가 있습니다. 산이나 언덕, 개울, 나무 같은 어떤 광경이 떠오르는 경우입니다. 저도 그런 일이 있었습니다. 그때 저는 그 풍경에서 가장 아름다운 부분에 마음을 기울였습니다. 저의 '복잡한 니밋따'에서 가장 아름다웠던 부분은 수없이 많은 나뭇잎 끝에 맺힌 이슬방울이 햇살에 반짝이는 부분이었습니다. 그 반짝임만이 저에게 필요한 모든 것이었습니다. 저는 결의에 의해서가 아니라 자연스런 마음의 흐름으로 햇살을 받아 반짝이는 부분에 마음을 기울였습니다. 그리고 얼마 안 가 반짝이는 이슬방울들이 하나의 빛, 니밋따가 되었습니다. 여러분에게 이런 니밋따가 나타난다면 그중에서 가장 밝은 부분, 빛나는 부분, 반짝이는 부분, 아름다운 부분에 마음을 기울이십시오. 니밋따에 얼룩이 있고 오점이 있더라도 어딘가 한 부분에는 밝게 빛나는 부분이 있습니다. 그러면 얼마 지나지 않아 그 복잡한 니밋따가 하나의 빛으로 변할 것입니다

모든 것을 놓아버리는 바른 마음가짐으로 평화롭게 수행하다가 니밋따가 나타나면 마음이 심하게 흔들리는 경우가 종종 있습니다. 흥분하는 경우도 있고 두려움이 일어나는 경우도 있습니다. 아니면 자신이 이 시점에서 무언가를 해야 한다고 생각하는 경우도 있습니다. 흥분이나 두려움은 고요함을 방해하고 니밋따는 사라집니다. 무엇인가 행위를 하려 들어도 고요함이 흔들립니다. 그리고 니밋따는 역시 사라져버립니다.

아잔 차 스님이 즐겨 말하던 '숲속의 고요한 연못' 이야기는 니밋따 수행에 관한 최상의 비유입니다. 저는 니밋따 수행에 관해 이보다 더 좋은 비유를 들은 적이 없습니다.

숲속의 고요한 연못

오육십 년 전, 태국의 수행승들은 밀림에서 지내며 수행했습니다. 그때 밀림에는 많은 야생 동물이 있었습니다. 지금 태국의 밀림은 모두 도시로 변했습니다. 그리고 그 전보다 훨씬 더 위험한 야생 동물이 도시에 있습니다. 그 야생 동물의 이름은 사람입니다.

저는 그렇게 숲속에서 수행하던 수행승의 마지막 세대에 속하는 셈입니다. 저는 태국 북동부와 미얀마 국경 부근의 숲속에서 수행을 했습니다.

숲속은 언제나 시원합니다. 스리랑카에는 지금도 그런 밀림이 있을 것입니다. 숲속은 또한 언제나 향기롭습니다. 서로 다른 종류의 꽃이 번갈아가며 피기 때문입니다. 여기저기 코끼리의 배설물이 떨어져 있었고 코끼리의 울음소리가 다행히도 멀리서 들리고는 했습니다. 태국의 그 아름다운 원시림은 인구가 증가하면서 안타깝게도 모두 다 불태워졌습니다.

당시 수행하는 스님들은 숲속의 일정한 장소에 머무르면서 수행하기도 했지만 밀림 속에서 계속 야영하듯 옮겨 다니며 수행하기도 했습니다. 그런 수행을 태국에서는 '투동(thudong, 빨리어로는 dhutaṅga이며 頭陀行이라고 한역된다._편집자주)'이라고 부릅니다. 종일 밀림 속을 걸은 수행승은 어두워지기 전에 물을 찾아야 합니다. 몸은 더러워져 있고 땀도 흘렸고 마실 물도 필요하기 때문입니다. 냇물이나 연못을 찾은 수행승은 물을 마시고 몸을 씻고 가사를 빱니다. 그리고 그 부근에 태국의 수행승들이 사용하는 커다란 우산을 펼쳐놓고 우산 위에 동그랗게 걸칠 수 있는 모기장을 두르고 그 안에서 수행도 하고 잠도 잡니다.

수행승들은 바로 물가에 자리 잡지 않고 물에서 15미터 정도 떨어진 곳에 자리를 잡습니다. 저녁때가 되면 온갖 종류의 야생 동물이 물가로 와서 물을 마시고 목욕하고 놀기 때문입니다. 아잔 차 스님은 이따금씩 물을 마시고 노는 동물들을 바라보고는 했다고 합니다. 요즘에도 사람들은 '내셔널 지오그래픽'이나 '네이처' 등의 채널을 통해서 야생 동물이 카메라에 찍히는지 모르고 자기들끼리 노는 것을 즐겁게 바라봅니다. 이런 야생 동물들을 바라보는 것은 상당히 재미있습니다. 아이들이 어울려 노는 모습과 비슷합니다.

그런데 숲속에서 야생 동물이 노는 것을 보려면 조금도 인기척을 내지 말아야 합니다. 약간이라도 기척을 내면 동물은 사람이 있다는 것을 알고 달아나버립니다. 사람도 호랑이를 두려워하지만 호랑이도 사람을 두려워합니다. 호랑이들이 많은 사람을 해쳤지만 사람들은 그보다 훨씬 더 많은 호랑이를 살해했습니다. 숲속에 사람이 있으면 야생 동물은 무조건 사냥꾼이라고 생각합니다. 따라서 야생 동물을 바라보려면 완전히 고요하게 머물러야 합니다. 그렇지 않으면 야생 동물이 인기척을 느낍니다. 완전히 고요하게 머물러야 야생 동물에게 보이지 않는 존재가 됩니다. 그러면 야생 동물은 마음 놓고 새끼들과 함께 나와 놉니다.

호랑이나 그 밖의 낯익은 야생 동물들이 나와 물을 마시고 돌아가면 아잔 차 스님이 듣도 보도 못한 낯선 야생 동물이 나와 물을 마시고는 했다고 합니다. 이 야생 동물은 감각이 몹시 예민하기 때문에 조금이라도 이상한 기척이 느껴지면 숲에서 나오지 않는다고 합니다. 따라서 완전히 고요하게 머물러 있어야 합니다. 조금이라도 움직이거나 작은 소리로 감탄하기라도 하면 이 희귀한 야생 동물은 낌새를 느끼고 숲속으로 가서 다시는 나오지 않습니다. 움직이지도 말고 아예 생각조차 하지 않는 상태로 머물러야 합니다. 고요하게 머물면 그러한 희귀한 동물이 나와서 연못에서 물을 마시고 놀이를 합니다.

이 이야기는 니밋따 수행에 정확히 들어맞습니다. 니밋따와 선정은 희귀한 야생 동물과 같습니다. 수행자가 완전히 고요하게 머물러야 니밋따나 선정이 모습을 드러내고 놀이를 합니다. 바라보는 자가 움직이면 니밋따는 달아나서 한동안 나타나지 않습니다. 사진을 찍으려고 한다거나 뭔가 기록을 남기려고 하면 그 순간 인기척을 느끼고 달아납니다. 존재하지 않는 것처럼 머물러야 합니다. 움직이지도 말고 머릿속으로 이런저런 해설을 하지도 말고 아예 생각도 없이 그저 머물러야 합니다. 그래야 니밋따가 나와서 머무릅니다.

마음챙김은 수행자에게 피드백을 줍니다. 이미 말했듯 마음챙김이 있으면 몸의 자세를 점검하고 피드백을 받을 수 있습니다. 니밋따도 마찬가지로 피드백을 줍니다. 니밋따로 인해 수행자는 자신이 얼마나 고요한지 알 수 있게 됩니다. 그리고 얼마만큼 고요하게 머물러야 하는지도 알 수 있게 됩니다. 이것은 매우 정밀한 평화로움 측정계인 셈입니다. '피소미터(peaceometer)', 평화로움 측정계와 비교해서 말하자면 니밋따는 '스틸로미터(stillometer)', 고요함 측정계라 부를 수 있을 것입니다. 지금 현재 얼마나 고요한지 나타내고 얼마나 더 고요해져야 니밋따가 유지되는지 보여주는 측정계입니다. 수행자가 고요하지 않으면 니밋따는 사라집니다. 고요하게 머무르면 니밋따도 머물러 있습니다. 더 고요해질수록 니밋따는 점점 더 밝아집니다.

니밋따 수행의 또 다른 방해물은 두려움입니다. 『맛지마 니까야』의 「오염원 경」(M128)에는 삼매와 광명을 사라지게 하는 원인으로 두려움과 흥분을 지적하고 있습니다.

두려움을 극복하기 위해서는 니밋따가 수행에서 일어나는 자연스러운 과정이라는 것을 이해해야 합니다. 제 말을 믿고 납득하는 것도 좋습니다. 만약 저를 믿지 못하겠으면 부처님의 가르침을 점검해보십시오.

인식하고, 친숙해지고, 편안해진다

니밋따 수행 단계는 ['마음을 경험하면서 (들숨, 날숨)을 쉬리라.'고 공부짓는] 호흡 수행의 제9단계입니다. 수행자는 가장 유사한 시각적 경험인 빛을 빌려서 마음을 경험하고 있는 것입니다. 경전에서 부처님은 오염원이 없으면 마음은 밝게 빛난다고 말씀하셨습니다.

> 비구들이여, 이 마음은 빛난다. 그러나 그 마음은
> 객으로 온 오염원들에 의해 오염되었다.
> 배우지 못한 범부는 그것을 있는 그대로 알지 못한다.
> 그리하여 마음을 닦지 않는다고 나는 말한다.
> 비구들이여, 이 마음은 빛난다. 그 마음은
> 객으로 온 오염원들로부터 벗어났다. 잘 배운 성스러운
> 제자는 그것을 있는 그대로 안다. 그러므로 마음을
> 닦는다고 나는 말한다.
>
> __『앙굿따라 니까야』「하나의 모음」 제6장 「손가락 튀기기 품」(A1:6:1~2),
> 초기불전연구원

밝게 빛나는 니밋따를 경험하면 이 구절의 의미를 이해할 수 있을 것입니다. 마음의 표상인 니밋따는 밝고 아름답게 나타납니다. 이것은 자연스럽게 일어나는 수행의 한 과정입니다. 두려움을 느낄 필요

가 없습니다.

두려움과 불안을 극복하는 또 하나의 방법은 '인식하고, 친숙해지고, 편안해진다.'는 세 가지 학습 단계를 적용하는 것입니다. 예를 들어 잠자리를 옮기면 첫날은 대부분 쉽게 잠을 이루지 못합니다. 하지만 이틀째는 훨씬 쉽고, 사흘째는 어려움 없이 잠을 이룹니다. 저도 여행을 자주 하기 때문에 잠자리를 바꾸는 경우가 많습니다. 저의 경우에도 대개 첫날은 쉽게 잠을 이루지 못합니다. 몸과 마음이 그 환경에 친숙해지지 않았기 때문입니다.

그러므로 우선 새로운 환경에 어떤 위험도 없다는 것을 인식하는 것이 필요합니다. 그러한 인식을 통해서 그 환경과 친숙해지게 됩니다. 친숙해지면 자기 집에 있는 것처럼 편안함을 느낍니다. 이것이 학습의 세 단계입니다. '인식하고, 친숙해지고, 편안해진다.'는 학습 단계는 수행의 전 과정에 적용될 수 있습니다.

호흡 수행이라고 하면 어떤 사람들은 무슨 말인지 알아듣지 못합니다. 도대체 무엇을 하라는 것이냐며 되묻기도 합니다. 어느 정도 시간이 지나야 호흡 수행이 어떤 것인지 이해합니다. 하지만 호흡 수행의 초기에 수행자는 호흡을 통제하거나 조절하려고 합니다. 그러면 호흡 수행은 상당히 거친 것이 됩니다. 수행자가 통제하려고 하기 때문입니다. 다시 어느 정도 시간이 지나고 나면 수행자는 호흡 수행과 친숙해지고 결국 편안하게 호흡과 함께 머물게 됩니다.

니밋따 수행에서도 같은 일이 일어납니다. 처음에는 니밋따가 낯설기 때문에 불편해하고 그 다음에는 니밋따를 통제하고 조절하려고 합니다. 그러면 니밋따는 사라집니다. 니밋따가 사라져도 사라진 것을 받아들이고 내버려두면 니밋따는 다시 나타납니다. 통제하려 들지 않고 계속 그저 내버려두면 니밋따가 머물러 있게 됩니다.

어떤 사람은 처음 저를 만났을 때 두려워합니다. 머뭇거리고 쩔쩔매기도 합니다. 저는 누구에게 이래라저래라 한 적도 없고 다른 사람을 꾸짖는 일도 없습니다. 그래도 그 사람들은 제가 친숙하지 않다는 이유만으로 저를 어색해하고 두려워합니다. 그러다가 어느 정도 시간이 지나면 저의 성격을 이해하고 친숙해집니다. 때로는 너무나 친숙해져서 존경심을 전혀 표시하지 않기도 합니다.

이런 과정은 니밋따에서도 마찬가지입니다. 어느 정도 시간이 지나고 친숙해지면 친구와 함께 있는 것처럼 편안하게 니밋따와 함께 지낼 것입니다. 이렇게 친숙해지는 과정을 통해 두려움이나 불안을 극복할 수 있습니다.

하지만 약간 다른 두려움도 있습니다. 니밋따가 자신보다 강하다고 느끼기 때문에 생기는 두려움입니다. 수행의 과정에서 수행자가 두려움을 느끼는 고비가 몇 군데 있는데 여기가 첫 번째 고비일 것입니다. 두려움을 느낀다는 것은 자신이 통제할 수 없는 대상을 만났다는 뜻입니다. 우리는 자신보다 강한 상대를 만나면 두려움을 느낍니다. 호랑이나 유령 같은 강한 힘을 지닌 존재는 우리를 해치지 않더라도 강하기 때문에 두려움을 느끼게 됩니다. 이제부터 수행은 강렬한 어떤 것이 될 것이며 여러분에게는 깊은 지혜가 생길 것입니다. 하지만 여러분은 그런 깊은 지혜를 받아들일 준비가 되어 있지 않습니다. 어떤 면에서 사실 여러분은 깨달음을 원하지 않습니다. 그러한 깊은 지혜, 깨달음은 여러분에게 너무 심한 것입니다. 깨달음을 받아들일 준비가 되어 있습니까? 모든 수행자들이 깨달음을 원한다고 생각합니다. 하지만 지금 이 순간 깨달을 수 있다면 어떨까요? 많은 사람들이 머뭇거릴 것입니다.

사십 년 정도 감옥에 갇혀 있던 수감자에게 이제 나가도 좋다고 감옥의 문을 열어주면 수감자는 망설일 것입니다. 나가기 싫은 마음이 있을 것입니다. 자유라는 것은 사실은 두려운 것일 수 있습니다. 그래서 수행자들은 자유로 향하는 관문인 니밋따에서 두려움을 느낍니다. 수행자는 점점 더 깨달음으로 다가서고 있는 것입니다. 지금 우리는 시각, 청각, 후각, 미각, 촉각의 다섯 가지 감각으로 만들어진 감옥에 갇혀 있습니다. 감옥에 갇혀 있는 이 상태는 개선이 불가능한 괴로움입니다. 감옥을 벗어나는 것만이 행복에 이르는 길입니다. 이것이 바로 부처님의 가르침입니다. 이러한 부처님의 가르침을 믿고 이해한다면 두려움을 극복할 수 있을 것입니다.

달리 말하자면 이 두려움은 자신이 통제할 수 없는 곳으로 다가간다는 두려움입니다. 여러분이 커브가 심한 내리막길을 운전하고 있고 제가 뒷자리에 앉아 있다고 상상해보십시오. 조심조심 운전하고 있는데 제가 운전대에서 손을 떼라고 말하면 여러분은 제 말을 따르겠습니까?

실제로 운전하는 경우라면 제 말을 따르지 말아야 하겠죠. 하지만 수행하는 경우에는 제 말을 따라야 합니다. 운전대를 놓고 아무 것도 통제하지 말아야 합니다. 페달에서 발을 떼어야 합니다.

당연히 두려움이 일어납니다. 통제하지 않으면 사고가 나서 다치거나 어쩌면 죽을지도 모른다고 생각합니다. 우리는 그런 식으로 자신을 보호해왔습니다. 하지만 수행 과정에서는 바로 이러한 통제가 더 깊은 수행, 더 밝은 니밋따, 그리고 선정이 일어나는 것을 방해하고 있습니다. '나'라는 느낌, 스스로 통제하고 있다는 자의식을 놓아버려야 합니다. 그렇지만 '나'를 놓아버리는 것은 매우 두려운 일입니다.

수행 중에 두려움이 일어난다고 자신을 탓할 필요는 없습니다. 부처님도 깨닫기 전에 그런 두려움을 느꼈습니다.

악기웻사나여, 그런 내게 이런 생각이 들었다.
'이 행복은 감각적 욕망들과도 상관없고 해로운
법들과도 상관없는데, 그것을 내가 왜 두려워하는가?'

악기웻사나여, 그런 내게 이런 생각이 들었다.
'나는 감각적 욕망들과도 상관없고 해로운 법들과도
상관없는 그런 행복을 두려워하지 않는다.'
__『맛지마 니까야』「삿짜까 긴 경」(M36) §32, 초기불전연구원

가장 심하게 집착하는 것, '나'라는 것에 대한 집착에서 두려움이 생깁니다. 그러니 자신에 대한 집착을 버리면 두려움에서 벗어날 수 있습니다. 여러분 자신이 사라져야 합니다. 깨달음의 길은 이제 여러분에게 열려 있습니다. 니밋따 수행 단계부터는 더 이상 수행을 통제하지 말아야 합니다. 운전대를 놓고 페달에서 발을 떼어야 합니다. 두려움이 일어나겠지만 그래도 그대로 놓아버려야 합니다.

니밋따가 일어났을 때 해야 할 일

니밋따가 일어났을 때 해야 할 일은 두 가지입니다. 첫째는 니밋따에 밝음과 즐거움을 부여해야 합니다. 저는 니밋따에 윤을 낸다고 표현합니다. 점점 더 밝고 기쁘고 에너지가 가득한 것으로 만드는 것입니다. 이것이 호흡 수행의 제10단계인 ['마음을 기쁘게 하면서 (들숨, 날숨)을 쉬리라.'며 공부짓는] 단계입니다. 또 한 가지 해야 할 일은 니밋따를 멈춰 있게, 고요하게 만드는 것입니다. 이것이 호흡 수행

의 제11단계인 ['마음을 고요히 하면서 (들숨, 날숨)을 쉬리라.'며 공부짓는] 단계입니다.

깊은 놓아버림이 지속적으로 이루어지지 않으면 니밋따는 나타났다 사라지고, 밝아졌다 어두워지고, 이곳저곳으로 움직입니다. 몹시 흥미로울 수도 있습니다. 하지만 다음 단계로 나아가지 못하고 있습니다. 아직 한곳에 머무르지 못하는 이동 니밋따[mobile nimitta]입니다.

저도 니밋따가 여기저기로 움직여서 애를 먹은 일이 있습니다. 그러던 어느 날 머리를 삭발하느라 거울을 보고 있는데 거울 속에 있는 저의 모습이 이쪽저쪽으로 움직였습니다. 거울 속에 있는 저의 영상이 움직이는 것은 거울의 잘못이 아니었습니다. 저의 영상이 움직이는 이유는 단지 거울을 바라보고 있던 제가 움직이고 있었기 때문입니다. 그 단순한 경험으로 저는 어떻게 해야 니밋따를 고정시킬 수 있는지 깨달았습니다. 니밋따가 움직이고 있는 것이 아니라 니밋따를 바라보고 있는 제 마음이 움직이고 있었던 것입니다.

마음의 눈으로 보고 있는 니밋따는 마음의 반영입니다. 마음이 자기 자신을 보고 있는 것입니다. 이것이 니밋따 수행에 대한 정확한 설명입니다. 여러분이 움직이면 마음도 움직입니다. 니밋따는 수행자의 마음이 얼마만큼 고정되어 있는지를 수행자에게 도로 보여주고 있습니다. 마음이 활동하면 니밋따도 활동합니다. 마음이 고요해지면 니밋따도 고요해집니다. 니밋따를 바라보는 자가 정지하고 고요해지면 니밋따도 정지하고 고요해집니다. 바라보는 사람이 무엇인가 한다면, 생각하고 결정하고 행위를 한다면, 니밋따도 다시 움직이기 시작합니다. 니밋따는 이렇게 계속해서 피드백을 주고 있습니다. 니밋따는 어떻게 해야 더 고요해지는지 가르쳐주고 있습니다.

어떤 면에서 이 과정은 상급 학교로 진학할수록 점점 더 어려운 시험을 보는 학습 과정과 유사합니다. 수행의 각 과정에서 마음챙김의 힘이 더 강해져야 하고 고요함이 더 깊어져야 합니다. 니밋따 수행 과정을 하기 위해서는 믿을 수 없을 만큼 고요해져야 합니다.

니밋따 수행의 초기에 수행자는 소리를 듣기도 하고 다른 감각을 느끼기도 합니다. 아직 선정에 든 것이 아니기 때문입니다. 그러나 니밋따 수행이 깊어질수록 소리를 듣거나 다른 감각을 느끼는 일이 점점 줄어듭니다. 다섯 가지 감각에서 점점 더 멀어지는 것입니다.

제가 말하는 바를 여러분에게 설명하기 위해서 제 양팔을 이용하여 시각적인 예를 들겠습니다. 제가 왼팔을 이렇게 머리 위로 번쩍 들었습니다. 저의 왼팔은 '다섯 가지 감각의 힘'을 나타내고 있습니다. 바닥으로 내려뜨린 오른팔은 '마음의 힘'을 나타내고 있습니다. 대부분의 경우 다섯 가지 감각의 힘이 강해서 우리가 경험하는 것은 그것이 전부입니다. 마음의 힘은 약해서 우리는 마음을 거의 경험할 수 없습니다.

아무것도 남기지 않기

수행을 하면서 다섯 가지 감각에서 멀어질수록 다섯 가지 감각의 힘은 점점 약해집니다. 높이 치켜 올려져 있던 저의 왼팔이 점점 내려오는 것과 같습니다. 그리고 마음으로 에너지가 흘러갑니다. 그래서 마음의 힘은 점점 강해집니다. 아래로 내려져 있던 저의 오른팔이 점점 위로 올라오는 것과 같습니다.

이제 높이 치켜 올려져 있던 왼팔은 중간으로 내려오고 아래로 내려져 있던 오른팔은 중간으로 올라왔습니다. 그래서 두 팔이 같은 높이에 있습니다. 이 단계가 바로 니밋따의 단계입니다. 이 단계에서는 다섯 가지 감각의 힘과 마음의 힘이 거의 동등합니다. 따라서 니밋따 수행을 하면서 때로 소리를 듣기도 하는 것입니다.

이제부터 니밋따의 힘, 마음의 힘은 더 강해질 것이고 다섯 가지 감각의 힘은 더 약해질 것입니다. 그러면 니밋따가 주도적인 역할을 하게 됩니다. 소리가 들려도 몇천 킬로미터 밖에서 들리는 것처럼 멀게 느껴지고 몸의 촉각도 그만큼 멀리 있는 것처럼 느껴지게 될 것입니다. 마음의 힘이 더 강해지면 소리를 듣거나 몸의 감각을 느끼는 일이 없게 됩니다. 강하고 아름다운 니밋따만 느끼게 됩니다.

저희 사원의 신도인 말레이시아인 부부가 어느 날 텔레비전에서 나오는 영화에 심취해 있었습니다. 영화가 끝나고 일어나서 보니 소파 바로 뒤에 있는 선반에 있던 물건들이 보이지 않았습니다. 어떤 배짱 좋은 도둑이 그 부부가 텔레비전을 보고 있는 소파 바로 뒤에까지 와서 선반의 물건을 훔쳐간 것입니다. 그 부부는 영화에 빠져 있어서 아무 기척도 느끼지 못했습니다.

만약 호흡 수행에 심취해 아무 기척도 느끼지 못했다면 정말 굉장한 수행자였을 것입니다. 영화 보면서는 할 수 있는 것인데 왜 호흡을 보면서는 할 수 없습니까? 호흡 수행을 할 때 우리는 항상 불평합니다. '이 사람이 소음을 냈어.', '이 사람이 시끄럽게 굴어.', '저 사람이 문을 쾅 닫았어.'라고 말합니다. 하지만 그 부부는 아무 소리도 듣지 못하고 영화에 빠져 있었습니다. 왜 그랬을까요? 영화를 보는 것이 즐거웠기 때문입니다. 그러니 영화를 보는 즐거움보다 훨씬 커다란 니밋따 수행의 즐거움에 심취해 있으면 소리를 듣지 못하게 될 것입니다.

마음챙김의 힘이 강해지면 점점 더 많은 기쁨과 행복감을 느끼게 됩니다. 이러한 행복감의 증가야말로 마음챙김의 힘이 강해지고 니밋따의 힘이 강해진다는 훌륭한 표시입니다. 수행자는 행복에 겨워합니다. 니밋따 수행 후에는 입가에 커다란 미소가 걸리고 다섯 가지 장애가 멀리 있는 것처럼 느껴집니다. 그리고 무슨 일이 생겨도 화가 나지 않을 것입니다. 아잔 차 스님은 사람들이 자신을 모욕해도 전혀 화내지 않았습니다. 아잔 차 스님은 그런 일이 재미있다고 생각했습니다. 니밋따 수행의 아름다운 경험이 있으면 사람들의 칭찬이나 비난, 그리고 그 밖의 세속적인 것이 멀리 있는 것처럼 느껴집니다.

이 단계에서 자신이 경험하는 행복감이 견딜 수 없을 정도로 강하다고 느낄 때가 있습니다. 인간으로 이만한 행복감을 견딜 수 없다는 생각이 들 정도로 행복감이 강해지는 것입니다. 하지만 얼마 지나지 않아 그러한 행복감도 견뎌낼 수 있다는 것, 행복감으로 죽지는 않는다는 것을 알게 될 것입니다. 행복감 때문에 죽은 사람은 아무도 없습니다.

이 단계에서 행복감에 대한 집착이 일어날 수도 있습니다. 수행의 행복에 대한 집착은 깨달음의 세 번째 단계인 불환자에서 마지막 단계인 아라한으로 넘어가는 과정을 방해합니다. 하지만 제 생각에 대부분의 수행자는 불환과를 얻으면 흡족해할 것입니다. 불환자가 되는 정도면 수행 생활의 결과로 충분치 않습니까?

니밋따는 호흡의 끝에서 선정의 시작까지 연결해주는 수단입니다. 아자따삿뚜왕은 죽림정사에 계신 부처님을 찾아갈 때, 코끼리로 갈 수 있는 곳까지는 코끼리로 가고, 신발을 신고 갈 수 있는 곳까지는 신발을 신고 가고, 신발을 벗고 가야 하는 곳에서는 신발을 벗고 맨발로 부처님에게 다가갔습니다. 호흡 수행의 여정도 그와 같습니다. 호흡은 수행자를 니밋따까지 데려다주고, 니밋따는 수행자를 선정까지 데려다줍니다.

이 이야기에서 선정을 부처님이 계신 곳으로 비유하는 것은 상당히 적절합니다. 스리랑카에 불교를 전한 마힌다(Mahinda) 장로가 스리랑카에 와서 한 최초의 법문이 『맛지마 니까야』「코끼리 발자국 비유의 짧은 경」(M27)에 관한 설법입니다. 그 경에서 부처님은 코끼리의 발자국이 코끼리가 있다는 표시인 것처럼 네 가지 선정이 여래의 표시라고 말합니다. 불교의 성지는 룸비니, 보드가야, 사르나트, 쿠시나가르, 네 곳이 아닙니다. 그곳은 단지 부처님의 몸이 머물렀던 곳입니다. 부처님의 마음이 머물렀던 곳은 초선, 2선, 3선, 4선, 네 가지의 선정입니다.

니밋따는 여러분을 선정, 즉 부처님의 마음이 머물렀던 곳으로 다가가게 해줍니다. 선정을 경험하고 나온 수행자의 마음은 선정을 경험하고 나온 부처님의 마음과 조금도 다르지 않습니다. 인간의 마음은 그러한 경험을 했을 때 다 동일합니다. 저의 선정이나 다른 사람의 선정이나 다 같은 경험입니다. 따라서 우리는 선정을 통해서 부처님이 어떻게 살았는지 그 마음 상태를 직접 경험할 수 있는 것입니다.

이보다 더 강력한 수행의 동기(動機)가 어디 있겠습니까?

5

선정 (禪定, jhāna)

호흡 수행 12단계

12 '마음을 해탈하게 하면서 들이쉬리라.'며 공부짓고
    '마음을 해탈하게 하면서 내쉬리라.'며 공부짓는다.

__『맛지마 니까야』「들숨날숨에 대한 마음챙김 경」(M118) §20,
초기불전연구원

[선정의 정형구]

비구들이여, 네 가지 선이 있다. 무엇이 넷인가?
비구들이여, 여기 비구는 감각적 욕망들을 완전히
떨쳐버리고 해로운 법들을 떨쳐버린 뒤, 일으킨 생각과
지속적인 고찰이 있고, 떨쳐버렸음에서 생긴 희열과
행복이 있는 초선에 들어 머문다.
일으킨 생각과 지속적인 고찰을 가라앉혔기 때문에
'더 이상 존재하지 않으며', 자기 내면의 것이고, 확신이
있으며, 마음의 단일한 상태이고, 일으킨 생각과
지속적인 고찰이 없고, 삼매에서 생긴 희열과 행복이
있는 제2선에 들어 머문다.
희열이 빛바랬기 때문에 평온하게 머물고, 마음 챙기고
알아차리며 몸으로 행복을 경험한다. 이 '선 때문에'
'평온하고 마음 챙기며 행복하게 머문다.'고 성자들이
묘사하는 제3선에 들어 머문다.

행복도 버리고 괴로움도 버리고, 아울러 그 이전에 이미
기쁨과 슬픔이 소멸되었으므로 괴롭지도 즐겁지도
않으며, 평온으로 인해 마음챙김이 청정한 제4선에 들어
머문다.

_『상윷따 니까야』 「선 상윷따」 「동쪽으로 흐름 경」(S53:1) 등,
초기불전연구원

니밋따 수행을 통해 니밋따는 점점 더 안정되고 더 밝아집니다. 니
밋따 수행에서는 니밋따가 고정되는 것과 더 밝아지는 것, 이 두 가
지가 중요합니다. 빛이 밝게 빛나며 움직이지 않아야 합니다. 니밋
따가 안정되면 더 강한 에너지가 니밋따로 흘러들고 니밋따는 더 밝
아집니다. 그리고 더 많은 행복감을 줍니다.

이토록 강렬한 현상에 개입하지 않으려면 수행자는 완전히 놓
아버려야 합니다. 그러면 마침내 니밋따에서 나오는 즐거움이 강해
지고 니밋따의 힘도 몹시 강해집니다. 그리고 니밋따가 수행자를 끌
어들이기 시작합니다. 터널에 빨려 들어가듯이 니밋따에 빨려들기
시작하는 것입니다. 이것은 니밋따 수행을 할 때 흔히 일어나는 일
입니다. 니밋따가 빛의 터널처럼 끌어들이면 있는 그대로 내맡기기
바랍니다. 빛의 터널로 빨려든다고 해서 미치거나 하는 일은 일어나
지 않습니다. 명상의 깊은 상태, 선정에 들어갈 뿐입니다. 그리고 선

정은 통찰지를 얻게 해줍니다. 이 모든 것은 마음이 계발되는 과정입니다.

있는 그대로 내맡기면 수행자가 니밋따 안으로 녹아들어 니밋따와 하나가 되거나 혹은 니밋따가 수행자를 감싸 안습니다. 그리고 그 결과로 수행의 대상이 변합니다. 이제 수행의 대상은 니밋따가 아니라 행복감입니다. 이 상태가 선정입니다.

선정에서 경험하는 것은 행복감입니다. 강한 행복감이 선정 수행의 대상이 됩니다. 수행자가 대상을 바꾸는 것이 아닙니다. 이 모든 과정은 저절로 일어납니다. 호흡은 수행자를 니밋따까지 데려다주었고 니밋따는 수행자를 선정까지 데려다주었습니다. 선정에서 수행의 대상은 호흡도 아니고 니밋따도 아닙니다. 행복감입니다.

몸의 떠남, 마음의 떠남

초선의 행복감은 떠남, '위웨까(viveka)'에서 나온 기쁨과 행복감입니다. '위웨까'에는 '까야 위웨까(kāya-viveka)'와 '찟따 위웨까(citta-viveka)'가 있습니다. 몸의 떠남과 마음의 떠남 두 가지가 있는 것입니다. 사람이 없는 수행처에 가서 혼자 지내는 것이 '몸의 떠남'입니다. 수행을 하기 위해 휴대 전화기의 전원을 끄는 것도 '몸의 떠남'입니다. 세상의 일로부터 떠나는 것입니다. 하지만 진정한 '몸의 떠남'

의 의미는 자신의 몸으로부터 떠나는 데 있습니다. 몸과 관련된 여러 가지 일에서 떠나는 것입니다. 마치 휴대 전화기의 전원을 끄는 것처럼 몸의 전원을 끄는 것입니다. 그래서 더 이상 시각, 청각 등의 다섯 감각으로 들어오는 것에 마음을 두지 않는 떠남의 상태에서 행복감이 일어납니다.

선정 정형구 첫 부분의 빨리어는 '위윗쩨와 까메히 위윗짜 아꾸살레히 담메히(vivicceva- kāmehi-vivicca-akusalehi-dhammehi)'입니다. '감각적 욕망들을 완전히 떨쳐버리고 해로운 법들을 떨쳐버린 뒤'라고 번역됩니다. '위윗짜(vivicca)'라는 단어는 '~을 떨쳐버리고', '~을 여의고'라는 뜻입니다.

여기에서 감각적 욕망으로 번역된 단어는 '까마(kāma)'입니다. 다른 맥락에서 이 단어는 감각적 욕망이나 감각적 쾌락이라는 의미로 사용됩니다. 하지만 복수형으로 사용된 이 맥락에서는 감각적 욕망이라기보다 '다섯 가지 감각' 혹은 '다섯 가지의 감각에서 비롯되는 경험'을 의미합니다. '까마 로까(kāma-loka)'가 다섯 가지 감각의 경험으로 이루어진 세계, 즉 욕계(欲界)를 의미하는 것과 마찬가지입니다. 그러므로 '위윗쩨와 까메히(vivicceva kāmehi)'라는 구절은 '다섯 가지 감각을 떨쳐버리고'라는 뜻입니다. 이렇듯 다섯 가지 감각을 떨쳐버렸으므로 선정에 들어가면 소리를 들을 수 없습니다. 볼 수도 없고 냄새를 맡을 수도 없고 맛을 느끼거나 신체적인 촉각을 느낄 수도 없습니다. 경전에서도 '소리는 초선의 가시'라고 말합니다.

한거하기를 좋아하는 자에게 무리지어 살기를 좋아하는
것은 가시다. 부정의 표상에 몰두하여 지내는 자에게는
아름다운 표상에 몰두하는 것은 가시다. 감각 기능들의
문을 보호하는 자에게 공연을 관람하는 것은 가시다.
청정범행을 닦는 자에게 여인과 교제하는 것은 가시다.
초선에 든 자에게 소리는 가시다. 제2선에 든 자에게
위딱까와 위짜라는 가시다….

　＿『앙굿따라 니까야』「열의 모음」「가시 경」(A10:72),
　　초기불전연구원

소리가 가시라는 것은 수행자의 초선이 그다지 깊지 않으면 커다란
외침 소리나 문을 세게 닫는 소리가, 가시가 살갗을 찌르고 들듯, 선
정 안으로 뚫고 들어갈 수 있다는 뜻입니다. 자명종의 알람 소리가
잠을 뚫고 들어가는 것과 같습니다. 하지만 선정 수행이 깊어지면
초선에서도 소리를 들을 수 없게 됩니다.
　선정과 관련된 이야기를 하나 들려드리겠습니다. 승려들은 계
율상 자신이 선정을 얻었다는 이야기를 할 수 없습니다. 그러니 저
희 사원에 다니는 재가 수행자가 선정에 든 이야기를 하겠습니다.

이분은 사실 수행을 특별히 열심히 하는 분은 아니었습니다. 우연히 선정으로 빠져든 것입니다. 그런 경우가 가끔 있습니다.

그분은 어느 날 재미있는 텔레비전 프로그램도 없고 해서 수행하러 침실로 들어갔습니다. 평소 수행 시간이 사십오 분 정도였는데 한 시간 반이 지나도 침실에서 나오지 않아 아내가 들어가보니 그는 수행 자세로 앉아 움직임이 없었습니다. 가슴을 만져보았지만 숨을 쉬지 않았습니다. 그의 아내는 그가 죽었다고 생각했습니다. 그래서 구급차를 불러 응급실로 옮겼고 거기에서 심전도와 뇌파도 검사를 받았습니다. 심장 박동도 기록되지 않았고 두뇌 활동도 전혀 나타나지 않았습니다. 심장에 전기 충격을 주는 심장제세동기를 사용했지만 소용이 없었습니다. 의학적으로 사망 상태였던 것입니다.

그런데 몸이 따뜻했다고 합니다. 호흡도 멈추고 심장도 뛰지 않는데 몸이 따뜻했던 것입니다. 마침 당직 의사가 인도 이민 2세였습니다. 그래서 명상 수행 중이었다는 그의 아내 말에 어렸을 때 들은 히말라야 요기(yogi)의 이야기를 떠올리고 깊은 명상 상태일 수도 있다는 생각에서 기다렸다고 합니다. 얼마 후에 완전히 정상인 상태로 남편이 깨어났습니다. 검진을 해보아도 아무런 이상이 없어서 그날로 아내와 함께 걸어서 집으로 돌아갔다고 합니다.

그는 앰뷸런스 소리도, 그 밖의 다른 소리도 전혀 듣지 못했으며 명상 내내 마음챙김이 있었고 깊은 행복감을 느꼈습니다. 이 사건에서 불쾌했던 것은 단 하나, '당신은 좋아서 명상을 했겠지만 나는 얼마나 걱정을 했는지 아느냐. 다시는 명상 같은 것 하지 말아라.'는 아내의 잔소리였다고 합니다. 이 이야기에서 알 수 있듯 선정에 들어가면 다섯 가지 감각은 닫힙니다.

제가 오래전에 만난 인도네시아 스님이 있습니다. 방콕에서 처음 만난 순간에 이미 이 스님이 강한 힘을 지니고 있다는 것을 느낄 수 있었습니다.

이 스님이 젊은 시절 인도네시아의 밀림에서 수행할 때의 일입니다. 당시 그는 경전에 대한 지식도 없었고 선정이 무엇인지 알지도 못했다고 합니다. 그런데 수행하다 평화로운 상태가 되면 마음속에 별이 나타났고, 그의 표현대로 하자면, 그는 그 별과 결혼을 했다고 합니다. 그는 상당히 특이한 표현을 사용했습니다.

어느 날 그가 숲속에서 깊은 명상에 들었다 나오니 숲의 모습이 변해서 나무도 다 꺾여 있고 지표면도 전과 달랐다고 합니다. 그래서 마을에 내려가 사람들에게 물어보니 폭우로 인해 그 지역이 며칠 동안 물에 잠겨 있었다고 하더랍니다. 그 스님은 며칠 동안 물에 잠겨 있다 나온 것입니다. 며칠 동안 물속에 잠겨 있었지만 죽은 것이 아니라 마음챙김을 지니고 행복감을 느꼈던 것입니다.

이렇듯 선정에 들어가면 다섯 가지 감각이 닫힙니다. 선정에 들면 행복감이 일어나는 이유가 바로 다섯 가지 감각이 닫혔기 때문입니다. 사람들은 선정 수행의 목적을 묻습니다. 즐거움에 집착하는 것이 아니냐고 비판하기도 합니다. 하지만 그렇지 않습니다. 이와 같은 즐거움을 경험하고 나면 스스로에게 묻게 됩니다.

'선정의 경험은 왜 이렇게 행복한가?'

선정의 경험이 왜 그렇게 행복한지 이해하기 위해서는 대단한 우주 과학이 필요하지 않습니다. 선정의 경험이 행복한 것은 괴로움이 사라졌기 때문입니다. 괴로움이 사라지면 괴로움이 사라진 그 상태가 행복감으로 느껴집니다. 심한 두통에 시달리다가 좋은 약으로 두통이 완치되면 행복감을 느끼게 됩니다. 혹은 저의 법문이 한없이 길어져서 소변을 볼 수 없다가 마침내 법문이 끝나 화장실에 간다면 상당한 행복감을 경험할 것입니다.

행복은 괴로움이 끝난 상태입니다. 괴로움이 멈추면 행복을 느낍니다. 몸이라는 커다란 괴로움이 사라졌기 때문에 초선에서 행복감이 일어나는 것입니다. 몸은 괴로움의 덩어리입니다. 다섯 가지 감각적 경험은 모두 괴로움입니다. 다섯 가지 감각으로 경험하는 쾌감도 여전히 둑카(dukkha), 괴로움입니다. 그러므로 몸이라는 괴로움, 다섯 가지 감각이라는 괴로움이 닫히면 엄청난 행복감을 느끼게 되는 것입니다.

초선을 경험하면 축구 경기를 보는 것, 섹스를 하는 것, 재미있는 영화를 보는 것, 베토벤의 5번 교향곡을 듣는 것, 아름다운 일몰을 보는 것, 중국에 가서 만리장성을 보는 것 등 다섯 가지 감각으로 느낄 수 있는 최고의 쾌락, 그 쾌락을 누리기 위해 사람들이 몇십억 원을 지불하는 그러한 쾌락도 모두 괴로움이라는 것을 이해하게 될 것입니다. 초선의 즐거움과 비교하면 그러한 것은 아무 가치도 없습니다. 그래서 초선을 경험하면 다섯 가지 감각에서 비롯되는 즐거움에 관심을 갖지 않게 됩니다. 수행자의 인식과 지혜는 초선을 전환점으로 완전히 변화합니다.

위딱까와 위짜라

이미 말했듯 초선에 들어가면 소리도 들리지 않고 다른 감각도 느껴지지 않습니다. 그런데 선정의 정형구에서 부처님은 초선에 '일으킨 생각', 위딱까(vitakka)와 '지속적인 고찰', 위짜라(vicara)가 있다고 말씀하셨습니다. 이 구절은 많은 논란을 불러일으켰습니다. 여러분이 수행하면서 느꼈듯 생각은 몹시 거친 활동입니다. 그리고 수행에 커다란 장애가 됩니다. 수행의 과정에서 생각과 고찰은 이미 다 버려졌습니다. 어떻게 초선의 상태에서 '일으킨 생각'과 '지속적인 고찰'이 일어나겠습니까? 선정에 들어가면 생각이 없습니다.

　단어는 다른 맥락에서 다른 의미로 사용됩니다. 영어에서도 '몸'이라는 단어는 여러 의미로 사용됩니다. 의사에게 있어서 몸이라는 것은 육체적인 몸을 의미하지만, 법정에서 '증거의 몸'이라는 것은 증거의 무더기를 의미하고, 군대에서 '병사들의 몸'이라는 것은 병사들의 집단을 의미합니다.

선정의 맥락에서는 '위딱까'와 '위짜라'가 생각과 고찰을 의미하지 않습니다.

단순히 경전에만 의존하지 않고 저의 경험을 참고하여 그 의미를 해석해보면 이렇습니다. 초선은 다른 선정과 다릅니다. 초선 수행의 대상은 행복감인데 그 행복감이 아직 완전히 고정되어 있지 않고 약간 흔들립니다. 여전히 행위가 남아 있기 때문입니다. 아직 100퍼센트 놓아버리지 않았습니다. 아마 99.9퍼센트는 놓아버렸을 것입니다. 하지만 약간의 행위가 여전히 남아 있습니다.

행복감이 일어나면 수행자는 행복감이 사라질까 두려워 그 행복감을 잡으려 합니다. 행복감을 잡으려는 그 약간의 움직임, 그것이 선정에서의 위짜라입니다. 행복감을 잡으려는 약간의 움직임 때문에 행복감은 흔들리고 수행자의 마음도 행복감으로부터 멀어집니다. 하지만 선정에서 벗어날 정도로 흔들림이 강하지는 않습니다. 수행자는 여전히 선정 안에 머물러 있으면서 약간의 흔들림이 일어납니다. 선정의 행복감을 잡으려는 마음이 있기 때문입니다. 100퍼센트 놓아버리지 않았기 때문입니다. 그리고 이처럼 행복감을 잡으려는 움직임으로 인해 흔들림이 일어날 때 다시 놓아버리는 것이 위딱까입니다.

사람들은 초선을 서로 다른 방식으로 표현합니다. 저는 부처님이 표현한 방식을 따릅니다. 부처님의 표현이 가장 정확합니다. 선정을 경험한 사람들은 부처님에 대한 존경심이 더 강해집니다. 부처님은 선정을 경험했을 뿐 아니라 가장 정확한 표현으로 선정을 묘사했기 때문입니다.

명상 수행 중에 어떤 경험을 해도 언어로 옮기기 어려울 때가 많습니다. '외부 세계'에서 경험한 것과 완전히 다른 경험이기 때문입니다. 저는 실제 세계라고 말하지 않고 외부 세계라고 말했습니다. 선정을 경험한 수행자들이 '실제 세계'에서는 어떻게 살아야 하느냐고 묻기도 합니다. 저는 그들이 사용하는 용어에 동의하지 않습니다. 그들이 실제 세계라고 부르는 세계는 실제 세계가 아닙니다. 그저 외부 세계입니다. 오히려 선정 안의 세계가 실제 세계입니다. 그들이 살고 있는 외부 세계는 사실은 거짓 세계, 가상 세계입니다.

언어는 우리가 대부분의 시간을 보내는 외부 세계, 즉 가상 세계에서 비롯된 것이기 때문에 명상의 경험을 언어로 묘사할 수가 없습니다.

예를 들어 몸이 아파 의사를 찾아가도 어떻게 아픈지 설명하기 어렵습니다. 의사는 정확한 진단을 내릴 수 있도록 더 많은 정보를 원하지만 우리는 그저 아프다거나 힘들다는 말밖에는 하지 못합니다. 마땅한 언어를 찾지 못합니다. 통증도 이렇게 표현하기 힘든데 선정의 경험 같은 것은 어떻겠습니까? 하지만 여러 차례 선정을 경험하면 다른 사람이 자신의 수행 경험을 묘사할 때 선정인지 아닌지 구별할 수 있게 됩니다.

저는 가끔 불교가 아닌 다른 종교의 기록에서 선정의 특징을 발견합니다. 특히 중세의 가톨릭에서 그렇습니다. '십자가의 성 요한(St. John of the Cross, 1542~1591)' 같은 성인이나 '아빌라의 테레사(Teresa of Avila, 1515~1582)' 같은 성녀에 대한 기록을 보면 그들이 선정을 얻은 것 같은 생각이 듭니다. 아빌라의 성녀 테레사는 기도 중에 공중으로 떠올랐다고 합니다. 그래서 그녀가 기도를 하다가 대성당의 천정으로 날아올라 갈까봐 다른 수녀들이 그녀의 발목에 줄을 매어 의자에 묶어두었다고 합니다. 이런 능력은 선정에서 나온 것으로 보입니다.

가톨릭 수행의 기초는 신적인 존재에 대한 복종입니다. 그들은 신이라는 관념에 자신을 완전히 내어 맡깁니다. 이 말을 들으면 그들이 어떻게 선정을 얻었는지 이해할 수 있게 됩니다. 그들은 신에게 자신을 맡기고 모든 것을 놓아버렸습니다. 자기의 의지에 따르는 어떤 행위도 하지 않았습니다. 자기를 내어 맡기고 신에게 완전히 복종함으로써 초선에 든 것입니다. 그들은 자신의 경험을 '신과의 합일'이라고 표현했습니다. 저는 그 표현이 이해됩니다.

불교에서는 '합일'이라고 하지 않고 '에깍가따(ekaggata)'라는 단어를 사용합니다. 제 생각에 에깍가따는 주석서의 해설과 달리 '한 점에 대한 집중'을 의미하지 않습니다. 에깍가따는 '하나'를 의미하는 '에까(eka)'에 '정상(頂上)'을 의미하는 '악가(agga)'가 결합된 명사입니다. 빨리어 '악가'에 해당하는 산스크리트어 단어는 '아그라(agra)'입니다. 여러분은 모두 타지마할이 있는 인도의 '아그라' 시를 알 것입니다. 무굴 제국의 수도였던 아그라는 '수도', '정상'이라는 의미를 지니고 있습니다. 에깍가따는 '하나의 정상을 가진 인식'이라는 뜻입니다.

선정을 경험한 가톨릭 성인들은 선정에서의 황홀감이 최고의 황홀감이라고 느꼈고 그것을 '신과의 합일' 혹은 '믿을 수 없을 만큼 깊은 사랑'이라고 표현했습니다. 많은 불교 승려들이 선정을 경험합니다. 만약 그들이 불교에 속하지 않고 가톨릭에 속했다면 '신과의 합일'을 경험했으므로 성인으로 숭배될 것입니다. 여러분의 이름이 붙은 학교나 병원이 생길 수도 있습니다. 여기 있는 멧따위하리 스님의 이름을 빌려 예를 들면 성 멧따위하리 학교나 성 멧따위하리 병원이 생길 수도 있습니다. 하지만 불운하게도 우리는 가톨릭 신자가 아니기 때문에 성인이라는 호칭을 받지 못합니다.

복종, 놓아버리기, 운전대에서 손 내리기, 페달에서 발 떼기, 자연스럽게 일어나는 과정에 대한 완전한 내어 맡김, 완전히 놓아버리고 사라짐, 이러한 마음가짐이 수행자를 선정에 들게 합니다.

가톨릭 성인들의 경우 그때까지 자신이라고 믿고 있던 아이덴티티(identity)가 사라져버리는 경험을 '신과의 합일'이라고 표현했습니다. 선정의 경험은 완전하지 않지만 무아의 경험과 상당히 유사합니다. 자기 자신이 사라집니다. 언제나 자신이라고 믿어왔던 어느 부분이 존재하지 않습니다.

우리는 과거에 일어난 일에 자신을 동일시합니다. 영국에서 태어났다는 과거의 사실로 자신을 영국인으로 여깁니다. 다른 종류의 아이덴티티도 마찬가지입니다. 우리는 자신을 남자 혹은 여자라고 여깁니다. 하지만 선정의 경험에서 몸은 존재하지 않습니다. 따라서 남자나 여자라는 아이덴티티도 존재하지 않습니다. 여러분은 아무 것도 아닙니다. 여러분은 사라집니다. 자기의 아이덴티티를 확인하는 여러 표식들이 사라지고 선정 안으로 녹아듭니다. 달리 말하자면 '자아'라는 감각이 사라지고 행복감 안으로 용해됩니다.

그 다음에는 어떤 일이 일어날까요? 초선에 충분히 오래 머무르면 제2선으로 나아갑니다. 어떤 결의를 해서 제2선으로 나아가는 것이 아니라 초선에 오래 머물러 있으면 저절로 무엇인가 사라지고 제2선이 일어나는 것입니다. 먼저 사라지는 것은 '위딱까'입니다. 이 과정은 다음과 같습니다.

수행자는 여전히 행복감을 잡으려 합니다. 하지만 잡으려 하는 그 움직임이 너무나 미세해져서 행복감을 흔들지 않습니다. 『앙굿 따라 니까야』의 「간략하게 경」(A8:63)에서는 '위딱까와 위짜라가 있는' 초선과 '위딱가도 위짜라도 없는' 제2선의 사이에 '위딱까는 없고 위짜라는 있는' 단계를 말하고 있습니다. 지금 제가 하는 설명으로 이 단계가 어떤 것인지 이해할 수 있게 됩니다.

초선이 깊어지면 행복감을 잡으려는 움직임, 즉 위짜라의 활동이 너무나 미세해져서 수행자의 마음이 행복감으로부터 멀어지지 않게 됩니다. 그래서 다시 놓아버려 행복감을 일으키는 위딱까의 활동이 필요 없게 됩니다. 따라서 위딱까는 사라지고 위짜라는 훨씬 더 미세해진 상태로 존재합니다.

하지만 머지않아 행복감을 잡으려는 미세한 움직임조차 사라집니다. 이것이 제2선의 상태입니다. 행복감을 잡으려는 미세한 움직임이 사라지는 원인은 믿음입니다. 통제하려는 마음은 두려움에서 나옵니다. 자신이 통제하지 않으면 일이 잘못될지도 모른다는 두려움 때문에 우리는 계속 통제하려고 합니다. 두려움이 사라지고 완전한 믿음이 일어나면 더 이상 통제하고 붙잡을 필요를 느끼지 않게 됩니다.

저는 가끔 쇼핑센터에 갑니다. 쇼핑센터에 가면 아이 엄마가 한 손에는 아이를 안고 다른 손으로는 쇼핑 카트를 밀면서 상품 진열대와 사람들 사이를 빠져나가는 것을 볼 수 있습니다. 그런데 놀랍게도 아이는 엄마의 팔에 안겨서 깊이 잠들어 있습니다. 엄마를 믿기 때문입니다. 누군가 저를 그렇게 안고 다닌다면 저는 몹시 겁에 질려서 절대로 잠들지 못할 것입니다. 하지만 아이는 엄마를 전적으로 신뢰하기 때문에 편안하게 잠을 잘 수 있습니다.

제2선의 마음 상태도 이와 같습니다. 전적으로 신뢰하기 때문에 행복감을 잡으려는 움직임, 위짜라를 놓아버릴 수 있게 됩니다. 그래서 위짜라가 사라집니다. 그리고 마침내 완전히 고요해집니다. 제2선의 정형구에 '확신이 있으며'라는 구절이 있습니다. 이 구절의 빨리어 '삼빠사다낭(sampasādanam)'은 완전한 신뢰로 마음이 움직이지 않는 상태를 의미합니다. 초선에는 여전히 흔들림이 있었습니다. 제2선에서는 그런 흔들림이 사라지고 완전한 정지 상태가 됩니다.

초선의 기쁨과 행복감은 '떨쳐버렸음에서 생긴 희열과 행복'이었습니다. 제2선의 기쁨과 행복감은 '삼매에서 생긴 희열과 행복', 즉 고요함에서 나오는 기쁨과 행복감입니다. 이러한 제2선의 평화로움이 진정한 평화로움입니다.

사람들이 북적대는 곳에서 벗어나 홀로 머물며 수행할 때 수행자는 평화로움을 느낍니다. 하지만 여전히 몸으로 경험하는 감각이 있습니다. 간지럽기도 하고 재채기도 나오고 여기저기 통증을 느끼기도 합니다. 수행자가 몸에서 떠나 마음으로 들어가면 그는 이전보다 훨씬 큰 평화와 기쁨을 맛봅니다.

하지만 진정한 평화로움은 제2선에 들어야 경험할 수 있습니다. 두려움에서 벗어나 전적인 신뢰로 마음이 정지 상태가 되면 진정한 기쁨과 행복감이 일어납니다.

제2선은 상당히 강렬한 경험입니다. 무엇인가 하려는 마음, 의지가 사라지기 때문입니다. 의지를 사용하든 사용하지 않든 의지는 언제나 우리와 함께 있었습니다. 하지만 제2선에서는 행위를 하거나 하지 않으려는 선택적 의지가 사라집니다. 의지가 사라지면 수행자는 평화와 행복감을 느낍니다.

그런데 문제가 생깁니다. 제2선에 들은 후에 선정에서 출정할 수가 없게 됩니다. '충분히 머물렀어. 이제 나가야지.'라는 의지가 존재하지 않기 때문입니다.

마음의 소멸

여러분에게 제가 좋아하는 또 하나의 이야기를 들려드리겠습니다. 호주에 머무는 상좌부 전통의 베트남 스님 이야기입니다.

이 스님이 호주에서 명상 수련회를 지도할 때의 일입니다. 수련회 첫날, 사람들이 짐을 자기 숙소에 갖다 놓고 명상홀에 갔습니다. 잠깐 수행하고 이런저런 안내 사항을 듣고 간단한 법문이 있을 예정이었습니다. 모두 함께 삼십 분 정도 수행하고 눈을 떴는데 이 스님은 여전히 눈을 감고 수행하고 있었습니다. 수련회 참가자들은 어느 정도 기다리다가 다들 각자의 방으로 돌아가 잠을 잤습니다. 그 다음 날 아침에 다시 모여서 법문을 기다렸는데 그 스님은 조금도 움직이지 않고 수행을 하고 있었습니다. 이 스님은 첫날 앉아 있던 그대로 법문도 하지 않고, 식사도 하지 않고, 물도 마시지 않고, 화장실도 가지 않고, 눈도 뜨지 않고, 움직이지도 않고, 수련회의 마지막 날까지 팔 일 동안 그대로 그 자리에 앉아 있었습니다. 그리고 마지막 날 비로소 명상에서 나와 시간이 지나갔다는 것을 알고 참가자들에게 사과했습니다. 그러나 참가자들은 이런 수행자가 지금도 존재한다는 것을 알게 되어 정말 기뻤다고, 참으로 강렬한 수련회였다고 대답했다고 합니다.

저도 이런 이야기를 들으면 기쁩니다. 하지만 정해진 시간에 선정에서 출정하고 싶으면 선정에 들기 전에 미리 결의를 하면 됩니다. 명상을 시작하기 전에 '나는 8시에 나와서 법문을 하리라.' 하는 식으로 세 번 되뇌는 것입니다. 선정에 들어 있는 마음은 정교하고 미세한 상태에 있기 때문에 이런 결의는 놀랍도록 효과적인 결과를 보입니다. 2시 23분에 출정하겠다고 미리 결의하고 선정에 들어가면 선정에 들어가 있는 동안 모든 것을 잊고 그저 행복하게 머물지만 선정에서 나와 시계를 보면 시계는 정확히 2시 23분을 가리키고 있을 것입니다. 어떻게 그럴 수 있는지는 이해할 수 없습니다. 아마 마음 안에 정밀한 시간 감각이 존재하는 것 같습니다.

제2선에 충분히 오래 머무르면 초선에서 제2선으로 넘어갔을 때와 같은 일이 생깁니다. 고요하게 머무르고 아무것도 움직이지 않으면 무엇인가 사라집니다. 저는 이미 선원에 가서 흰 벽을 바라보고 있었는데 벽이 사라졌던 이야기를 했습니다. 제2선에서 고요히 머무르면 사라지는 것은 '삐띠(pīti)', 기쁨입니다. 삐띠가 없는 수카(sukha), 기쁨이 없는 행복감은 이전보다 훨씬 더 강한 지복감을 줍니다. 정확하게 기쁨이 무엇이고 행복감이 무엇인지 구분해서 설명하기는 힘듭니다. 일상의 생활에서 기쁨과 행복감은 언제나 쌍둥이처럼 함께 다니기 때문입니다. 제3선을 경험해야만 기쁨과 행복감이 어떻게 다른지 알 수 있습니다. 간략히 말하자면 기쁨은 거친 느낌을 주는 데 비해서 행복감은 훨씬 더 미세합니다.

그리고 다시 고요하게 정지해서 머물면 행복감마저 사라집니다. 그것이 제4선입니다. 제4선은 완벽한 평온의 상태입니다. 모든 것이 멈추었습니다. 행복감마저 사라졌지만 지복감을 느낍니다. 보통의 행복감은 사라졌습니다. 제4선에서 수행자가 느끼는 행복감은 평온의 행복감, '우뻬카 수카(upekkhā-sukha)'입니다.

선정은 아름다운 여정입니다. 높은 산 정상에 올라 이보다 더 높은 산은 없을 것이라고 생각하지만 그보다 더 높은 산이 있습니다. 그리고 그 산 정상에 오르면 다시 그보다 더 높은 산이 있습니다.

그렇게 행복감이 끝없이 상승합니다.

초선을 경험하면 그보다 더한 행복감은 없을 것 같습니다. 그래서 '신과의 합일'이라고 표현하기도 하고, 부처님의 가르침을 모르는 사람은 그 상태를 깨달음으로 착각하기도 합니다. 하지만 그렇지 않습니다. 수행자는 그보다 더 깊은 명상의 상태, 제2선을 경험하게 되고 또 제3선과 제4선을 경험하게 됩니다. 그러면서 지혜가 점점 깊어집니다. 이 지혜는 들어서 얻은 지혜도 아니고 추론해서 얻은 지혜도 아니고 논리적인 사고를 통해 얻은 지혜도 아닙니다. 경험으로 얻은 지혜입니다. 이 지혜는 수행자가 가지고 있던 세계관을 위가 아래가 되고 아래가 위가 되게 완전히 뒤집어놓습니다. 선정의 경험 후에는 더 이상 이전과 같은 눈으로 세계를 바라보지 않게 됩니다.

제4선에 기초해서 네 가지의 무색계(無色界) 증득을 얻을 수 있습니다. 제가 이해하기로는 네 가지의 무색계 증득은 제4선의 변형입니다.

첫 번째 무색계 증득, 즉 공무변처(空無邊處)는 영어에서 '무한한 공간[infinite space]의 토대'라고 번역됩니다. 저는 그 번역이 마음에 들지 않습니다. '유한'과 대립되는 '무한'으로 오해할 수 있기 때문입니다. 공무변처는 '경계가 없는 공간의 자리'로 이해해야 합니다. 일상의 공간과 시간에는 경계가 있습니다. 그러나 수행자가 지금 이 순간에만 머무르면 지금 이 순간이라는 것은 '시간이 없는' 시간이 됩니다. 다른 시간과의 비교 속에서 존재하는 것이 아니고 계속 마음챙김이 이어지기 때문입니다. 삼십 분이 지나갔다 하더라도 삼십 분이 지나갔다는 의식이 있는 것이 아니라 그저 '지금 이 순간'에만 존재합니다. 공간의 경우에도 마찬가지입니다.

식무변처(識無邊處)도 '무한한 의식의 토대'가 아니라 '경계가 없는 의식의 자리'를 의미합니다.

의식의 경계가 사라지면 아무것도 의식하지 않게 됩니다. 그것이 무소유처(無所有處)입니다. 없음, 무(無)를 의식하는 것이 아닙니다. 아무것도 의식하지 않는 것입니다.

그 다음 '아는 자', 의식마저 사라집니다. 대상이 사라졌기 때문에 의식도 사라집니다. 하지만 자신이 아무것도 의식하지 않고 있다는 마음챙김은 남습니다. 이 자리가 바로 비상비비상처(非想非非想處)입니다.

그리고 마침내 딸까닥, 마음의 동작이 정지합니다. 마음이 소멸됩니다. 여기가 멸진정(滅盡定)입니다. 아는 자와 마음챙김이 멈추었고 마음도 멈추었습니다. 더 이상 아무것도 작동하지 않습니다. 몸이 사라졌고, 의지가 사라졌고, 기쁨과 행복감이 사라졌고, 아는 대상이 사라졌고, 아는 자마저 사라졌습니다.

이것이 선정과 무색계 증득, 그리고 멸진정에 이르는 여정입니다. 멸진정에 들어가도 시간이 지나면 다시 나와야 합니다. 하지만 멸진정에서 나올 때 수행자는 전혀 다르게 변해 있을 것입니다. 완전한 멈춤을 경험했기 때문입니다.

이것이 제가 드리는 선정에 관한 법문입니다. 여러분은 이해하지 못할 수도 있습니다. 저에게 동의하지 않을 수도 있습니다. 하지만 언젠가 여러분에게 이 일이 일어날 것입니다. 이 일은 바른 길을 가는 모든 수행자에게 일어납니다. 앞으로의 수행을 통해, 단지 이 생에서의 수행만이 아니라 다음 생, 그리고 그 다음 생에서의 수행을 통해 모두가 이 여정을 경험하게 될 것입니다.

즐거운 여정이 되기를 바랍니다.

6

의심, 생각, 산만함

장애 I

지금까지 저는 호흡 수행에 대하여 설명하였고 선정을 얻는 것이 얼마나 쉬운지 이야기했습니다. 하지만 말이 쉽지 해보면 안 된다는 사람들이 많습니다. 그래서 오늘은 수행의 어려움, 장애에 대하여 이야기하겠습니다. 경전에 나와 있는 다섯 가지 장애[五蓋, pañca nīvaraṇa]는 감각적 욕망, 악의, 해태와 혼침, 들뜸과 후회, 의심입니다. 저는 이 다섯 가지 장애를 순서대로 하나하나 설명하지는 않겠습니다. 이미 많은 사람들이 그에 대해 이야기했기 때문입니다. 저는 다섯 가지 장애와 관련된 수행상의 실제적인 문제에 대하여 이야기하겠습니다.

의심

의심은 경전에 나와 있는 다섯 가지 장애 중의 하나입니다.

　　지금 이 시대에는 많은 수행법이 소개되어 있습니다. 여러 수행 지도자들이 서로 다른 수행법을 가르칩니다. 그리고 갖가지 수행법을 소개하는 많은 책이 있습니다. 게다가 모두들 다른 수행법을 따라서는 안 되고 자신의 수행법을 따라야 한다고 말합니다. 그러니 처음에 어떤 수행법을 따라 수행해야 하는지 정하기가 몹시 어렵습니다. 수행의 첫 단계에서 의심이 일어나게 되는 것입니다. 이런 종류의 의심은 사실 납득할 만한 의심입니다.

그렇다면 어느 것이 바른 수행법인지 몰라서 생기는 의심을 어떻게 극복해야 하겠습니까? 물론 가장 좋은 방법은 부처님의 가르침에서 수행법을 찾아내는 것입니다. 하지만 불운하게도 경전 이외에도 논장(論藏, Abhidhamma Piṭaka)이 있으며 게다가 주석서와 복주석서가 있습니다. 그리고 경전, 논서, 주석서는 종종 서로 다른 가르침을 담고 있습니다. 그래서 더 깊은 혼란에 빠져들게 됩니다.

부처님이 경전에서 말하듯 잘 알려진 스승의 말이라고 해서, 책에 나와 있다고 해서, 많은 사람들이 말한다고 해서 그 가르침을 따라서는 안 됩니다. 그렇지만 우선 그 가르침이 경장(經藏, Sutta Piṭaka)에 나와 있는 부처님의 가르침과 일치하는지 확인해보는 방법이 있습니다. 하지만 경전만 보려고 해도 잘 알려진 학자들이나 위대한 스님들이 저마다 다른 방식으로 경전을 해석합니다.

요즘 사람들은 부처님이 무엇을 말하였는지 잘 알고 있습니다. 하지만 부처님이 의미한 바는 잘 알지 못합니다. 같은 말에도 여러 가지 다른 해석의 여지가 있기 때문입니다. 예를 들어 '사마디(samādhi)' 같은 단어는 부처님의 가르침에서 중요한 요소인데 어떤 사람들은 사마디를 집중[concentration]이라고 번역하고 저 같은 사람들은 고요함[stillness]이라고 말합니다. 이렇듯 경전의 빨리어를 해석할 때조차 서로 다른 의미로 해석합니다. 그러므로 수행자는 어느 해석을 따라야 하는지 알 수 없게 됩니다.

경전에서 부처님은 숲속에서 혼자 지내며 수행하려는 우빨리 (Upāli) 스님에게 어떤 수행법을 따라야 하는지 설명했습니다.

> "…저는 세존이 설해주시는 법을 듣고 멀리 은둔하여
> 방일하지 않고 열심히, 스스로 독려하며 지내고자
> 합니다."
> "…우빨리여, 그러나 그대가 '이 법들은 완전한
> 역겨움으로, 탐욕의 빛바램으로, 소멸로, 고요해짐으로,
> 최상의 지혜로, 깨달음으로 인도한다.'라고 알고 있는
> 그러한 법들은 '법이고, 율이고, 스승의 교법이다.'라고
> 전적으로 호지해야 한다."
>
> ＿『앙굿따라 니까야』「일곱의 모음」「교법 경」(A7:79),
> 　초기불전연구원

또한 자신을 키워준 이모인 최초의 비구니 마하빠자빠띠(Mahāpajāpatī) 스님에게도 비슷한 가르침을 주었습니다. [『앙굿따라 니까야』「여덟의 모음」「간략하게 경」(A8:53)] 어떤 수행법이 바른지 알려면 그 수행법으로 수행했을 때 마음이 어느 방향으로 인도되는지 확인해야 합니다. 그 것이 바른 수행법과 바르지 않은 수행법을 식별하는 방법입니다. 완전한 역겨움[nibbida], 탐욕의 빛바램[virāga], 소멸[nirodha], 고요해짐

[upasama]으로 인도하는 수행법, 그리고 열반[nibbāna]으로 인도하는 수행법은 바른 수행법입니다. 그 수행법은 부처님의 가르침에 부합하는 수행법입니다. 그 길은 담마(Dhamma, 法)의 길입니다.

대학 시절에 저는 학비를 벌기 위해 여러 가지 일을 하였고 여유가 생기면 혼자서 캠핑을 다니고는 했습니다. 특히 스코틀랜드의 북부 지방은 사람의 흔적이 없고 산과 바다가 어우러진 아름다운 곳이라서 자주 찾아가 며칠씩 지내고는 했습니다. 이 일도 제가 스코틀랜드에 갔을 때의 일입니다.

저는 같은 유스 호스텔에 머물던 여행객과 함께 근처에 있는 산에 올랐습니다. 산 정상에 오르자 더 높은 산의 정상이 보였습니다. 저는 그 산의 정상에도 올라가보고 싶었습니다. 그러나 함께 갔던 사람은 하루에 하나의 산에 오르는 것으로 충분하다며 내려가버렸습니다. 저는 혼자서 산을 오르기 시작했습니다. 그것은 대단한 실수였습니다. 정상에 닿기 전에 구름이 모여들었고 얼마 지나지 않아 구름이 산을 덮어버렸습니다. 안개가 너무 심해서 팔을 뻗으면 손이 보이지 않을 정도가 되었습니다. 결국 제가 할 수 있는 일은 왔던 길을 되짚어서 산을 내려가는 것이었습니다. 저는 사람의 방향 감각이 얼마나 부정확한지 그때 처음으로 알았습니다. 왔던 길을 되돌아가려 했는데 전혀 엉뚱한 방향으로 간 것입니다. 벼랑의 가장자리에 이르러 하마터면 추락할 뻔하다가 간신히 멈춰섰습니다. 한 걸음만 더 걸었으면 절벽에서 떨어졌을 것입니다. 스코틀랜드의 산에서 길을 잃고 헤매다가 사고당한 사람들의 이야기가 떠올랐습니다. 스코틀랜드에서는 한번 안개가 끼면 며칠씩 계속되기도 합니다. 그래서 등산객이 안개 속에서 길을 잃고 헤매다가 굶어 죽거나 동사하는 일이 종종 있습니다. 저는 점점 겁이 났습니다.

하지만 다행히 가장 기초적인 과학 상식을 하나 떠올릴 수 있었습니다. 바로 중력의 법칙입니다. 물은 아래로 흐릅니다. 저는 작은 시냇물을 찾아 따라 내려오기 시작했습니다. 시냇물은 때로 이렇게 저렇게 굽어져서 따라가기 어려웠지만 저는 길을 돌아가지 않고 무조건 냇물을 따라 내려왔습니다. 그렇게 냇물을 따라 내려와 결국 짙은 안개의 아래쪽으로 내려올 수 있었습니다. 안개를 벗어나자 사방을 모두 선명하게 볼 수 있었고 제가 묵는 숙소를 확인할 수 있었습니다. 시냇물을 따라 내려온 것이 저의 목숨을 구한 것입니다.

의심을 극복하는 방법도 이와 같습니다. 의심이 있으면 어디로 가야 할지 모릅니다. 어떤 수행법을 따라야 할지도 모릅니다. 팔정도가 경전에 제시되어 있지만 도대체 어떤 방식으로 팔정도를 수행해야 할지 모릅니다. 팔정도의 정확한 의미를 이해하지 못한 채 엉뚱한 방향에서 맴돌기도 합니다.

그런 면에서 의심은 안개와 흡사합니다. 제가 냇물을 따라 내려와 짙은 안개를 벗어날 수 있었듯 의심에서 벗어나려면 수행의 길잡

이로 삼을 수 있는 확실한 기준이 필요합니다.

부처님은 그 기준을 제시했습니다. 수행을 통하여 평화로움이 늘어나고, 행복감이 커지고, 마음이 점점 더 명료해진다면 그 수행법은 바른 수행법입니다. 바른 방법으로 수행하면 번뇌가 줄어들고 화를 내는 일이 적어집니다. 우빨리 스님과 마하빠자빠띠 스님에게 주는 부처님의 충고가 바로 그것이었습니다.

수행하면서 더 자주 화내고, 욕심이 더 많아지고, 불평하고, 비난한다면 그 사람의 수행은 어딘가 잘못된 것입니다. 바르게 수행하는 사람은 행복감이 늘어나고, 마음챙김이 강해지고, 번뇌가 줄어들고, 화를 내는 일이 적어집니다. 이것이 부처님의 가르침에 따라 바른 방법으로 수행하고 있다는 표시입니다.

현재 소개되어 있는 수행법 중 어떤 수행법을 따라도 상관없습니다. 이런저런 수행법을 합하여 조합을 이루어도 좋습니다. 저의 수행법 약간, 파욱[Pa-Auk Tawya Meditation Centre]의 수행법 약간, 그리고 위빠사나(vipassanā) 수행법 약간을 섞어서 자기만의 수행법을 만들 수도 있습니다. 중요한 것은 내면에서 평화로움이 늘어나고 있는지, 행복감이 커지고 있는지, 자유의 감각이 증장하고 있는지 스스로 반조하는 것입니다. 그러한 반조를 통하여 우리는 부처님이 가르친 바른 수행법을 따라갈 수 있습니다. 즉 팔정도 수행을 할 수 있게 되는 것입니다.

간혹 자신의 배우자가 명상 수련회를 다녀온 후 성격이 더 나빠졌다고 하는 경우가 있습니다. 전보다 더 자주 화를 내고 더 까다로워졌다고 합니다. 도대체 명상 수련회라는 것에 무슨 문제가 있는지 묻기도 합니다.

어떤 사람이 수행은 열심히 하는데 성격이 더 나빠져서 함께 생활하기 어렵게 된다면 그 사람은 부처님의 바른 수행법을 따르는 것이 아닙니다. 수행을 통하여 행복감이 점점 커지고, 마음챙김이 늘어나고, 평화로움이 증장된다면 그 수행법은 바른 것입니다. 수행을 통해 고요해지고 침착해져서 다른 사람의 칭찬이나 비난에 쉽게 흔들리지 않는다면 그 사람은 바르게 수행하고 있는 것입니다.

자신의 수행을 점검하고 싶으면 함께 지내는 사람들의 반응을 보면 됩니다. 자기 자신은 쉽게 속일 수 있습니다. 하지만 가까운 사람들을 속이기는 어렵습니다. 예를 들어 부모님이 여러분을 어떻게 대하는지 눈여겨보십시오. 그분들이 여러분의 변화를 눈치 채고 여러분이 하는 수행이라는 것이 무언가 의미 있는 일이라고 여긴다면 여러분은 바른 방법으로 수행하고 있는 것입니다.

저희 사원에 노르웨이 출신의 스님이 있습니다. 그 스님이 출가할 때 부모님과 형제들은 몹시 반대했습니다. 정신 나간 불교 승려 노릇을 하느라 그가 받은 교육과 전문가로서의 경력이 다 허사가 된다고 생각했기 때문입니다. 호주에서 삼사 년 불교 승려 생활을 한 후 그는 노르웨이에 있는 가족에게 편지를 보냈습니다. 그리고 가족에게서 받은 답장을 저에게 보여주었습니다. 편지에는 '언제든지 돌아와라. 하지만 부디 불교 승려의 옷가지를 걸치고 돌아오지는 마라. 제대로 된 옷을 입고 돌아온다면 언제든 환영한다.'라고 씌여 있었습니다. 저는 그 스님에게 승려의 가사를 입거나 아니면 아무것도 걸치지 않고 가겠으니 가족이 선택하라는 답장을 보내라고 조언했습니다. 그 스님은 그때 승려 가사를 입고 집에 갔고 아마 가족들은 그다지 내켜 하지 않았던 것 같습니다.

얼마 후 그 스님의 아버님이 돌아가셔서 그 스님은 다시 집에 다녀왔습니다. 그 후에 저는 그 스님의 형으로부터 편지를 한 장 받았습니다. 그 스님의 형은 편지에서 자신들은 그 스님의 출가를 몹시 반대했다고 말했습니다. 하지만 아버지의 갑작스러운 죽음으로 슬퍼하는 가족들에게 불교의 지혜와 자비로 그 스님이 얼마나 커다란 도움을 주었는지 말했습니다. 그는 자신의 동생에게 변화가 생겨서 무언가 향상된 것을 느낄 수 있었으며 이제부터 가족들은 그 스님의 선택을 전적으로 지원하겠다고 말했습니다. 그 스님은 수행에서 진전을 본 것이 틀림없습니다. 스님의 가족들이 그것을 느꼈습니다.

여기 이 수련회에 참가한 수행자의 경우에는 일상에서 함께 생활하는 다른 사람이 그의 수행의 진전 여부를 느낄 것입니다. 만일 수련회를 마치고 일상의 생활로 돌아갔는데 전보다 더 까다로운 성격이 되어서 주위 사람들이 힘들어 한다면 그의 수행에는 무엇인가 문제가 있는 것입니다. 만약 친절하고, 평화롭고, 행복한 사람이 되었다면 바르게 수행하고 있는 것입니다.

그리고 스스로의 점검도 중요합니다. 자신이 점점 더 평화롭고 행복해진다고 느낀다면 바르게 수행하는 것이 틀림없습니다.

의심을 극복하는 방법이 이것입니다. 논리를 사용하거나 합리적인 사고를 통하여 의심을 극복하는 것이 아닙니다. 스스로의 마음을 점검함으로써 의심을 극복할 수 있습니다. 시냇물은 제가 가고자 하는 방향인 짙은 안개의 아래쪽으로 흘렀습니다. 저는 시냇물이 흘러가는 방향으로 줄곧 따라 내려오기만 하면 되었습니다.

깨달음의 첫 단계인 예류자(預流者, sotāpanna)에 이르는 길도 그와 같습니다. 예류자가 되기 이전에는 의심이 있습니다. 예류자는 의심을 극복한 상태입니다. 어느 길을 따라가야 의심이 있는 상태에서 의심이 없는 상태로 갈 수 있을까요?

의심을 벗어나 예류자가 되기 위해서는 냇물을 따라가듯 바른 길을 따라가기만 하면 됩니다. 바른 방향으로 따라가면 의심이 엷어지면서 점점 더 분명히 알아차릴 수 있게 됩니다. 그것이 우리가 바른 길로 가고 있다는 표시입니다. 머지않아 안개를 벗어나면 모든 방향을 다 또렷이 볼 수 있게 될 것입니다.

수행의 과정에서 점점 번뇌가 줄어들고, 마음이 더 평화로워지고, 더 행복해지고, 더 지혜로워진다면 여러분은 바른 길을 가고 있는 것이고 머지않아 어느 길로 가야 하는지 환히 보게 될 것입니다. 이것이 바로 의심을 극복하는 방법입니다. 논쟁이나 사색을 통해 의심을 극복하는 것이 아닙니다. 경험과 점검을 통해 의심을 극복할 수 있습니다. 평화로움이 증장되고 행복감이 늘어난다면 바른 길을 가고 있는 것입니다.

생각

의심이 있으면 많은 생각이 떠오릅니다. 수행에서 가장 커다란 장애 중 하나가 바로 끝없이 떠오르는 생각입니다. 우리는 진심으로 평화롭고 고요해지기를 원합니다. 그리고 그런 방향으로 수행합니다. 하지만 끝없이 생각이 떠오릅니다. 오래된 나쁜 습관과 같습니다. 생각은 우리 안에 깊게 뿌리박힌 습관입니다. 그리고 생각은 강박적이라 극복하기가 어렵습니다.

　우리는 어린 시절부터 무엇인가 생각하도록 교육받았습니다. 방금 배운 주제에 대해서 어떻게 생각하느냐는 선생님의 질문에 아무 생각도 없다고 대답하면 꾸중을 들었습니다. 선생님들이 생각하도록 강요하지 않았다면 저는 훨씬 일찍 훌륭한 수행자가 될 수 있었을 것입니다. 고요하게 멈춰 있는 것은 어리석음의 징표처럼 여겨집니다. 하지만 이제 저는 이해하고 있습니다. 생각하는 것이 어리석음의 징표입니다. 고요하게 멈춰 있는 것은 지혜로운 자의 표시입니다.

저는 케임브리지 대학에서 이론 물리학을 전공했습니다. 저는 제 자신이 몹시 지적인 사람이라고 생각했습니다. 학창 시절에는 노벨상 수상자와 저녁을 먹으면서 대화를 나눈 적도 있습니다. 하지만 태국에 간 이후, 저를 비롯해 제가 그동안 만났던 사람들이 얼마나 어리석었는지 깨달았습니다. 예를 들어 아잔 차 스님 같은 분은 몹시 지혜로웠습니다. 제가 받은 모든 교육과 제가 한 모든 일은 저를 더 어리석게 했을 뿐이었습니다. 그동안 제가 걸어왔던 길은 완전히 다른 방향이었습니다. 지혜롭게 되기 위해서는 정반대의 방향으로 가야 했습니다.

제가 태국에 간 첫해에 어떤 스님의 어린 시절 이야기를 들었습니다. 지금 그 스님의 이름을 기억하지는 못합니다.

태국의 농촌 아이들은 대체로 4년 정도 초등 교육을 받습니다. 그런데 이 스님은 초등학교 1학년을 마친 다음 2학년으로 진급하지 못하고 낙제했습니다. 다른 친구들은 모두 초등학교 2학년이 되었지만 이 스님은 초등학교 1학년 과정을 한 번 더 해야 했습니다. 그렇게 초등학교 1학년 과정을 세 차례 하고도 이 스님은 2학년으로 진급하지 못했습니다. 선생님은 이 아이가 너무나 어리석어서 도저히 진급을 시킬 수 없다고 했습니다. 이토록 어리석은 아이는 농사일도 하기 힘듭니다. 그의 부모는 그에게 농사일이 무리라고 생각했습니다. 이런 경우 태국 사람들이 취하는 선택은 한 가지입니다. 승려로 출가시키는 것입니다. 그것이 태국에서 하는 방식이었습니다. 이 수련회에는 스리랑카 스님들이 많이 참여했습니다. 스리랑카에서도 이렇게 하는지 모르겠군요.

그는 마을에 있는 사원에 가서 사미승이 되었습니다. 사람들은 때로 마을 사원에 있는 스님들을 비판하기도 합니다. 마을 사원에 있는 스님들은 수행도 하지 않고 계율도 잘 지키지 않습니다. 하지만 그들은 대부분 친절하고 관대합니다. 그들은 나름의 봉사를 하고 있습니다. 저는 그 스님들을 높이 평가합니다.

그 마을의 스님은 이 어린 사미승에게 간단한 염불을 가르쳤습니다. 하지만 이삼 년이 지나도 이 스님은 단 한 구절도 외우지 못했습니다. 이런 경우 그를 받아들일 수 있는 곳은 오직 한 군데 밖에는 없습니다. 숲속 수행승들이 모여 사는 사원입니다.

수행하는 스님들이 모여 사는 사원에서 이 어린 사미는 배워야 할 것도 적었고, 해야 할 일도 별로 없었으며, 염불을 할 필요도 없었습니다. 스님들은 이 어린 사미에게 간단한 수행법을 가르쳤습니다. 수행은 이 어린 사미에게 몹시 쉬운 일이었습니다. 이 어린 사미는 머지않아 선정을 얻었고 후에 태국에서 존경받는 유명한 아라한이 되었습니다.

어린 시절부터 그의 마음은 몹시 평화롭고 고요했습니다. 그래서 그는 생각하기를 원하지 않았습니다. 생각을 하지 않았기 때문에 교육을 받을 수 없었습니다. 만일 수행하기가 힘들다면 그것은 어쩌면 여러분 선생님의 잘못일 수 있습니다.

하지만 그 스님은 여전히 염불을 할 필요가 있었습니다. 신도들에게 법문을 해줄 때도 그랬고 그 밖에 절에 행사가 있을 때도 그랬습니다. 이제 이 스님은 강한 마음챙김의 힘을 지니고 있었습니다. 그래서 몇 세기 전에 자신이 비구였던 전생을 떠올리고 그때 배운 염불을 했다고 합니다.

딱하게도 우리는 생각하도록 교육받았습니다. 생각하는 습관은 우리의 삶에 커다란 문제를 만들어냈습니다. 이제 우리는 침묵을 두려워합니다. 주위가 고요해지면 어떻게든 침묵을 깨뜨립니다. 침묵에 익숙하지 않기 때문입니다.

우리는 생각으로 문제를 해결할 수 있으리라 믿습니다. 하지만 긍정적인 태도와 창조적인 아이디어는 침묵을 통해 계발됩니다. 생각을 하면 마음은 점점 더 부정적이 됩니다. 생각하는 마음과 생각이 없는 마음을 비교해보십시오. 생각이 없는 마음은 고요한 침묵의 순간입니다. 그 고요함에 마치 휴대 전화의 벨소리처럼 생각이 끼어듭니다. 생각은 결코 좋은 해답을 주지 않습니다. 좋은 해답을 주는 것은 언제나 침묵입니다. 세간에서나 부처님의 법에 있어서나 지혜로워지기를 원한다면 침묵 속에 머물러야 합니다. 침묵하는 법을 배워야 합니다.

2015년에 저는 한국의 대전에서 열리는 세계 컴퓨터 회의에 연사로 초청받은 일이 있습니다.

불교 승려인 제가 컴퓨터에 대해서 무엇을 알겠습니까? 사용하는 컴퓨터에 조금이라도 문제가 생기면 다른 사람에게 고쳐달라고 부탁하는 처지입니다. 그런데 삼성, LG, 구글 등 세계 각국에서 온 컴퓨터 전문가들 앞에서 연설을 해야 했습니다.

저는 생수병을 손에 들고 그들에게 보여주면서 제가 손에 든 것이 무엇인지 물었습니다. 여러분에게도 묻습니다. 이것이 무엇입니까? 이것은 생수병입니다. 그리고 또 무엇입니까? 아무도 대답이 없군요. 수행자들과 대화하는 것보다는 컴퓨터 전문가들과 대화하는 편이 훨씬 쉽습니다.

그들은 저에게 말했습니다. 그것은 분홍색이다. 어느 정도의 무게를 지닌 물체다. 어떤 형태를 지녔다. 플라스틱이다. 반짝거린다. 뚜껑이 있다 등등. 저는 그 외에 또 무엇인지 물었습니다. 제가 계속 묻자 그들은 더 이상 말이 없었습니다. 저는 그들에게 말했습니다.

"이제 모든 명칭을 다 사용했고 생각도 다 사용했습니다. 여러분은 비로소 이것이 무엇인지 보기 시작했습니다."

우리는 이름으로 사물을 정의하고 자신이 그 사물을 이해했다고 생각합니다. 명칭을 통해 개념화시키고 그 사물에 대해 모두 알았다고 생각하는 것입니다. 하지만 사물은 개념과 명칭 이상의 어떤 것입니다.

생수병이라는 개념으로 인식하지만 사실은 각자의 필요에 따라 여러 용도로 사용할 수 있습니다. 바람이 불어 종이가 날아가면 종이를 누르는 압지로 사용할 수 있습니다. 밀가루 반죽을 누를 필요가 있다면 조리용 방망이로 사용할 수 있습니다. 누군가를 때리고 싶으면 몽둥이로 사용할 수도 있습니다.

이 물건을 생수병으로만 본다면 많은 것을 놓치는 것입니다. 명칭을 모두 사용하고 나면 우리는 비로소 사물을 보기 시작합니다. 생각이 멈추고 나면 새로운 방식으로 사물을 보기 시작하는 것입니다.

생각은 모두 과거에 이루어진 것입니다. 우리는 생각이 가치 있는 것이라고 잘못 알고 있습니다. 부처님은 생각한다는 것은 젊은 사람이 밤 나들이를 가기 위해 몸을 깨끗이 씻고 아름다운 옷을 입고 고급 향수를 뿌리고 나서 개의 시체로 만든 목걸이를 목에 거는 것과 같다고 말했습니다.[『맛지마 니까야』「사유를 가라앉힘 경」(M20)] 이것은 매우 거친 비유입니다. 개는 그 자체로 그다지 깨끗한 동물이 아닙니다. 개의 시체로 만든 목걸이를 목에 건다고 생각해보십시오. 누가 그런 일을 하겠습니까? 부처님은 생각을 하는 것이 개의 시체로 만든 목걸이를 목에 거는 것과 같다고 했습니다. 생각은 우리의 평화롭고 아름다운 마음에 걸려 있는 개 시체로 된 목걸이입니다.

이것은 거칠지만 정확한 비유입니다. 모든 생각은 다 죽은 것입니다. 우리는 생각이라는 이미 죽은 시체를 아름답고 고요하고 평화로운 '마음'에 걸어놓습니다. 왜 그런 일을 합니까? 이유가 없습니다. 그저 오래된 나쁜 습관일 뿐입니다.

수행을 통해 우리는 침묵의 가치를 알게 됩니다. 생각이 아니라 침묵이 가치 있다는 것을 알게 되면 더 이상 강박적으로 생각에 매달리지 않게 됩니다. 생각을 통해서가 아니라 침묵을 통해 지혜를 찾게 될 것입니다.

저는 세계 각지에서 강연 초청을 받기 때문에 여행을 자주 합니다. 저희 사원은 호주의 퍼스에 있어서 세계 어느 곳에 가든지 언제나 싱가포르 공항을 경유지로 삼습니다. 싱가포르 공항 라운지에는 거대한 텔레비전이 있습니다. 며칠 전에도 비행기를 갈아타기 위해 싱가포르 공항에서 기다리는데 사람들이 텔레비전 앞에 모여 '프리미어 리그' 축구 경기를 보고 있었습니다. 그러다가 경기를 보고 있던 싱가포르 사람 한 명이 의자에서 일어나 소리치기 시작했습니다.

"오프사이드야. 오프사이드 반칙을 했어."

그 축구 경기는 영국의 리버풀에서 벌어졌습니다. 게다가 녹화방송이었습니다. 아무리 크게 소리 질러도 들릴 리가 없습니다. 하지만 멀쩡한 사람이 화면을 향해 소리치기 시작했습니다. 왜 그런 일을 할까요?

여객기에서 사람들은 작은 화면으로 영화를 봅니다. 그렇게 영화를 보다가 눈물을 흘리기 시작합니다. 그 영화 속 주인공이 죽었기 때문이라고 합니다. 저는 그들에게 걱정하지 말라고 했습니다. 영화를 처음부터 다시 틀면 그 주인공은 살아날 것입니다.

사람들은 왜 이토록 영화나 축구 경기에 몰입할까요? 우리가 생각에 매달리는 것과 같은 이유 때문입니다. 사람들은 축구 경기를 볼 때 완전히 몰입해서 자신이 축구 경기가 벌어지는 경기장에 있다고 생각합니다. 영화를 보다가 그 영화 내용에 빨려 들어가 자신이 그 영화 속에 들어 있다고 생각합니다. 그래서 여주인공이 위험에 처하면 뒤를 조심하라고 소리치기도 합니다.

생각에 매달릴 때도 마찬가지입니다. 생각에 몰입하고 생각 속에 빨려듭니다. 생각이란 환상에 불과한 것인데 실제의 일로 여깁니다. 과거의 기억을 떠올릴 때는 그 기억에 빠져들어 현실의 일처럼 기뻐하거나 분노합니다.

미래에 대한 계획은 사실상 계획이 아닙니다. 모두 환상일 뿐입니다. 여러분이 미래에 대하여 세운 계획의 대부분은 결코 실현되지 않습니다. 『맛지마 니까야』의 113번 경전인 「바른 사람 경」에서 부처님은 '어떤 식으로 생각하든 그것은 각각의 생각하는 상태와 다르게 된다.'고 말합니다. 여러분은 미래를 예견할 수 없습니다. 미래를 상상할 수도 없습니다. 만약 여러분이 생각한 것이 미래에 그대로 일어난다면 그것은 그저 우연의 일치일 뿐입니다.

미래에 대해서 계획하지 않는다면 일은 나빠질 것입니다. 하지만 미래에 대해서 계획해도 여전히 일은 나빠질 것입니다. 양쪽 모두 일은 나빠집니다. 그래서 저는 일이 나빠지기 전에 지금 이 순간을 즐깁니다. 어차피 나빠질 것이라면 미래를 계획하느라 시간을 허비할 필요가 없습니다. 이것이 지혜입니다.

생각을 멈추려면 생각에 매달리는 원인을 제거해야 합니다. 과거와 미래가 실재하지 않는다는 사실을 확실히 이해한다면 생각을 놓아버리기 쉬울 것입니다.

생각의 흐름이 시작되었을 때, 그 안으로 빨려 들어가는 대신 생각과 거리를 둔 채로 바라보고 있다고 상상해보십시오. 생각의 흐름에 빠져드는 습관에 말려들지 않고 버티고 있다고 느껴보십시오. 생각은 여전히 일어나지만 자신은 그 생각과 떨어져 있게 될 것입니다. 생각과 떨어지면 여유 공간을 확보하게 됩니다.

제 손이 큽니까? 제가 손을 들어 저의 눈앞에 대면 손이 너무 크기 때문에 세상을 전혀 볼 수 없습니다. 보이는 것은 오로지 저의 손바닥뿐입니다. 시야가 완전히 차단됩니다. 눈앞을 가렸던 손을 치우면 손이 작아지는 것은 아니지만 다시 세상을 볼 수 있습니다. 바깥 세상을 볼 수 있는 시야를 되찾는 것입니다.

이와 마찬가지로 생각에 몰입하면 생각 이외의 다른 것을 보지 못합니다. 아무 가치도 없는 생각이라는 것에 최고의 중요성을 부여하는 것입니다. 손을 눈앞에서 치우듯 자기 자신과 생각 사이에 거리를 두면 마음의 시야를 확보하게 됩니다. 생각 안에 갇히는 것이 아니라 열린 마음으로 세상을 볼 수 있게 됩니다. 그러면 생각을 놓아버리기가 쉬워집니다.

처음에는 실제적인 방법으로 생각이 밀려들 때 자신과 생각 사이의 여유 공간을 마음속으로 상상해보십시오. 생각이 저 멀리서 일어나고 있고 여러분은 여기 이 자리에서 바라보는 것입니다. 그러면 더 이상 생각에 말려들지 않을 것입니다. 생각이 일어나지 않는 마음은 평화롭습니다. 평화로움은 즐거움을 줍니다. 그러므로 평화로움 속에 머물러 본 수행자는 더 이상 생각에 매달리지 않게 될 것입니다.

계획을 세우는 것도 마찬가지입니다. 저는 명상 수련회를 지도해도 계획을 세우지 않고 다른 사람에게 모든 일을 맡깁니다. 누군가 방문을 두드리고 법문 시간이라고 말하면 나와서 법문을 합니다. 법문 시간이 끝났다고 신호하면 법문을 마칩니다. 수련회가 끝나고 돌아가는 날도 저는 아무 계획이 없습니다. 돌아갈 차편이 준비되어 있다고 하면 그 차를 타고 갑니다. 계획을 세우지 않는 것은 근사한 일입니다. 생각을 하지 않으면 삶은 훨씬 쉬워집니다.

오래전에 제가 젊은 승려로 아잔 차 스님의 사원에 머물 때의 일입니다. 사원에 법당을 짓는 공사를 했고 공사가 끝나서 생긴 흙무더기를 다른 곳으로 옮겨야 했습니다. 그 일은 모두 스님들의 몫이었습니다. 그 사원에 머물고 있던 젊은 스님들이 총동원되어서 삽과 외발수레를 이용하여 흙을 옮겼습니다. 흙무더기를 옮기는 데는 사흘이 걸렸습니다. 아침 9시부터 밤 9시까지, 어두워지면 석유등을 켜놓고 하는 고된 작업이었습니다. 온몸은 땀으로 흠뻑 젖었으며 모기들이 달라붙었습니다. 하지만 사흘 동안 열심히 일해서 마침내 일이 끝났습니다. 저는 다음 날 아침 깨끗하게 샤워를 하고 가사를 빨고 그동안 못한 명상 수행을 하려고 했습니다.

하지만 그날 아침 아잔 차 스님이 볼 일이 있어 다른 사원으로 가자 부주지로 있던 아잔 리앰(Ajahn Liam) 스님이 저희에게 말했습니다.

"아무래도 흙을 잘못 옮긴 것 같다. 다른 곳으로 옮겨야겠어."

또다시 고된 작업이 시작되었습니다. 삽질을 했고, 외발수레를 밀었고, 온몸이 땀으로 흠뻑 젖었고, 모기에게 물렸습니다. 하지만 저에게는 큰스님들에 대한 신뢰가 있었습니다. 모두들 열심히 일을 해서 사흘 만에 일을 마쳤습니다.

그런데 그날 밤 아잔 차 스님이 돌아왔습니다. 아잔 차 스님은 자신이 처음 지정한 장소에 흙무더기가 있어야 한다며 저희들이 사흘 동안 옮긴 흙을 다시 이전의 장소로 옮기라고 했습니다. 저는 그들에 대한 신뢰를 모두 잃었습니다.

결국 일을 하는 것은 큰스님들이 아니라 저희들이었습니다. 또다시 고된 일이 시작되었습니다. 저희들은 삽질을 하였고 외발수레를 밀었습니다. 저는 계속 투덜거렸습니다. 선정을 얻고 열반을 증득하려고 승려가 된 것이지 막노동을 하기 위해 승려가 된 것은 아니지 않습니까? 저는 영어로 욕을 하기 시작했습니다. 영어로 욕을 하면 다른 사람들이 모를 것이라고 생각했습니다. 하지만 행복하지 않은 사람은 다른 사람의 눈에 띕니다. 태국 스님 한 분이 저에게 다가왔습니다. 아잔 차 스님은 아닙니다. 다른 스님 한 분이 다가왔습니다. 그리고 저에게 말했습니다.

"외발수레를 미는 것은 어렵지 않다. 외발수레를 미는 것에 대해 생각하는 것이 어렵고 힘든 부분이다."

그 이후 사십 년 간 저는 그 말을 잊지 않았고 생활에 적용했습니다.

법문을 해야 할 때도 마찬가지입니다. 어떤 주제로 법문을 할지 생각하는 것은 어렵습니다. 법문을 하는 것은 쉽습니다. 자기에게 맡겨진 일을 하는 것은 쉽습니다. 일에 대해서 생각하는 것은 어렵습니다. 이런 명상 수련회를 운영하는 것은 쉽습니다. 명상 수련회를 어떻게 운영해야 하는지 생각하는 것은 어렵습니다. 죽는 것은 쉽습니다. 그저 누워 있기만 하면 죽음이 일어납니다. 죽음에 대해서 생각하는 것이 어렵고 힘든 부분입니다.

생각을 놓아버리십시오. 생각은 쓰레기와 같습니다. 생각에는 어떤 가치도 없습니다. 생각을 신뢰하지 마십시오. 생각이 일어났다 사라지게 그저 놓아두십시오. 그리고 침묵 속에 머무십시오. 수행이 깊어질수록 점점 더 침묵에 감사하게 될 것입니다. 생각을 통해서 지혜가 일어나는 일은 없습니다. 지혜는 침묵에서 일어납니다. 생각으로는 결코 열반에 이르지 못합니다. 침묵을 통해 열반에 이를 수 있습니다.

산만함

또 하나의 장애는 산만함입니다. 수행하고 있는데 문을 쾅 닫는 사람은 언제나 있습니다. 그리고 어디에나 소음이 있습니다. 아잔 차 스님이 말한 대로 소음이 여러분을 방해하는 것이 아닙니다. 여러분이 소음을 방해합니다.

외부의 자극으로 마음이 산만해지는 것을 극복하는 방법 중에는 우선 인식을 바꾸는 방법이 있습니다.

호주에 있는 저희 사원에서 스님 한 분이 자신의 형이 방문하

아무것도 남기지 않기

는데 함께 방을 써도 되냐고 제게 허락을 구한 일이 있습니다. 저는 그 스님에게 함께 방을 쓰는 것은 괜찮지만 형이 코를 골지도 모르니 주의하라고 했습니다. 그 스님은 자신이 먼저 잠들면 자신의 코 고는 소리를 형이 들을 것이고 자신은 형이 코 고는 소리를 듣지 않게 될 것이라고 말했습니다. 하지만 이 스님의 계획과 달리 스님의 형이 먼저 잠들었고 형의 코 고는 소리에 이 스님은 잠을 이룰 수 없었습니다. 이 스님은 전에 들었던 법문을 기억해냈습니다. 그래서 인식을 바꾸기로 하고 형의 코 고는 소리를 현대의 실험음악으로 여기면서 귀를 기울였습니다. 그렇게 귀를 기울이자 코 고는 소리가 아름다운 음악으로 들렸다고 합니다. 그러다가 잠이 들었고 깨지 않고 아침까지 잠을 잘 잤습니다. 그 스님은 자신의 인식을 바꾼 것입니다.

수행하고 있는데 방 앞에서 말소리가 들리면 인식을 바꾸십시오. 어쩌면 그 말소리는 여러분이 수행하는 것에 고양된 천신들이 근처를 날아다니며 여러분을 찬양하는 것일 수도 있습니다. 수행을 하는데 누군가 문을 꽝 닫는 소리가 들리면 마음이 흐트러집니다. 하지만 인식을 바꾸십시오. 어쩌면 새로운 아라한이 나타나서 땅이 흔들린 것인지도 모릅니다. 그래서 문이 떨린 것일 수도 있습니다. 인식을 바꾸면 외부의 자극이 더 이상 방해가 되지 않습니다. 이것이 산만함이라는 장애를 극복하는 한 가지 방법입니다. 소음은 그저 소음입니다. 부정적인 해석을 내릴 필요가 없습니다. 그 사람이 문을 세게 닫은 것은 여러분의 마음챙김이 약해져 있었기 때문에 다시이 순간으로 돌아오도록 도와준 것이라고 생각하면 됩니다.

모기가 귓가에서 앵앵거리는 것도 마찬가지입니다. 저는 모기가 물기 전에 귓가에서 앵앵거리는 이유를 모르겠습니다. 고문을 하는 사람이 고문하기 전에 이제 너를 고문한다고 알려주는 것과 비슷합니다.

하지만 어쩌면 모기가 피를 빠는 것은 혈압이 지나치게 높은경우에 피의 양을 줄여서 도움을 줄지도 모릅니다. 혹은 모기에게약간의 피를 보시한다고 생각할 수도 있습니다. 인식을 바꾸면 그러한 일이 짜증스럽지 않게 됩니다. 외부에서 일어나는 일에 대해 부정적인 해석을 내리면 마음이 흐트러집니다. 외부의 자극에 대한 인식을 바꾸고 침묵에 더 많은 가치를 부여하십시오.

외부의 방해를 극복하는 또 다른 방법이 있습니다. 이 방법은몸의 통증이나 더위, 추위 등으로 수행에 방해를 받는 경우에 사용할 수 있습니다. 이 방법을 사용하려면 우선 마음의 특성을 이해해야 합니다.

요즘 신도들의 집을 방문할 때마다 텔레비전 스크린이 점점 커지고 있습니다. 어떤 집의 텔레비전 스크린은 거의 벽의 절반을 차지합니다. 저는 커다란 텔레비전을 사는 것이 돈의 낭비라고 생각합니다. 여객기에서 사람들은 작은 화면으로도 재미있게 영화를 봅니다. 혹은 작은 태블릿 PC로 영화를 보기도 합니다.

저는 승려라서 영화를 보지는 않습니다. 하지만 여객기에 타면 안전 수칙을 안내하는 짧은 영상을 보여줍니다. 승객 좌석 앞에 부착된 작은 화면이 꺼져 있을 때는 화면의 테두리도 눈에 들어오고 화면이 부착된 앞좌석의 뒷모습도 볼 수 있습니다. 하지만 일단 영상이 시작되면 더 이상 좌석이나 화면의 테두리가 시야에 들어오지 않습니다. 오직 영상의 내용만이 시야에 들어옵니다. 마음이 영상에 초점을 맞추는 것입니다. 따라서 화면의 크기는 문제가 되지 않습니다. 시각 활동이 화면의 크기에 따라서 시야를 조정합니다.

마찬가지로 강연이 시작되기 전에 저를 보면 제 주위에 있는 사람이나 배경이 눈에 들어올 것입니다. 하지만 저의 이야기에 귀를 기울이다보면 얼마 지나지 않아 저에게만 초점을 맞추게 됩니다. 아마도 제 몸의 다른 부분조차 보지 않게 되고 오직 저의 얼굴만 보게 될 것입니다. 이것이 초점을 맞출 때 일어나는 일입니다. 마음은 관심사의 중앙에 초점을 맞추고 관심의 대상은 시간이 지날수록 확대됩니다. 그리고 변두리에 있는 것은 점점 바깥으로 밀려나가게 됩니다.

마음의 이러한 특성을 잘 이용하면 수행에서 일어나는 방해와 산만함을 극복할 수 있습니다.

호흡 수행을 하는데 소음이 심하다고 생각해봅시다. 소음이 방해가 되는 이유는 관심의 중심으로 소음이 밀고 들어오기 때문입니다. 다시 말해서 소음이 가장 중요한 관심사가 되는 것입니다. 그래서 소음이 중앙에 위치하게 되고 호흡은 변두리로 밀려납니다. 무릎이 아플 때도 마찬가지입니다. 모기가 물어서 간지러울 때도 마찬가지입니다. 외부의 자극이 최대의 관심사로서 마음의 정중앙에 자리 잡게 됩니다. 그리고 호흡은 변두리로 밀려납니다. 여러분이 의식의 중앙에 놓은 것, 즉 여러분이 가장 중요한 것으로 여기는 것이 마음챙김의 주요 대상이 되는 것입니다.

문제의 원인을 이해하면 해결 방법이 나옵니다. 외부의 자극으로 방해받아도 계속 호흡에 관심을 두십시오. 수행하는데 사람들이 이야기를 나누면 그 소리를 관심의 변두리에 두십시오. 소리는 들리지만 관심의 정중앙에는 언제나 호흡이 자리하고 있는 것입니다.

몸에 통증이 느껴져도 역시 관심의 변두리에 두고 중앙의 위치를 주지 말아야 합니다. 호흡을 최우선의 관심사로 삼으면 시간이 지날수록 호흡이 확대됩니다. 사람들의 말소리, 몸의 통증 등은 변두리에 있다가 점점 바깥쪽으로 밀려 나갑니다. 수행자는 오로지 호흡과 함께 머무르게 됩니다.

하지만 수행자가 외부의 자극에 대하여 짜증내고 불평한다면 그러한 장애물이 관심의 중앙에 자리하게 될 것입니다. 호흡에만 관심을 두고 확대하다보면 다른 장애물은 점점 의식의 바깥으로 밀려

나가게 됩니다.

　니밋따 수행을 할 때도 마찬가지입니다. 관심의 중앙에 니밋따가 머무는 것입니다. 이미 말했듯 니밋따가 처음 나타나면 흥분하거나 두려움을 느끼는 경우가 많습니다. 하지만 그러한 흥분과 두려움을 관심의 변두리에 두고 중앙에는 언제나 니밋따를 두어야 합니다. 시간이 지나면 니밋따는 확대되고 흥분이나 두려움은 관심의 바깥으로 밀려 나갈 것입니다.

생각을 멈추려면 생각에 매달리는 원인을
제거해야 합니다. 과거와 미래가 실재하지 않는다는
사실을 확실히 이해한다면 생각을 놓아버리기
쉬울 것입니다.
생각의 흐름이 시작되었을 때, 그 안으로
빨려 들어가는 대신 생각과 거리를 둔 채로 바라보고
있다고 상상해보십시오. 생각의 흐름에 빠져드는
습관에 말려들지 않고 버티고 있다고 느껴보십시오.
생각은 여전히 일어나지만 자신은 그 생각과
떨어져 있게 될 것입니다.
생각과 떨어지면 여유 공간을 확보하게 됩니다.

7

몽롱함, 졸음, 들뜸, 기대, 불만족, 갈애

장애 Ⅱ

몽롱함과 졸음

이제 수행의 또 다른 장애인 해태와 혼침, 즉 몽롱함과 졸음에 대해 이야기하겠습니다. 이것도 경전에 나와 있는 다섯 가지 장애 중의 하나입니다. 수행하려고 하면 머릿속이 몽롱해지고 졸음이 쏟아진다는 사람들이 있습니다. 수행 중에 졸음이 오는 원인은 어쩌면 육체적인 문제일 수도 있습니다.

제가 태국에서 생활할 때의 일입니다. 저는 영국의 런던 출신입니다. 런던은 상당히 추운 곳입니다. 지금 이 수련회에서 많은 사람들이 털모자를 쓰고 셔츠를 입고 있습니다. 저는 이해할 수가 없습니다. 지금 이 날씨가 저에게는 조금 덥습니다. 만약에 에어컨이 있다면 저는 온도를 낮추기 위해 에어컨을 켰을 것입니다.

런던에서 태어난 저에게 태국 북동부의 날씨는 너무 더웠습니다. 그리고 그 당시 저희 승려들의 수면 시간은 하루에 네 시간이었습니다. 저는 네 시간 반 정도 잤지만 그래도 잠이 부족했습니다. 그리고 음식은 영양가가 부족했습니다. 주식은 밥과 개구리 고기였습니다. 그 개구리조차 영양실조 상태였던 것 같습니다. 영양 부족, 수면 부족, 그리고 전혀 익숙하지 않은 기후. 당연히 저는 아침이면 피로와 졸음에 시달렸습니다. 원인이 있으면 결과가 나타납니다. 이것은 자연의 법칙입니다.

태국에서 비자를 연장하기 위해 동료 스님 몇 명과 방콕에 가서 꽤 좋은 시설의 사원에 머무른 일이 있었습니다. 그 사원에는 에어컨이 설치된 방이 하나 있었습니다. 저희는 사원의 허락을 받아 새벽 3시부터 5시까지 그 방에서 에어컨을 켜고 새벽 수행을 했습니다. 잠을 잔 시간은 숲속 사원에 있을 때와 같았습니다. 하지만 새벽부터 수행했어도 정신이 맑았고 깊은 명상에 들 수 있었습니다. 태국 북동부의 더운 날씨가 마음의 명료함을 유지하는 데 방해가 되었던 것입니다.

수행 중에 졸음이 온다면 자신의 체질에 비해 너무 덥거나 어쩌면 너무 추운 것일 수도 있습니다. 그러니 가능하다면 날씨가 자신에게 맞는 곳에 머무는 것이 이상적입니다. 그리고 좋은 음식을 드십시오. 몸이 건강할 때 좋은 수행을 할 수 있습니다. 이처럼 적당한 외부의 조건을 갖추는 것만으로도 피로, 몽롱함, 졸음을 어느 정도 극복할 수 있습니다. 육체적인 문제에서 비롯된 몽롱함과 졸음은 이런 식으로 극복됩니다.

하지만 몽롱함과 졸음에는 또 다른 원인이 있을 수 있습니다. 수행을 지루하게 느끼는 것일 수도 있습니다. 아니면 마음에 충분한 에너지가 없는지도 모릅니다.

수행이 지루할 때 수행의 의욕을 일으키는 몇 가지 수행법이 있습니다. 예를 들어 불수념(佛隨念), 부처님에 대해 계속 생각하는 수행이 도움이 됩니다. 부처님의 생애와 가르침을 반조하면 수행하고 싶은 의욕을 불러일으킬 수 있습니다.

혹은 자신이 한 선행을 떠올리는 방법도 있습니다. 선한 동기에서 대가를 바라지 않고 베푼 일이 있다면 자신의 그러한 행동을 되새김으로써 마음의 에너지를 불러일으키는 것입니다. 이 수행이 '보시(布施)를 계속해서 생각함', '짜가누사띠(cāgānusati)'입니다. 자신의 선행을 되새기면 마음이 따뜻해지면서 쉽게 지루함을 극복할 수 있게 됩니다.

요즘은 여러 가지 전자 제품을 이용하여 손쉽게 법문을 들을 수 있습니다. 좋은 법문을 듣거나 경전을 읽는 것도 수행의 의욕을 북돋우는 데 도움을 줍니다. 저는 아잔 차 스님의 사원에 머물 때 아잔 차 스님의 법문을 들은 후 깊은 명상을 한 적이 많습니다. 수행의 의욕을 북돋우는 것은 몽롱함과 졸음을 극복하는 좋은 방법입니다.

최근 서양에는 수행하는 사람이 많기 때문에 수행 용품 판매는 하나의 시장을 이루고 있습니다. 그래서 온갖 종류의 수행용 방석이 새로 개발되어 나왔습니다. 이렇게 약간의 편리함을 취하는 것도 결점을 찾는 마음을 극복하는 데 어느 정도 도움을 줄 것입니다.

결점을 찾는 것, 불평하는 것, 부정적인 태도를 갖는 것은 에너지의 소모가 많습니다. 그래서 그 결과 몽롱함과 졸음을 느끼게 됩니다. 불평하는 데는 많은 에너지가 소모됩니다. 여러분 자신도 살아오면서 불평이 얼마나 무익한지 이미 깨달았을 것입니다. 불평해서 개선되는 것은 아무것도 없습니다.

　마음의 에너지를 보존하려면 결점을 찾고 불평하는 것과 반대되는 일을 해야 합니다. 불평과 반대되는 것은 바로 감사하는 마음입니다.

　지금 바깥에서 개가 짖고 있습니다. 만일 저의 법문에 맞추어 아름다운 소리로 짖어대는 저 개에게 감사하는 마음을 갖는다면 마음의 에너지를 조금도 소모하지 않을 것입니다. 그리고 수행을 위해 그 에너지를 사용하게 될 것입니다.

　불평하지 않고 감사하는 태도로 세상을 대하면 마음의 에너지를 저장해서 수행에 이용할 수 있게 됩니다.

　또한 육체에는 어느 정도의 운동이 필요합니다. 다른 운동의 기회가 없을 때는 빠른 걸음으로 걷기 수행을 하는 것도 어느 정도 운동이 됩니다. 그렇게 빠른 걸음의 걷기 수행을 통해 몸에 활력이 생기면 다시 앉아서 수행하는 것도 좋은 방법입니다. 몽롱함과 졸음을 극복하는 데는 이처럼 여러 가지 방법이 있습니다.

　하지만 몽롱함과 졸음을 극복하는 데 전혀 효과가 없는 방법이 한 가지 있습니다. 맞서 싸우는 것입니다. 그것이 제가 전에 사용했던 방법입니다. 저는 몽롱함과 졸음을 저의 개인적인 결함으로 여기고 싸움을 벌였습니다.

　태국에서 수행하던 초기에 저는 작은 성냥갑을 테이프로 머리에 붙이고 수행한 적이 있습니다. 졸면서 고개가 끄떡거리면 성냥갑의 알맹이가 미끄러져 내려 성냥개비가 바닥으로 쏟아집니다. 그러면 졸았다는 것을 깨닫고 정신을 차리는 것입니다. 사흘쯤 지나자 성냥은 바닥으로 떨어지지 않았습니다. 저는 몽롱함과 졸음을 극복했다고 생각했습니다. 그런데 나중에 친한 스님의 말을 들어보니 사실은 졸지 않았던 것이 아니라 성냥갑이 머리에서 떨어지지 않도록 조심해서 졸더랍니다. 우리의 몸과 마음은 매우 교묘합니다. 우리는 몸과 마음을 믿을 수가 없습니다.

그 당시에도 가끔은 의지력으로 졸음을 극복하는 경우가 있었습니다. 하지만 의지의 힘으로 졸음을 극복하면 졸음이 사라지자마자 망상이 떠올라서 멈추지 않았습니다. 간신히 망상을 멈추면 다시 졸음이 쏟아졌습니다. 마치 시계추와도 같았습니다. 한쪽 끝은 몽롱함과 졸음이었고 다른 끝은 끝없는 망상이었습니다. 의지의 힘으로 수행하던 시기에 저의 마음은 그 둘 사이를 시계추처럼 오락가락했습니다.

결국 저는 몽롱함과 졸음을 있는 그대로 놓아두었습니다. 몽롱함과 졸음은 저의 잘못도 아니고 저의 자아도 아닙니다. 저의 개인적인 결함이 아닙니다. 원인이 있어서 일어나는 자연스러운 결과일 뿐입니다. 그래서 있는 그대로 놓아두었습니다. 그곳이 제가 해결점을 발견한 지점입니다. 몽롱함과 졸음을 있는 그대로 놓아두자 얼마

지나지 않아 몽롱함과 졸음이 사라졌습니다. 그리고 마음이 소란스러워지는 것이 아니라 평화로워졌습니다.

앞서 말했듯 마음은 '아는 자'와 '행위하는 자', 그렇게 두 가지 부분으로 나눌 수 있습니다. 몽롱함과 졸음을 느끼는 이유는 '아는 자', 마음챙김에 충분한 에너지가 가지 않기 때문입니다. 마음의 에너지가 '행위하는 자'에 의해 소모되고 있습니다. 생각, 갈등, 의지력은 우리 에너지의 많은 부분을 소모합니다. 졸음을 있는 그대로 놓아두면 갈등과 분투에 에너지가 소모되지 않습니다. 현재 이 순간에 머무르며 몽롱함과 졸음을 있는 그대로 받아들이면 에너지가 마음챙김으로 흘러들기 시작합니다. 마음챙김에 더 많은 에너지가 생기고 마음이 밝아집니다. 그러면 당연히 몽롱함과 졸음을 느끼지 않게 됩니다. 이런 경우에는 졸음이 사라진 후에 마음이 소란스러워지는 것이 아니라 평화로워집니다.

있는 그대로 놓아둔다는 것은 마음을 수동적으로 만드는 것입니다. 수동적인 마음은 고요해집니다. 이런 방법을 통해 몽롱함과 졸음이라는 장애를 극복할 수 있습니다.

들뜸

또 다른 장애는 감각적 욕망으로 인한 들뜸입니다. 저도 감각적 욕망으로 인해 수행에 방해를 받은 적이 있습니다. 젊은 수행자에게 이것은 다분히 육체적인 문제입니다. 육체의 호르몬이 성적인 욕망을 일으키는 것입니다.

비구계를 받은 지 육 년 되던 해에 저는 태국 북부의 숲속에 있는 버려진 사원에서 혼자 생활한 적이 있습니다. 그곳은 수행에 아주 이상적인 곳이었습니다.

그런데 한 달쯤 지나자 마음이 통제할 수 없을 만큼 점점 거칠어지기 시작했습니다. 망상이 점점 심해졌습니다. 제가 '승려답지 않은 망상'이라고 이름붙인 거친 망상이 끊임없이 떠올랐습니다. 온갖 종류의 망상이 다 떠올랐습니다. 전에 사귀던 여자 친구도 떠올랐고, 다른 여자에 대한 망상도 떠올랐고, 그 밖의 여러 가지 성적인 망상이 떠올랐습니다. 그때마다 저는 '그만둬! 나는 좋은 수행자잖아. 멈춰!'라고 마음속으로 외쳤습니다. 의지력을 총동원해서 망상이 일어나는 것을 막으려고 했습니다. 그러나 호흡 수행을 시작해서 일이 분만 지나면 방어벽이 뚫리고 망상이 밀려 들어왔습니다. 밀어내면 밀어낼수록 망상은 점점 더 거칠어지고 점점 더 강해졌습니다. 혼자 지내고 있었으므로 도움을 청할 큰스님이 없었습니다. 그렇다고 신도들을 붙잡고 그런 하소연을 할 수는 없지 않습니까?

출가해서 수행하는 것은 모두 제가 진정으로 원해서 하는 일이었습니다. 저는 아무도 방해하지 않는 깊은 숲속에서 지내며 열심히

수행하고 싶었습니다. 하지만 전혀 수행할 수가 없었습니다. 나중에
는 거의 미칠 지경이 되었습니다.

어느 날 저녁 저는 그 사원에 있는 불상에 삼배를 하고 도움을
청했습니다. 그러자 좋은 아이디어가 떠올랐습니다. 마음과 일종의
협상을 맺기로 한 것입니다. 저는 매일 오후 3시에서 4시까지 한 시
간을 명상이 아닌 망상의 시간으로 정했습니다. 그리고 망상의 시간
에는 별의별 해괴망측한 망상이 떠올라도 모두 묵인하기로 했습니
다. 그 대신 나머지 스물세 시간은 수행자다운 마음가짐으로 지내기
로 했습니다. 자기 마음과 협상을 한다는 것이 이상하게 들릴 수도
있지만 당시에는 제가 생각할 수 있는 유일한 방법이었습니다.

하지만 다음 날 아침 공양을 마치고 수행하려 해도 여전히 거
친 망상이 떠올랐습니다. 아무리 애를 써도 성적인 망상은 거듭거듭
밀려왔습니다. 저는 결국 지쳐버렸습니다. 오후 3시가 되었고 저는
약속을 지키기 위해 벽에 등을 기대고 두 다리를 아무렇게나 쭉 뻗
고 말했습니다.

'자, 이제 무슨 망상이든지 다 떠올라라. 지금부터 한 시간은 망
상의 시간이다.'

놀랍게도 그 다음 한 시간 동안 들어오고 나가는 모든 호흡을
고요히 지켜볼 수 있었습니다. 어떤 망상도 떠오르지 않았습니다.
정말로 놀라웠습니다. 망상을 밀어내려고 할 때는 그토록 거칠게 밀

고 들어오더니 어떤 망상이든 떠올라도 된다고 허용했더니 아무 망상도 떠오르지 않았습니다.

수행 중에 마음이 소란스러워지는 이유는 수행자의 노력 때문일 수도 있습니다. 고요해지기 위해서 열심히 노력하면 고요해지려는 노력으로 인해 동요가 일어납니다. 부정적인 마음가짐은 갈등을 불러일으킵니다. 밀어내려고 하면 마음은 소란스러워집니다. 있는 그대로 놓아두면 마음은 쉽게 고요해집니다.

이 경험이 수행을 대하는 저의 태도에 변화를 일으켰습니다. 무슨 일이 일어나든지 자애롭고 평화롭게 현재 일어나는 그 일과 함께해야 합니다. 그러면 마음이 달아나지 않고 여러분과 함께 머뭅니다. 여러분이 너무 엄격하기 때문에 마음이 달아나려 하고 소란을 피우는 것입니다.

항상 잔소리하고 조금만 잘못하면 무섭게 꾸짖는 사람과 함께 지낸다고 생각해보십시오. 언제든 기회만 생기면 달아나려 할 것입니다. 하지만 자애롭고 지혜로운 사람과 함께 지낸다고 생각해보십시오. 상대를 비판 없이 있는 그대로 받아들이고 항상 배려해준다면 누가 그런 사람에게서 달아나려 하겠습니까?

저는 태국에 있을 때 아잔 테이트(Ajahn Thate) 스님을 만난 적이 있습니다. 그 스님은 아잔 차 스님과 마찬가지로 아라한으로 알려져 있었습니다. 저는 그 스님의 사원에서 며칠밖에 지내지 않아 완전히 확신할 수는 없지만, 그래도 그 스님은 제가 평생 만난 사람 중 가장 아라한처럼 보이는 스님이었습니다.

제가 태국에 갔던 초기에 그 스님은 방콕의 병원에서 말기 암 진단을 받았습니다. 그 스님은 아잔 문(Ajahn Mun) 스님의 제자였고 태국에서 크게 존경을 받고 있었기 때문에 태국 최고의 의료진이 그 스님을 진찰했습니다. 하지만 치료할 수 있는 방법이 없었습니다. 그래서 그 스님은 죽음을 맞기 위해 자신의 사원으로 가셨고 그곳에서 25년 후에 세상을 떠났습니다.

아잔 테이트 스님을 찾아갈 때 저에게는 많은 질문이 있었습니다. 하지만 그 스님 앞에 앉자 마음이 고요해져서 어떤 질문도 떠오르지 않았습니다. 저는 평화로움과 자비로움을 느꼈습니다. 그 스님은 어리석은 젊은 승려였던 저의 모습을 있는 그대로 받아들였습니다. 그 스님이 어떤 비판의 시각도 없이 저를 바라보고 있다는 것을 느낄 수 있었습니다. 저의 마음은 깨끗하게 비워졌고 제가 원했던 것은 오직 한 가지, 그 스님 곁에 머무는 것이었습니다. 사람들이 저를 끌어내지 않는 한, 언제까지라도 그 스님 곁에 계속 머물고 싶었습니다.

그것은 평화였습니다. 자애로움이었고 조건 없는 수용이었습니다. 그 스님은 저를 바꾸려고 하지 않았고 어리석고 잡념 많은 서양 승려인 저를 있는 그대로 받아들였습니다. 그 짧은 시간 번뇌가 사라졌고 저는 커다란 평화로움을 느꼈습니다.

번뇌를 받아들이고 수용하면 번뇌가 약화됩니다. 번뇌를 거부하고 싸움을 시작하면 번뇌는 점점 더 강해집니다.

이러한 수행의 경험을 통해 저는 마음의 소란스러움, 부정적인 생각, 성적인 망상을 어떻게 다루어야 하는지 배웠습니다. 그저 100퍼센트 수용하면 됩니다. 그러면 번뇌는 사라질 것입니다. 부정적인 마음가짐으로 번뇌를 대하면 오히려 번뇌에 힘을 실어주게 됩니다.

『상윳따 니까야』의 「삭까 상윳따」에 나오는 「못생김 경」(S11:22)에 근거하여 제가 약간 각색한 이야기가 있습니다. 저는 이 이야기가 수행뿐 아니라 일상에도 적용할 수 있는 좋은 이야기라고 생각합니다.

옛날에 '분노 먹는 괴물'이라는 무섭게 생긴 괴물이 살고 있었습니다. 어느 날 이 괴물은 왕궁으로 갔습니다. 이 분노 먹는 괴물이 너무나 무섭게 생겼기 때문에 왕궁의 경비병들은 모두 겁에 질려 이 괴물을 막지 못했습니다. 왕은 그날 하필 볼 일이 있어 다른 곳에 가 있었습니다. 괴물은 궁전에 들어가 왕이 앉는 왕좌에 앉았습니다. 그제야 경비병들과 신하들이 모두 몰려나와 괴물에게 꺼지라고 소리쳤습니다. 하지만 사람들이 괴물에게 소리치면 칠수록, 생각과 말과 행동으로 배척하면 할수록, 괴물은 점점 더 커지고 점점 더 추해지고 점점 더 고약한 냄새를 풍겼습니다. 나중에는 구더기조차 견디지 못할 그런 냄새를 풍기기 시작했습니다. 그때 왕이 돌아왔습니다. 이 나라의 왕은 현명하기 때문에 왕이 된 사람이었습니다. 왕은 무엇을 해야 할지 알았습니다. 그래서 괴물에게 말했습니다.

"어서 오십시오. 환영합니다, 괴물이여!"

그리고 음식과 마실 것을 권했습니다. 왕이 생각과 말과 행동으로 자애로움을 보낼 때마다 괴물은 조금씩 줄어들었습니다. 궁전에 있는 사람들은 어떻게 해야 좋은지 비로소 깨달았습니다. 그래서 모든 사람들이 괴물에게 생각과 말과 행동으로 친절과 자애로움을 보였습니다. 그때마다 괴물은 조금씩 작아졌습니다. 머지않아 괴물은 처음에 들어왔을 때의 크기로 줄어들었습니다. 하지만 사람들은 친절한 말과 행동을 멈추지 않았습니다. 결국 괴물은 아주 작아졌고 마지막 친절한 말 한마디로 괴물은 완전히 사라졌습니다. 이 '분노 먹는 괴물'은 분노와 부정적인 에너지에서 원동력을 얻는 존재였던 것입니다.

망상이 일어나면 여러분은 망상에게 화를 냅니다. '어서 밖으로 나가. 나는 수행자야. 나는 망상하지 않아.'라고 소리칩니다. 그러면 망상은 점점 더 커지고 더 추해집니다. 망상을 있는 그대로 놓아두어야 합니다. 망상과 함께 지내겠다고 생각하고 받아들여야 합니다.

그러기 위해서는 이 마음이 자신의 마음이 아니라는 것을 이해해야 합니다. 망상은 자신의 망상이 아닙니다. 자기 내면에 망상을 일으키는 어떤 자가 존재하는 것이 아닙니다. 세상 모든 것은 무상(無常)하고 고(苦)이고 무아(無我)입니다. 모든 것은 원인과 결과의 법칙을 따릅니다. 그저 있는 그대로 놓아두십시오. 자신을 당혹하게 만든다고 해도 그저 받아들여야 합니다. 그리고 자애롭게 대하십시오. 그러한 마음가짐이 괴물을 사라지게 만듭니다. 괴물에게 원동력을 제공하지 않기 때문입니다.

이것이 망상과 산만함을 극복하는 방법입니다. 실제로 실천에 옮겨보면 제가 말한 것을 이해하게 될 것입니다. 멈추려고 하면 멈추어지지 않습니다. 번뇌를 자애롭게 대해보십시오. 자애로운 마음가짐을 원인으로 하여 장애의 약화라는 결과가 일어날 것입니다.

'분노 먹는 괴물' 이야기는 수행의 여러 단계에서 장애를 극복하는 데 도움을 줍니다. 장애를 극복하려고 의지력을 사용하는 것은 바른 정진이 아닙니다. 그것은 다섯 가지 장애 중 두 번째인 악의, 적대적인 마음가짐입니다. 적개심으로 해결되는 것은 아무것도 없습니다. 더 많은 괴로움을 가져올 뿐입니다.

기대와 불만족

그리고 수행의 과정에서 마주하게 되는 보다 미세한 번뇌가 있습니다. 행복감을 느끼는 수행 단계에서 일어나는 장애입니다.

수행의 단계가 아름다운 호흡의 단계나 니밋따의 단계에 이르면 수행자는 수행에서 일어나는 행복감을 되풀이해서 느끼고 싶어 합니다. 그리고 다음 단계로 나아가 더 큰 행복감을 맛보고 싶어 합니다. 어떤 수행자는 그런 목적을 가지고 제가 가르치는 방법에 따라 수행합니다. 그러고는 아잔 브람의 수행법을 따랐는데 아무 일도 일어나지 않는다고 불평합니다. 그들은 무엇인가 일어나기를 원하면서 그저 기법으로 '놓아버리기'를 사용한 것입니다. 밑바닥에 있는 동기는 기대감입니다.

기대하는 마음은 수행에서 커다란 장애입니다. 기대를 가지고 수행하는 사람은 지금 현재 일어나는 일에 관심을 두는 것이 아니라 다음에 일어날 일에 관심이 있습니다. 어떤 놀라운 경험이 일어나기를 기대하며 수행합니다. 이전의 수행이 좋았다면 다시 그런 경험이 일어나기를 기대하며 수행하기도 합니다.

호주에 갓 이민 가서 건설 인부 일을 하는 사람이 있었습니다. 월요일에 일을 마치고 집으로 돌아가자 그의 아내가 얼마나 벌었는지 물었습니다. 그는 임금을 받지 못했다고 말했습니다. 화요일, 수요일, 목요일도 마찬가지였습니다. 종일 열심히 일을 했지만 전혀 임금을 받지 못했습니다. 금요일에 일을 마치자 그의 상사가 그를 불러 후한 임금을 주었습니다. 그는 집에 가서 아내에게 이제는 금요일만 일하러 가겠다고 말했다고 합니다.

수행할 때마다 언제나 깊고 평화롭고 행복한 경험을 원하는 사람은 바로 이 인부와 같습니다. 그 인부가 금요일에 주급을 받은 것은 금요일 이외 다른 날의 임금을 함께 받은 것입니다.

이와 마찬가지로 여러분이 깊은 명상을 체험한 것은 그 전에 했던 수행의 대가를 함께 받은 것입니다. 수행할 때마다 언제나 대가를 받는 것은 아닙니다. 인내심을 가지고 계속 수행하십시오. 수행의 대가가 지금 우편으로 오고 있습니다. 인내심은 수행의 과정에서 몹시 귀중한 덕목입니다.

인내심에는 두 가지가 있습니다. 잘못된 인내심은 무언가 일어나기를 기다리는 인내입니다. 그것은 인내라기보다 미래를 기다리는 마음입니다. 현재 이 순간을 놓치고 미래를 바라보고 있습니다. 다음 순간에 무언가 일어나기를 기다리고 있습니다. 지금 이 순간에 어떤 일이 일어나는지 알아차리지 못하고 있습니다.

어떤 다른 경험이 일어나기를 기대하지 마십시오. 수행자가 해야 할 일은 지금 이 순간에 어떤 일이 일어나고 있는지 알아차리는 것입니다. 지금 이 순간에 일어나는 그것에 만족하는 법을 배우십시오. 다음 순간에 어떤 일이 일어나기를 기대하는 것은 자신이 지금 이 순간에 만족하지 못하고 있다는 뜻입니다. 이러한 기대와 불만족은 수행의 과정에서 커다란 장애입니다.

니밋따 수행을 하는 수행자도 자신의 수행에 만족하지 못하고 다른 것을 원하기도 합니다. 아름다운 니밋따를 바라보는 행복한 수행이면 충분치 않습니까? 왜 반드시 선정에 들어야 한다고 생각합니까?

또 초선에 들어도 초선에 만족하지 못하고 제2선을 바라는 사람들이 있습니다. 사람들은 요구하고 원합니다. 원하는 마음에서 불만족이 생겨납니다. 이러한 마음가짐으로는 깊은 명상에 이르지 못합니다. 수행에서 일어나는 것이 무엇이든 그것으로 충분하다고 여기십시오. 아름다운 호흡의 단계가 아니라 그저 호흡을 바라보는 단계라도 그 수행에 만족하십시오. 그것으로 충분하다고 생각하십시오. 그러한 마음가짐에서 기쁨과 행복감이 일어나고 기쁨과 행복감이 수행자를 깊은 명상으로 이끕니다. 무언가 더 이상을 원하면 수행에 문제가 일어납니다. 더 이상의 어떤 것을 원하면 지금 가지고 있는 것을 즐기지 못합니다. 다른 것을 바라는 마음은 평화로움을 방해합니다. 나뭇잎이 바람 때문에 흔들리는 것과 같습니다. 그 자체로는 정지한 마음이 욕망 때문에 흔들립니다. 만족하는 법을 배우십시오.

종일 열심히 수행할 때는 아무 진전이 없다가 밤에 자려고 누우면 그때서야 환한 빛을 보게 된다는 수행자가 많습니다. 왜 그럴까요? 왜 수행할 때는 니밋따가 나타나지 않고 잠자리에 들면 니밋따가 나타날까요?

어떤 수행자는 명상홀에 앉아서 수행하면 졸음이 쏟아지는데 잠자리에 들면 마음이 명료하고 마음챙김이 계속되어 잠을 잘 수가 없다고 합니다. 저는 그에게 명상홀에 앉으면 잠을 자려 애쓰고 잠자리에 들어서는 수행하려고 애쓰라고 말했습니다. 그러면 명상홀에서는 수행을 할 수 있고 잠자리에서는 잠이 들 것입니다.

그 이야기는 부처님의 시자였던 아난다 존자의 이야기와 어딘지 비슷합니다. 제1차 결집이 있기 하루 전에 아난다 존자는 아라한이 되기 위해 밤새 수행했습니다. 제1차 결집을 위해 500명의 스님이 모였고 그중에 499명은 모두 아라한이었습니다. 오직 아난다 존자만이 아라한이 아니었습니다.

여러분이 알고 있듯이 아난다 존자는 25년간 부처님의 시자로 지냈습니다. 그는 부처님의 가르침을 모두 알고 있었고 어떻게 수행해야 하는지 잘 알고 있었습니다. 아난다 존자는 밤새 조금도 눕지 않고 수행했지만 아무 소용이 없었습니다. 이윽고 새벽이 되었습니다. 아난다 존자는 마침내 포기하고 자리에 누웠습니다. 하지만 그의 머리가 베개에 닿기 전에 아라한과를 얻었다고 합니다.

여러분도 한번 실험해보십시오. 낮잠을 자려고 눕다가 머리가 베개에 닿기 전에 아라한과를 얻을지도 모릅니다. 여러 차례 낮잠을 자면서 실험의 횟수를 늘리면 성공의 확률이 높아질 것입니다.

아난다 존자는 깨달음을 얻기 위해 너무 많은 노력을 기울였습니다. 그러한 노력을 놓아버려야 합니다. 깨달으려는 노력을 포기했더니 비로소 깨달음이 일어났습니다.

낮에 열심히 수행할 때는 니밋따가 나타나지 않고 잠자리에 누우니 니밋따가 나타나는 일은 상당히 흔합니다. 잠자리에서의 마음 가짐을 생각해보십시오. 모든 것을 놓아버리고 긴장을 풉니다. 더 이상 노력하지 않습니다. 모든 것을 내려놓으면 비로소 깊은 명상을 경험하게 됩니다. 더 이상 노력하지 않기 때문입니다. 아무것도 기대하지 않고 아무것도 원하지 않기 때문입니다.

저는 깊은 명상을 처음 체험하고 다시 그런 깊은 명상을 경험하는 데 삼 년이 걸렸습니다. 그 삼 년은 몹시 힘들었습니다. 아름다운 삼매를 경험했는데 그 후에는 다시 경험할 수가 없었습니다. 왜 그랬을까요?

이제는 그 이유가 분명하게 이해됩니다. 다시 일어나기를 바랐기 때문입니다. 바라는 마음이 명상을 방해했습니다.

저는 깊은 명상이 처음 일어났을 때의 조건을 생각했습니다. 처음 깊은 명상이 일어났을 때는 아무것도 바라지 않는 마음이었습니다. 어쩌면 초보자의 행운 같은 것이었는지도 모릅니다. 그래서 저는 더 이상 바라지 않기로 했습니다. 그 대신 그런 깊은 명상이 일어날 수 있는 원인을 만들기 위해 평화로움과 자애로움을 계발했습니다. 그랬더니 다시 깊은 명상을 경험할 수 있었습니다.

수행에서 진전을 기대하는 것은 커다란 장애입니다. 하지만 명상이 깊어질수록 놓아버리기가 사실상 어렵습니다. 니밋따가 점점 더 밝아지고 거의 선정에 가닿는 순간에 수행자는 흥분하게 됩니다. 그리고 흥분 때문에 선정에서 다시 멀어집니다.

이런 경우에 흥분과 기대와 두려움을 극복하는 실제적인 방법이 있습니다. 수행을 시작하기 전에 몇 차례 속으로 되뇌어 마음에 입력해두는 것입니다.

만일 수행의 과정에서 니밋따를 보면 흥분하고, 흥분하면 니밋따가 사라지는 일이 반복해서 일어났다면 수행을 시작하기 전에 마음속으로 세 번 되뇌십시오.

'니밋따가 일어났을 때 흥분하지 않으리라.'

마음챙김을 갖추고 세 번 되뇐 다음 잊어버리면 됩니다. 그러면 그 결의가 의식 밑바닥으로 내려갑니다. 그 결과가 얼마나 효과적인지 놀라울 정도입니다. 수행이 니밋따의 단계에 다다라서 막 흥분이 일어나려고 하는 순간에 수행 전에 되뇌었던 결의가 표면으로 올라옵니다. 그러한 결의는 수행 중에 하는 것이 아니라 수행의 이전에 행해진 것이기 때문에 명상에 방해가 되지 않습니다. 컴퓨터의 프로그램처럼 미리 입력해두는 것입니다. 특정한 단계에 다다르면 입력해놓은 대로 마음이 반응하게 됩니다.

만일 두려움이나 불안이 문제라면 '니밋따가 나타나서 행복감이 강해졌을 때 불안을 느끼지 않으리라.'라고 세 번 되뇌면 됩니다.

니밋따가 나타나고 행복감이 강해지는 순간에 저절로 불안을 느끼지 않게 됩니다. 이처럼 미리 입력해두는 방식은 상당히 효과가 좋습니다. 깊은 명상의 단계에서 선정으로 들어갈 수 있도록 도움을 줍니다. 이 단계에서 언어적인 생각을 하면 명상에 방해가 됩니다. 하지만 이렇게 미리 입력해놓은 결의는 방해가 되지 않습니다. 깊은 단계의 명상에서 두려움과 흥분이 일어나는 것을 극복하는 방법으로 제가 검증해본 것 중 최선의 방법입니다.

갈애

수행의 모든 단계에서 지속적으로 문제가 되는 장애는 갈애, 바라는 마음입니다. 바라는 마음이 있으면 괴로움이 일어납니다. 실망하고 좌절합니다. 수행하다가 실망하는 일이 있다면 그 원인은 틀림없이 바라는 마음입니다.

바라는 마음이 있으면 그것을 원인으로 괴로움이 생겨납니다. 괴로움을 느끼면서 하는 수행은 사성제 중 두 번째인 고집성제(苦集聖諦), '원하는 마음이 있으면 괴로움이 일어나는 진리'에 기반을 둔 수행입니다.

아무것도 바라지 않는 마음으로 수행하면 현재의 수행에 만족하게 됩니다. 현재의 수행에 만족하면 수행의 과정에 괴로움이 일어날 리 없습니다. 바라는 마음이 없으면 괴로움도 없는 것입니다. 모든 것을 놓아버리는 마음으로 수행하면 취착이 사라지고 취착의 사라짐을 원인으로 괴로움의 소멸이라는 결과가 생깁니다. 다시 말해 기대가 사라지면 실망도 하지 않고 좌절감도 느끼지 않게 되는 것입니다.

수행이 즐겁다면 그 수행은 사성제의 세 번째인 고멸성제(苦滅聖諦), '괴로움이 소멸하는 진리'에 기반을 둔 수행입니다. 아무것도 바라지 않기 때문에 행복을 느끼는 수행을 하는 것입니다. 바라는 것이 없으면 마음이 평화롭고 고요해집니다.

아잔 테이트 스님은 저에게서 아무것도 원하지 않았습니다. 그래서 저는 평화로움과 만족감을 느꼈습니다. 어떤 행위도 필요 없었고 어떤 성취도 필요 없었습니다. 그저 평화롭고 고요했습니다.

그 스님은 저를 만나주는 것만으로도 문제의 해답을 주었습니다. 고요함과 평화로움이 어떤 것인지 보여주었기 때문입니다.

이해하시겠습니까? 놓아버리면 모든 것이 쉽습니다. 모든 장애가 사라집니다.

하지만 만일 장애를 제거하기 위해 놓아버리려 한다면 그것은 잘못된 것입니다. 여러분은 여전히 무언가를 원하고 있습니다. 장애가 제거되기를 원하면서 장애를 제거하기 위해 아잔 브람의 놓아버리기 방식을 채택한 것뿐입니다. 바라는 마음은 여전합니다.

아무것도 하려 들지 마십시오. 그리고 진정으로 현재 상태에 만족하십시오. 무슨 일이 일어나도 행복해하십시오. 그러면 더 이상 장애가 일어나지 않을 것입니다. 이것이 수행의 장애를 극복하는 바른 방법입니다.

이제 여러분은 수행에서 마주치는 장애를 어떻게 극복하는지 알았을 것입니다.

행복한 수행을 즐기기 바랍니다.

8

위빠사나의 지혜

호흡 수행 13 ~ 16단계 Ⅰ

13 '무상을 관찰하면서 들이쉬리라.'며 공부짓고
   '무상을 관찰하면서 내쉬리라.'며 공부짓는다.

14 '탐욕이 빛바램을 관찰하면서 들이쉬리라.'며
   공부짓고 '탐욕이 빛바램을 관찰하면서 내쉬리라.'며
   공부짓는다.

15 '소멸을 관찰하면서 들이쉬리라.'며 공부짓고
   '소멸을 관찰하면서 내쉬리라.'며 공부짓는다.

16 '놓아버림을 관찰하면서 들이쉬리라.'며 공부짓고
   '놓아버림을 관찰하면서 내쉬리라.'며 공부짓는다.

   ─『맛지마 니까야』「들숨날숨에 대한 마음챙김 경」(M118) §21,
   초기불전연구원

「들숨날숨에 대한 마음챙김 경」(M118)의 13~16번째 단계는 통찰지
[慧, paññā], 지혜에 대한 것입니다. 호흡 수행의 마지막 네 단계가 위
빠사나 수행인 것입니다. 이렇게 호흡 수행만으로 수행자는 여정의
끝에 다다를 수 있습니다. 호흡 수행을 어느 단계에서 그만두고 그
다음 과정으로 위빠사나 수행을 해야 하는 것이 아닙니다.

  또한 이 경에서 부처님은 호흡 수행의 열여섯 단계를 각각 네
단계씩 신(身), 수(受), 심(心), 법(法)의 네 가지 범주로 나누어 설명하
였습니다. 이 설명에 따르면 호흡 수행의 열여섯 단계를 수행하는

것은 사념처(四念處) 수행을 하는 것과 같습니다.

수행이 진전되면 호흡 수행을 멈추고 사념처 수행으로 바꾸는 것이 아닙니다. 호흡 수행을 하는 것은 사념처 수행을 하는 것과 같으며 그것은 또한 일곱 가지 깨달음의 구성 요소, 칠각지(七覺支)를 계발하는 것과 같습니다. 칠각지를 계발한다는 것은 아라한에 이르는 수행을 한다는 뜻입니다.

> 비구들이여, 들숨날숨에 대한 마음챙김을 닦고
> 거듭거듭 행하면 네 가지 마음챙김의 확립[四念處]을
> 성취한다. 네 가지 마음챙김을 닦고 거듭거듭 행하면
> 일곱 가지 깨달음의 구성 요소[七覺支]들을 성취한다.
> 일곱 가지 깨달음의 구성 요소를 닦고 거듭거듭 행하면
> 명지(明知)와 해탈을 성취한다.
> __ 『맛지마 니까야』「들숨날숨에 대한 마음챙김 경」(M118) §15,
>   초기불전연구원

그러므로 자신이 하는 수행법과 다른 사람의 수행법을 비교하는 것은 의미가 없습니다. 어떤 사람은 사념처 수행을 하고 어떤 사람은 호흡 수행을 한다고 해서 누가 더 나은 수행을 하고 누가 그만 못한 수행을 하는 것이 아닙니다. 초보 단계에서 하는 수행이 따로 있고

고급 단계에서 하는 수행이 따로 있는 것이 아닙니다. 호흡 수행과 같은 평범한 수행으로도 아라한에 이를 수 있습니다. 따라서 삶은 몹시 간단해집니다.

괴로움의 진리는 철저히 알아져야 한다

호흡 수행의 제12단계는 ['마음을 해탈하게 하면서 (들숨, 날숨)을 쉬리라.'고 공부짓는] 단계입니다. 이 제12단계가 선정의 단계입니다. '해탈하게 하면서'의 빨리어는 '위모짜양(vimocayam)'입니다. 이 단어는 어원상 '위목카(vimokkha, 해탈)'라는 단어와 연관되어 있습니다. 경전에서 위목카는 선정을 의미합니다. 호흡 수행의 제12단계는 선정을 경험하는 단계인 것입니다.

　선정의 경험이 중요한 이유는 선정 없이는 수행자가 그 다음 단계로 나아갈 수 있는 정보, 필요한 데이터(data)를 얻지 못하기 때문입니다.

　『디가 니까야』 「대반열반경(大般涅槃經)」(D16)에는 사성제(四聖諦)를 이해하지 못했기 때문에 깨달음을 얻지 못했다는 구절이 있습니다.

　네 가지 성스러운 진리들을 있는 그대로 보지 못했기

때문에 긴 세월을 이생 저생으로 치달려왔다. 이제 이
네 가지 진리들을 보았다. 존재로 인도함을 근절하였다.
괴로움의 뿌리를 잘라버렸다. 이제 다시 태어남이란
존재하지 않는다.

_『디가 니까야』 「대반열반경」(D16), 초기불전연구원

저는 처음 그 구절을 읽고 의아했습니다. 불교도라면 누구나 사성제
를 압니다. 다른 사람에게 일러줄 수도 있습니다. 저도 학생 시절에
사성제를 다 알았습니다. 하지만 깨달음을 얻지 못하고 있었습니다.
여러분은 사성제를 이해하고 있습니까? 만약 그렇다고 대답한다면
여러분은 모두 아라한인 것이 틀림없습니다. 다시 말해 만일 아라한
이 아니라면 아직 사성제를 충분히 이해하지 못한 것입니다.

특히 첫 번째의 고귀한 진리, 고성제(苦聖諦)를 이해하지 못하고
있습니다. '이 괴로움의 진리는 철저하게 알아져야 한다.'라고 『상윳
따 니까야』의 「초전법륜경(初轉法輪經)」(S56:11)에서 말합니다.

사람들이 깨달음을 얻지 못하는 이유는 그들이 괴로움을 90퍼
센트 혹은 99퍼센트 혹은 99.999퍼센트 이해하고 있을지라도 여전
히 남은 한 부분이 있기 때문입니다. 바로 그 남은 한 부분으로 인해
우리는 아라한이 되지 못하고 있습니다.

우리가 분명하게 알아보지 못한 괴로움이 남아 있는데 그것을

괴로움으로 이해하기 위해서 선정의 경험이 필요합니다. 얼마나 열심히 수행하든, 인생을 개선하기 위해 얼마나 많은 노력을 들이든, 삶은 여전히 괴로움이라는 것을 선정의 경험을 통해서 깨닫게 됩니다.

어떤 사람이 사성제를 이해해서 깨달음을 얻었다고 말하면 저는 단순한 질문을 하나 던집니다. 이것이 저의 비결입니다. 저는 아라한이 되어 어떤 느낌이 드는지 묻습니다. 괴로움을 느끼는지 혹은 영구적으로 항상 즐거움을 느끼는지 묻습니다. 많은 사람이 자신이 아라한이 되고 나서 느끼는 것은 오직 즐거움뿐이라고 대답합니다. 그것은 완전히 허튼 소리, '고마양[bull shit]'입니다. 사실이 아닙니다. 아라한도 둑카, 괴로움을 경험합니다. 사람들은 저에게 묻습니다.

"그 많은 노력을 들이고, 그 많은 어려움을 이기고, 그 많은 계율을 지키고 얻는 것이 괴로움이란 말입니까?"

저는 그렇다고 대답합니다.

『상윳따 니까야』「비구니 상윳따」의 「와지라 경(Vajirā Sutta)」(S5:10)에 '와지라'라는 비구니 스님의 이야기가 있습니다.

어느 날 마라가 와지라 스님을 찾아와서 도대체 네 자신을 누구라고 생각하느냐고 묻습니다. 아마 와지라 스님이 스스로를 아라한이라고 생각하느냐는 질문일 것입니다.

와지라 스님은 대답합니다.

"단지 괴로움이 생겨나고 단지 괴로움이 머물고 없어질 뿐이다."

이것은 아라한 생활의 한 장면을 정확히 묘사해낸 좋은 문답입니다. 괴로움이 일어나고 괴로움이 사라집니다. 그것이 전부입니다. 다른 것은 없습니다.

『장로게(長老偈, Theragāthā)』의 606번 게송도 그와 유사한 내용을 담고 있습니다. 아라한은 자신의 일을 모두 마치고 품삯 받기를 기다리는 인부와 같다고 말합니다. 반열반(般涅槃)에 들 때에야 비로소 임금을 받는 셈입니다. 반열반에 들면 마침내 괴로움이 소멸됩니다.

여러분은 인도에 있는 불교의 성지 네 군데를 아실 것입니다. 저는 그 네 군데의 성지 중에 가장 중요한 곳이 룸비니라고 생각하지 않습니다. 부처님이 깨달음을 얻은 보드가야라고 생각하지도 않습니다. 저에게 있어 네 군데의 성지 중 가장 성스러운 장소는 부처님이 반열반에 든 장소입니다. 괴로움이 완전히 사라진 곳, 쿠시나가르가 제게는 가장 성스러운 곳입니다.

부처님은 해야 할 일을 보드가야에서 마쳤습니다. 그리고 사르나트에서 가르침을 펴기 시작했습니다. 그렇지만 괴로움이 완전히 소멸된 곳은 쿠시나가르입니다.

사람들은 자신이 보지 못하는 괴로움을 여전히 가지고 있습니다. 바꿔 말해서 자신이 가지고 있는 괴로움의 한 부분을 여전히 보지 못하고 있습니다. 그것이 바로 그들이 깨달음을 얻지 못하는 이유입니다.

선정의 강력한 경험이 데이터를 줍니다. 그 경험과 정보를 바탕으로 비로소 무엇이 괴로움인지 정확히 이해하게 됩니다.

사과를 떠올려보십시오. 사과에 썩은 부분이 있다면 그 부분을 칼로 도려내고 나머지를 먹으려 할 것입니다. 하지만 삼사라 (saṁsāra, 윤회)의 존재는 한 부분을 도려내고 다른 부분을 먹을 수가 없습니다. 전체가 모두 다 괴로움이라는 병에 오염되어 있습니다. 사과 전체를, 삼사라 전체를 다 내버려야 합니다.

선정은 우선 데이터를 줍니다. 그리고 마음챙김의 힘을 강화시켜줍니다. 강화된 마음챙김의 힘으로 수집된 데이터를 꿰뚫어 보고 이해하는 것입니다.

또한 『맛지마 니까야』의 「날라까빠나 경(Naḷakapāna Sutta)」(M68)에서 설명하는 것처럼 선정 이후에는 다섯 가지 장애가 매우 약해져 있습니다.

따라서 선정의 경험은 대단한 기회입니다. 선정은 그 자체로 새로운 데이터를 주고 그 데이터를 이해할 수 있는 강력한 마음챙김의 힘을 줍니다. 게다가 세상을 왜곡시켜 보게 하는 장애를 약화시킵니다.

깊은 명상을 경험하면 밤에 쉽게 잠을 이루지 못하는 경우가 있습니다. 깊은 명상 후, 잠자리에 들어도 정신이 명료하여 잠들지 못한다면 억지로 자려 하거나 수행하려고 하지 마십시오. 그저 누워서 몸이 편하게 휴식을 취할 수 있도록 놓아두십시오. 평화롭고 고요하게 머무르십시오. 몸이 휴식을 취하게 놓아둔다면 마음이 깨어 있는 것은 상관없습니다. 깊은 명상이나 선정을 경험한 후에 잠자리에서 해야 할 일은 그저 육체에 휴식을 제공하는 것뿐입니다. 그처럼 선정은 여러분의 마음에 힘을 줍니다. 그리고 그 힘으로 마음은 모든 것을 있는 그대로 분명하게 바라볼 수 있습니다. 이제 여러분은 다른 사람이 보지 못하는 것을 볼 수 있게 됩니다.

반조의 지혜

며칠 전에 어떤 수행자가 저에게 열반을 얻기 위해서 반드시 선정이 필요하냐고 물었습니다. 그 수행자는 다른 명상 지도자가 열반을 얻는 데는 선정이 필요 없다고 말했기 때문에 혼란을 느끼고 있었습니다. 그 명상 지도자는 열반을 얻으려면 모든 것을 무상, 고, 무아로 이해하는 지혜가 있어야 하는데 선정 중에는 어떤 지혜도 일어나지 않기 때문에 선정은 필요 없는 것이라고 말했다고 합니다.

선정에 들어 있는 동안에 어떤 지혜도 일어나지 않는다는 말은 사실입니다. 선정은 지혜가 일어나기에는 너무 고요합니다. 하지만 선정을 원인으로 하여 지혜가 일어납니다. 선정 안에 머물러 있는 동안 지혜가 일어나는 것은 아니지만 선정에서 나온 이후, 선정의 경험을 조건으로 지혜가 일어납니다.

선정의 강렬한 경험을 통해 데이터가 모이고 선정으로 인해 강화된 마음챙김의 힘으로 그 데이터를 이해하게 되는 것입니다. 이러한 이해가 바로 '반조의 지혜'입니다.

어떤 사람이 교통사고를 당했다고 생각해봅시다. 그 사고는 그에게 커다란 트라우마가 됩니다. 꿈에도 사고의 장면이 나오고 잠에 들지 않아도 갑자기 사고의 장면이 떠오르기도 합니다. 도저히 그 기억을 지울 수가 없습니다. 경험이 너무나 강렬했기 때문입니다. 그 사람은 강한 공포와 두려움을 느낍니다. 그 기억을 지우고 넘어서기 위해서는 많은 노력을 기울여야 합니다.

어떤 면에서 선정은 그러한 경험과 유사합니다. 선정의 경험은 수행자의 마음에 강한 인상을 남깁니다. 수행자는 그 경험을 잊을 수가 없습니다. 물론 교통사고를 회상할 때는 부정적인 느낌을 가질 것이고 선정의 경험은 긍정적일 것입니다. 하지만 강도면에서 유사합니다. 선정의 경험은 그렇게 강렬합니다.

선정이라는 강렬한 경험을 하고 나서 그 경험을 되돌아보지 않는 사람은 상상하기 어렵습니다. 누구나 그 경험을 되돌아보고 그 경험이 무엇이었는지 스스로에게 물을 것입니다.

불행하게도 선정이라는 경험이 어떻게 일어나는 것인지 이해할 만큼 부처님의 가르침을 정확히 아는 사람은 많지 않습니다. 그래서 선정의 경험을 하고도 깨달음을 얻지 못하는 사람들이 있는 것입니다. 예를 들어 부처님의 사촌이었던 데와닷따(Devadatta) 같은 경우에는 선정을 얻었지만 깨달음을 얻지는 못했습니다. 법(法, Dhamma)에 대한 이해가 없었기 때문입니다. 도구는 가지고 있었지만 그것을 사용할 줄은 몰랐던 것입니다.

몇 년 전에 말레이시아에서 명상 수련회를 지도했는데 그 수련회에 참가하지 않은 한 중년 여성분이 십 분 정도 개인 면담을 할 수 있는지 물었습니다. 그녀는 특이한 경험을 하였고 자신이 미쳤다고 생각했습니다. 그래서 심리학자와 카운슬러를 만났지만 그녀의 경험을 설명해주는 사람은 없었습니다. 저는 그 청을 승락했고 그녀는 개인 면담실에 들어와 자신의 경험에 대해 이야기하였습니다. 그 경험은 놀랍게도 첫 번째 선정, 초선의 경험이었습니다.

저는 평소 선정에 대해 설명할 때 선정의 경험을 다 이야기하지 않습니다. 몇 가지 부분을 남겨놓습니다. 그래서 수행자의 말을 듣고 그 사람이 정말 선정에 든 것인지 아니면 마음이 만들어낸 것을 말하는지 구별할 수 있게 됩니다. 그녀는 저에게 선정을 경험한 사람만 알 수 있는 부분에 대해서도 이야기했습니다.

제가 그것이 초선의 경험이라고 말하자 이분은 몹시 행복해했습니다. 선정은 비정상의 마음 상태가 아닙니다. 드물기는 하지만 자연스러운 마음의 상태입니다.

이처럼 선정을 경험하고서도 그것이 무엇인지 분명히 알지 못하기 때문에 깨달음을 얻지 못하는 사람들도 있습니다.

하지만 불교도라면 대개 법에 대한 충분한 이해를 가지고 있습니다. 어떤 사람들은 법에 대하여 너무 많은 지식을 가지고 있는 경우도 있습니다. 심지어는 부처님이 가르친 것이라면 무엇이든 다 알고 있는 사람도 있습니다. 부처님에게 직접 가르침을 받던 시대의 스님들도 경전에 대해 그처럼 광범위한 지식을 지니지는 못했을 것입니다.

부처님 시대의 수행자들은 하나의 경전만 알고 있는 경우가 많았습니다. 짧은 경전 하나를 배우고 숲에 들어가 수행해서 그들은 아라한이 되었습니다.

저는 가끔 부처님이 바히야(Bāhiya)에게 들려주신 법문을 강연 중에 말하고는 합니다. 부처님은 바히야에게 다음과 같은 법문을 하셨습니다.

보는 것에는 그저 보는 것만 있다.
듣는 것에는 그저 듣는 것만 있다.
느끼는 것에는 그저 느끼는 것만 있다.
아는 것에는 그저 아는 것만 있다.
다른 것은 없다.

_『우다나(Udāna)』「바히야 경」(Ud1:10)

197

이 짧은 법문을 듣고 바히야는 아라한이 되었습니다.

여러분은 지금 막 그 법문을 들었습니다. 여러분 중 몇 명이 아라한이 되었습니까?

아라한이 되지 못했다면 그 차이는 무엇일까요?

그 차이는 바로 마음의 힘입니다. 마음의 힘과 명료함이 있고 법에 대한 바른 지식이 있어야 발화의 불꽃이 일어나 법을 꿰뚫어 볼 수 있게 됩니다. 그래서 저는 마음의 힘을 길러주는 명상 수행을 가르치는 것을 좋아합니다. 법에 대해서는 책을 읽으면 알 수 있습니다. 법에 대해 지식이 있는 사람이 선정을 경험하면 그는 지식으로 알고 있던 법을 명료하게 이해하게 됩니다.

아닛짜, 위라가, 니로다

호흡 수행의 제13단계는 '아닛짜(anicca)', ['무상(無常)을 관찰하면서 (들숨, 날숨)을 쉬리라.'며 공부짓는] 단계입니다. 제14단계는 '위라가(virāga)', ['탐욕의 빛바램을 관찰하면서 (들숨, 날숨)을 쉬리라.'며 공부짓는] 단계입니다. 제15단계는 '니로다(nirodha)', ['소멸을 관찰하면서 (들숨, 날숨)을 쉬리라.'며 공부짓는] 단계입니다.

사람들은 흔히 이 세 가지 특성 중에 무상이 가장 분명하다고 말합니다. 제 생각에는 이해하기 가장 어려운 것이 무상입니다. 무상이 무엇인지 안다고 생각하기 때문에 무상을 이해하기가 더욱 어렵습니다. 진정으로 무상을 이해했다면 여러분은 최소한 예류자일 것입니다.

그러면 무상에 대한 이해에서 무엇이 빠져 있을까요? 몸도 변하고, 마음도 변하고, 주위의 사물도 변합니다. 따라서 세상은 무상합니다. 무상함을 이해했다고 생각합니다. 하지만 여전히 놓치고 있는 한 부분이 있습니다.

마음은 변화하거나 사라지는 것만을 인식하는 본성을 지니고 있습니다. 언제나 존재하는 것은 인식하지 못합니다. 우리 주위에는 언제나 공기가 있지만 우리는 공기의 존재를 인식하지 못합니다. 항상 있기 때문입니다. 우리는 공기의 냄새를 맡지도 못하고 공기의 감촉을 느끼지도 못합니다. 갑자기 공기가 사라진다면 그때 공기의 존재에 대해 인식할 것입니다. 올챙이가 개구리가 되어 물 밖으로 나갔을 때에야 비로소 물에 대해 이해하는 것과 같습니다.

여러분이 항상(恒常)하다고 믿어오던 어떤 것이 선정에서 사라집니다. 그것이 사라지는 경험은 선정의 경험이 유일합니다. 항상하다고 믿어오던 어떤 것이 사실은 항상하지 않다는 것을 선정을 통해 비로소 이해하게 됩니다.

호숫가에 앉아서 물결을 바라보면 물결이 끝없이 움직이므로 역시 무상하다고 말할 수 있습니다. 물결은 쉬지 않고 오르락내리

락합니다. 호수가 마음이라면 생각은 물결과 같습니다. 생각이 오고 가고 또 생각이 오고 갑니다. 인식이 생겨났다 사라집니다. 감각의 대상이 생겨났다가 사라집니다. 우리는 그러한 것이 모두 무상하다고 이해합니다.

하지만 그것이 전부가 아닙니다. 호수의 물결이 오르고 내리는 것을 보며 평화롭게 앉아 있는데 어느 순간 갑자기 호수가 사라집니다. 산도 사라지고 주변의 육지도 사라집니다. 하늘마저 사라져버립니다. 모든 것이 사라집니다. 사라지지 않기로 되어 있던 것들이 사라져버립니다.

무상함이란 그저 올랐다가 내려가고 일어났다 사라지는 반복이 아닙니다. 모든 것이 사라져버립니다.

여러분이 텔레비전을 보고 있다고 생각해보십시오. 그 텔레비전에는 다섯 가지 채널이 있습니다. 시각 채널, 청각 채널, 후각 채널, 미각 채널, 그리고 촉각 채널입니다. 여러분은 이 채널 저 채널로 왔다갔다 쉬지 않고 돌려가며 텔레비전을 보고 있습니다.

이 다섯 채널을 끄면 여러분은 마음의 채널을 볼 수 있습니다. 마치 화면이 꺼져 있는 텔레비전을 보는 것과 같습니다.

저는 세계 여러 곳에서 강연 초청을 받기 때문에 간혹 주최 측의 배려로 고급 호텔에 묵기도 합니다. 요즘 어떤 호텔 방은 모든 곳에 텔레비전을 설치해놓아서 심지어는 욕실에도 텔레비전이 있습니다. 욕실에 있는 텔레비전은 방수 텔레비전입니다. 리모컨도 방수 리모컨입니다.

사람들은 제가 이따금 호텔에 묵는 것을 알기 때문에 저 같은 수행승도 텔레비전을 보는지 묻습니다. 물론 저는 텔레비전을 봅니다. 사람들도 텔레비전을 볼 것입니다. 그리고 보아야 합니다.

단, 켜지는 마십시오. 텔레비전은 꺼져 있을 때 훨씬 더 조용합니다. 그리고 꺼져 있는 텔레비전 화면을 주의 깊게 바라보면 자신의 반영(反影)을 볼 수 있습니다. 텔레비전이 꺼져 있으면 스스로의 반영을 볼 수 있는 것과 마찬가지로 다섯 가지 감각이라는 채널이 꺼져 있으면 우리는 비로소 텔레비전을 보는 자, 자기 자신을 볼 수 있게 됩니다. 하지만 텔레비전을 끄고 자신의 반영을 보았다고 해도 아직 무상함을 모두 이해한 것은 아닙니다. 이제 텔레비전이 사라집니다. 호텔 방에서 이런 일이 생긴다면 호텔에서 변상을 요구할지도 모릅니다.

텔레비전이 사라지고 텔레비전을 보던 자도 사라집니다. '행위하는 자'도 사라지고 '아는 자'도 사라집니다.

불교의 승려 중에도 간혹 반열반(般涅槃) 후에 아는 마음은 남는다고 주장하는 사람들이 있습니다. 그러한 것은 헛소리입니다. 그것도 위험한 헛소리입니다. 그런 이론은 매력적이기 때문에 위험합니다. 깨달음을 얻고 반열반 이후 오래오래 행복을 누릴 수 있다는 이

론은 매력적입니다. 깨달음을 얻은 후에 깨달음의 행복을 누리지 못
한다면 도대체 무슨 소용이 있느냐, 열심히 일해서 보수를 받고서
곧장 버려야 하는 것과 같지 않냐고 생각할 수 있습니다. 반열반 후
에 행복을 누릴 수 있을까요? 아니오, 그렇지 않습니다.

이런 식의 무상함은 선정 이외에는 경험되지 않습니다. 자기 자
신이라고 믿고 있던 어떤 것이 사라집니다. 호수가 사라지고 텔레비
전이 사라지는 것입니다. 이것이 바로 선정이 충격적인 이유입니다.
선정은 전에 결코 경험하지 못한 전혀 새로운 것입니다. 모든 것이
무상합니다. 있는지도 몰랐던 것, 항상 있었던 것, 바로 그것이 사라
집니다.

무엇이 잡는가

출가를 하는 것은 쉬운 일이 아닙니다. 출가자는 많은 것을 포기해
야 합니다. 저는 스물세 살에 출가했습니다. 그때 저는 젊고 잘생긴
건강한 청년이었고 근사한 여자 친구도 있었습니다. 저는 그 모든
것을 포기했습니다.

하지만 출가해서 그 모든 것을 포기한 후에 저는 음식에 집착
하기 시작했습니다. 때로는 역겨운 음식도 있었는데 그런 음식에도
여전히 집착했습니다.

음식에 대한 집착을 버리려고 애를 써서 어느 정도 집착을 버리게 되자 그 다음에는 또 다른 것이 다가와서 그것에 집착하게 되었습니다.

손은 언제나 무언가를 쥐려고 합니다. 쥐는 것은 손의 기능입니다. 손이 있는 한, 손이 잡으려 하는 것을 멈추게 할 수 없습니다. 유일한 해결책은 손을 잘라버리는 것입니다. 손이 없다면 아무것도 잡을 수 없을 것입니다. 해결이 되었습니다. 모든 것을 놓아버리는 좋은 방법입니다.

마음과 의지의 본성을 손의 성질에 비유하니 이해하기 쉬웠습니다. 저는 이것이 제가 생각해낸 비유라고 생각했습니다. 손이 있으면 언제나 무언가를 잡습니다. 개가 짖는 것을 멈추게 할 수 없는 것과 같습니다. '나'라는 것, '나의 자아'라는 것, '나의 소유'라는 것이 남아 있는 한, 우리는 집착을 멈출 수가 없습니다. '나'라는 것이 사라지면 취착할 것이 아무것도 없습니다.

손이 무엇을 잡는 행동에는 두 가지의 측면을 생각해볼 수 있습니다. '무엇을 잡는가?'와 '무엇이 잡는가?'입니다. 초보 수행승으로서 저는 '무엇을 잡는가'에 항상 초점을 맞추었습니다. 하지만 '무엇이 잡는가'에 초점을 맞추어 생각해보면 그것이 바로 '나'입니다.

우리가 처음 수행을 할 때는 스승의 가르침이나 부처님의 가르침을 이해하지 못할 수도 있습니다. 하지만 염려하지 마십시오. 마음은 그 가르침의 내용을 기억하고 있습니다. 그리고 수행을 계속해 나가다 어느 날 무엇인가 깨우치면 그 깨우친 내용이 스승이나 부처님의 가르침과 같다는 것을 알게 됩니다.

저는 후에 경전을 보다가 제가 생각해낸 '손의 비유'와 정확하게 일치하는 경전을 보고 몹시 놀랐습니다. 어쩌면 제가 전생에 본 경전의 내용을 수행의 과정에서 기억해낸 것인지도 모릅니다.

마음의 작용은 놀랍습니다. 노력을 기울이지 않아도 마음은 많은 것을 기억하고 저장합니다. 한번 들은 가르침은 오랜 세월이 흘러도 그 가르침을 필요로 하는 수행의 단계에 다다르면 저절로 마음에 떠오릅니다. 저의 경우에도 아잔 차 스님의 오래전 가르침이 그렇게 마음속에 있다가 필요한 순간에 떠오른 일이 있습니다. 어떤 면에서 오랜 세월이 지난 후에도 아찬 차 스님은 여전히 저에게 가르침을 주고 있었던 셈입니다. 가르침은 마치 비를 기다리는 땅속의 씨앗처럼 우리의 마음속에 머물러 있습니다.

선정을 얻으면 모든 것이 사라지는 것을 경험하게 됩니다. 불가능하다고 생각했던 일이 벌어집니다. 텔레비전이 사라집니다. 이제 진정으로 무상함이 무엇인지 이해하게 됩니다. 모든 것이 무상하다는 것은 전혀 예상하지 못했던 충격적인 진실입니다.

여러분은 무상에 관해 책에서 읽었을 것입니다. 여러 명상 지도자에게서 무상에 관해 강의를 들었을 것입니다. 하지만 막상 스스로 깨우치는 '무상'은 머리로 이해한 것과 완전히 다릅니다. 무상을 깨우치면 세상을 보는 눈이 완전히 새로워집니다. 그동안 가져왔던 '가정과 전제'를 완전히 뒤집어엎는 놀라운 경험과 데이터를 가지게 됩니다. 저는 '가정과 전제'라고 불렀지만 부처님은 이것을 사견(邪見), '잘못된 견해'라고 불렀습니다.

우리가 잘못된 견해를 가지고 있었던 것은 사실 납득이 가는 일입니다. 인생에 대해서 제한된 경험만을 가지고 있었기 때문입니다. 우리는 무상함에 대해서도 제한된 경험만을 가지고 있었습니다.

『맛지마 니까야』의 「왓차곳따 불 경」(M72)에서 부처님은 우리의 몸과 마음이 연료를 조건으로 타오르는 불과 같다고 말했습니다. 연료를 다 써버리고 더 이상 다른 연료를 공급받지 못하면 연료가 없어서 꺼집니다. 전체의 불꽃이 그대로 꺼져버립니다. 아무것도 남지 않습니다. 불은 한 순간 타오르다가, 꺼지면 완전히 사라집니다. 사람들은 이러한 견해가 단멸론이라고 말합니다. 하지만 그렇지 않습니다. 단멸론은 무엇인가 존재해 있다가 사라진다는 견해입니다. 처음부터 아무것도 없었습니다. 그리고 이후로도 아무것도 없었습니다.

처음부터 아무것도 없었다

저는 대학에서 이론 물리학을 전공했습니다. 사람들은 우주가 어디에서 비롯되었냐고 묻고는 합니다. 별, 은하계, 우주는 어디에서 비롯되었을까요? 아마도 여러분은 고등학교에서 '닫힌 계에서의 전체 질량과 에너지는 창조되지도 않고 소멸되지도 않는다.'는 물리학의 기본 법칙을 배웠을 것입니다. 질량과 에너지는 변화만 가능합니다. 창조되지도 않고 소멸되지도 않습니다. 그렇다면 처음에 우주는 어떻게 시작될 수 있었을까요?

저는 지금 의자에 앉아 있습니다. 이 의자는 실재합니다. 무엇인가 있습니다.

저는 언젠가 데이빗 블레어라는 물리학자를 만나 물리학에 대한 이야기를 나눈 적이 있습니다. 물리학에는 '네거티브 에너지(negative energy)'라는 것이 있습니다. 제가 여기 있는 접시를 대기권 바깥으로 내보내고자 한다면 거기에 필요한 에너지가 바로 네거티브 에너지입니다. 이러한 네거티브 에너지가 우주 전체의 '질량 에너지[mass energy]'와 완전히 균형을 이루고 있다면 어떨까요? 저는 이 물리학자 데이빗 블레어에게 그런 이야기를 했습니다. 만약 이 네거티브 에너지와 질량 에너지가 완전한 균형을 이루고 있어서 총합이 0이라면 어떻게 되는지 묻자 데이빗 블레어는 제가 불교 승려로는 현대 물리학에 상당히 정통하다며 그것이 물리학의 최근 이론이라고 말했습니다. 네거티브 에너지와 질량 에너지의 비율을 뜻하는 '오메가'가 0이라는 것이 최근의 이론이라고 합니다. 그렇다면 우주의 네거티브 에너지와 질량 에너지가 합쳐지면 우주는 사라지게 되는 것입니다. 총합이 0이 되는 것입니다. 색온(色蘊), 물질의 무더기는 가장 최근의 물리학 이론에 따르면 그 총합이 0입니다. 여기에는 아무것도 없습니다. 0에서 비롯되었고 0에서 나뉘어져 우리가 생명이라고 부르는 것과 우주라고 부르는 것을 이루었습니다. 하지만 실제로는 아무것도 없습니다. 오온(五蘊) 중 다른 네 가지 무더기, 수상행식(受想行識)도 마찬가지입니다. 그 총합은 0입니다. 모든 것이 모이면 모든 것이 사라집니다. 이것이 '니로다(nirodha)', 소멸입니다. 모든 것은 소멸하고 끝이 납니다.

이제 제가 좋아하는 아잔 차 스님의 일화를 들려드리겠습니다. 아잔 차 스님이 편찮으실 때의 일입니다. 저희 외국인 승려들은 아잔 차 스님을 위하여 저희가 지내던 사원에 사우나를 만들었습니다. 저희가 지내던 사원은 아잔 차 스님이 계시던 곳과 약간 떨어져 있었습니다. 사우나는 율장(律藏)에도 나오는 부처님 시대의 인도 전통입니다. 놀랍게도 부처님 시대의 불교 사원에 사우나가 있었습니다.

당시 저희 사원에 사우나를 만드는 이유는 두 가지였습니다. 첫째는 스승의 건강에 대한 염려였고 다른 하나는 아잔 차 스님이 사우나를 하러 저희 사원에 오시면 스님의 법문을 들을 수 있다는 다소 이기적인 이유였습니다.

보통 아잔 차 스님은 네다섯 시간 정도 법문을 하셨습니다. 그

중에는 감동적이고 좋은 부분도 있지만 그렇지 않은 부분도 있었습니다. 여러분이 읽는 아잔 차 스님의 책은 가장 좋은 부분만 발췌해서 번역한 것입니다. 그러나 그날의 법문은 몹시 감동적이었습니다. 저는 법문을 듣고 곧장 법당에 가서 수행을 시작했습니다. 여러분도 좋은 법문을 들으면 다른 것에 신경 쓰지 말고 감동받은 그대로 수행을 하십시오.

그날 저는 두 시간쯤 수행하고 나서 아잔 차 스님을 도울 일이 있을까 하여 사우나로 가다가 스님과 마주쳤습니다. 너무 늦은 것입니다. 그때 저의 마음은 고요하고 평화로웠습니다. 아잔 차 스님 같은 분은 다른 사람의 마음을 읽는다고 생각합니다. 저는 마음속에서 아잔 차 스님의 존재를 느꼈습니다. 하지만 깊은 명상에 들어갔다가 나온 직후라서 조금도 거리낌이 없었습니다. 마치 새집으로 이사해 깨끗이 단장한 방을 보여주는 것처럼 저는 마음을 활짝 열었습니다. 아잔 차 스님은 진지한 눈빛으로 저를 바라보았습니다. 그리고 저의 이름을 불렀습니다.

"브라흐마왐소!"

그러고 나서 저에게 물었습니다.

"왜?"

태국어로 '왜'는 '탐마이'입니다.

"탐마이?" 그분은 저에게 물었습니다. 저는 잠시 침묵했습니다.

그리고 대답했습니다.

"모릅니다."

얼마나 어리석은 대답입니까? 위대한 스승이 지혜를 전해주려고 하는데 저는 어리석게도 그저 모른다고 대답했습니다. 하지만 그분은 저의 어리석음을 꾸짖지 않고 크게 웃음을 터뜨렸습니다. 그리고 다시 저를 바라보았습니다.

"브라흐마왐소!

그러고는 말씀하셨습니다.

"내가 답을 말해주겠다."

저는 몹시 흥분했습니다. 위대한 스승으로부터 심오한 대답을 들을 수 있는 기회를 가졌기 때문입니다. 저는 주의 깊게 아잔 차 스님의 말에 귀를 기울였습니다.

아잔 차 스님은 말씀하셨습니다.

"아무것도 없다."

태국어로 '마이미 아라이', '아무것도 없다'.

그리고 저에게 물었습니다.

"이해했는가?"

저는 대답했습니다.

"예."

그러자 그분은 말씀하셨습니다.

"아니! 너는 이해하지 못했다."

그러고는 가버리셨습니다.

저는 언제나 그분의 말씀을 기억하고 있습니다. 얼마나 명쾌한 대답입니까. "왜?"라고 물으면 "아무것도 없다."는 대답이 있습니다. 비어 있습니다. 아무것도 없습니다. 아무것도 없기 때문에 모든 것이 멈추는 것입니다. 무엇인가 있다가 파괴되는 것이 아닙니다. 처음부터 아무것도 없었습니다.

여러분은 저의 말을 이해했습니까?

아니오! 여러분은 이해하지 못했습니다.

9

무상, 빛바램, 소멸, 놓아버림

호흡 수행 13 ~ 16단계 Ⅱ

사마타와 위빠사나

불교의 수행에는 마음을 고요하게 하는 '사마타(samatha, 止)' 수행과 세상을 있는 그대로 꿰뚫어 보는 '위빠사나(vipassanā, 觀)' 수행이 있습니다. 이 두 가지 수행 중에서 사마타 수행을 먼저 하고 위빠사나 수행을 해야 한다는 사람들이 있고, 위빠사나 수행을 먼저 하고 사마타 수행을 해야 한다는 사람들이 있습니다. 그렇지만 사실은 사마타 수행을 먼저 하고 위빠사나 수행을 하거나 위빠사나 수행을 먼저 하고 사마타 수행을 하는 것이 아닙니다.

『앙굿따라 니까야』의 「쌍 경」(A4:170)에 아난다 존자가 부처님의 말을 인용하여 사마타와 위빠사나 수행자의 네 가지 유형에 대하여 설명하는 부분이 나옵니다.

첫 번째 유형은 사마타를 먼저 수행하고 그 다음에 위빠사나를 닦는 수행자입니다. 두 번째 유형은 위빠사나를 먼저 수행하고 그 다음에 사마타를 닦는 수행자입니다. 세 번째 유형은 사마타와 위빠사나를 함께 닦는 유형입니다. 그리고 '성스러운 법으로 생각하며 일어난 들뜸에 마음이 붙들린다.'고 표현된 네 번째 유형은 경전의 설명이 그다지 명확하지 않아서 사람들이 오히려 더욱 흥미를 갖는 것 같은데 제 생각에는 어떤 계기에 의해 강하게 영감을 받은 수행자의 경우인 것 같습니다.

2 도반들이여, 여기 비구는 사마타를 먼저 닦고
위빠사나를 닦습니다. 그가 사마타를 먼저 닦고
위빠사나를 닦을 때 도를 인식합니다. 그는 그 도를
거듭하고 닦고 많이 공부짓습니다. 그가 그 도를
거듭하고 닦고 많이 공부지으면 족쇄들이 제거되고
잠재성향들이 끝이 나게 됩니다.

3 다시 도반들이여, 여기 비구는 위빠사나를 먼저
닦고 사마타를 닦습니다. 그가 위빠사나를 먼저 닦고
사마타를 닦을 때 도를 인식합니다…. 잠재성향들이
끝이 나게 됩니다.

4 다시 도반들이여, 비구는 사마타와 위빠사나를 쌍으로
닦습니다. 그가 사마타와 위빠사나를 쌍으로 닦을 때
도를 인식합니다…. 잠재성향들이 끝이 나게 됩니다.

5 다시 도반들이여, 비구가 성스러운 법이라고
생각하면서 일어난 들뜸에 의해서 마음이 붙들리게
되는 경우가 있습니다. 그런 과정에서 일어난 마음을
안으로 확립하고 안정시키고 하나에 고정하여 삼매에
들 때 그는 도를 인식합니다…. 잠재성향들이 끝이
나게 됩니다.

비구들이여, 어떤 비구든 비구니든 나의 곁에서

아라한과를 증득했다고 설명하는 자는 모두 이러한 네
가지 특징 가운데 어느 하나에 속합니다.

_『앙굿따라 니까야』「쌍 경(Yuganaddha-sutta)」(A4:170)
§§2~5, 초기불전연구원

네 가지 유형 모두 수행은 완전한 깨달음으로 이어집니다. 네 가지
방식 어느 것으로도 수행자는 예류과를 얻을 수 있으며 일단 예류자
가 되면 그 다음부터는 모두 동일하게 팔정도의 수행이 됩니다.

　이처럼 네 가지 유형으로 나누어서 설명하지만 사실은 사마타
수행과 위빠사나 수행은 항상 함께합니다.

　사마타 수행을 통해 수행자는 고요함과 평화로움을 느끼게 됩
니다. 고요함과 평화로움을 느끼면 마음의 에너지가 증가하고 마음
챙김의 힘이 강해집니다. 마음챙김의 힘이 강해지면 수행을 가로막
는 장애의 힘이 약해집니다. 그리고 장애가 약화되면 마음챙김의 힘
은 더욱 강해집니다. 마음챙김의 힘이 강해지는 것은 지혜가 일어나
는 원인이 됩니다. 지혜가 일어나면 장애는 더 줄어들고 장애가 더
줄어들면 마음이 더 고요하고 평화로워집니다.

　제가 이해하기로 이 둘은 이렇게 항상 함께하고 있습니다. 사마
타 수행을 통해 지혜가 생겨나고 지혜가 생기면 사마타 수행이 진전
됩니다. 이것은 앞에서 아난다 스님이 말한 세 번째 유형만을 가리

키는 것이 아닙니다. 다른 세 가지 유형에서도 언제나 사마타와 위빠사나는 이렇게 상호보완적인 관계에 있습니다.

아잔 차 스님은 사마타 수행과 위빠사나 수행의 관계에 대한 질문을 받을 때마다 손바닥을 들어 보이면서 이렇게 말했습니다.

"여러분은 지금 제 손바닥을 보고 있습니다. 여러분은 저의 손등을 볼 수는 없습니다. 하지만 손등은 바로 이 뒤에 있습니다."

그리고 손등을 보여주면서 다시 말했습니다.

"여러분은 제 손등을 보고 있습니다. 여러분은 저의 손바닥을 볼 수는 없습니다. 하지만 손바닥은 손등 바로 뒤에 있습니다."

그리고 나서 손바닥은 사마타와 같고 손등은 위빠사나와 같다고 말했습니다.

수행의 과정에서 사마타가 앞서갈 수도 있습니다. 하지만 바로 그 뒤에 위빠사나가 따라갑니다. 위빠사나가 앞서갈 수도 있습니다. 하지만 바로 그 뒤에 사마타가 따라갑니다. 손바닥과 손등을 서로 나눌 수 없듯이 사마타와 위빠사나도 분리할 수 없습니다. 이 둘은 언제나 함께합니다.

고요함이 늘어날수록 법이 점점 더 분명하게 드러납니다. 그리고 지혜가 늘어날수록 점점 더 고요해집니다.

많은 사람들이 자신의 지혜가 어느 정도인지 판단하는 기준을 얼마나 명확하게 법에 대해 설명할 수 있는지에 두고 있습니다. 하지만 그것은 철학자들이 사용하는 기준입니다. 불교에서 말하는 지혜는 그런 것이 아닙니다.

불교에서 말하는 지혜를 갖춘 사람은 수행 중에 평화롭게 머무르는 사람입니다. 지혜는 고요함의 원인이고 고요함은 지혜의 원인이기 때문입니다. 이 둘은 언제나 함께합니다.

저는 서양 사람들에게 강연하면서 사마타와 위빠사나가 함께 증장된다는 것을 설명하기 위해 짧은 이야기를 하나 만들었습니다.

옛날 어느 곳에 '사마타' 씨와 '위빠사나' 여사가 함께 살았습니다. 그들에게는 두 마리의 강아지, 멧따(mettā)와 아나빠나(ānāpāna)가 있었습니다. 어느 날 오후에 이들은 모두 함께 사마디(samādhi) 산에 오르기로 했습니다.

사마타 씨가 사마디 산, 즉 명상의 산에 오르기를 즐기는 이유는 산의 정상에 오르면 평화로움과 고요함을 느낄 수 있기 때문입니다. 위빠사나 여사가 명상의 산을 좋아하는 이유는 전체를 바라보는 전망을 즐길 수 있기 때문입니다. 그녀는 전문가용 최고급 사진기를 갖추고 전망을 촬영하는 것을 좋아했습니다. 멧따라는 강아지는 단지 즐겁다는 이유로 산에 오르는 것을 좋아했고 다른 강아지 아나빠나는 깨끗하고 맑은 공기 덕분에 숨을 편히 쉴 수 있어서 산을 좋아했습니다.

산 중턱에서 이미 사마타 씨는 즐거움을 느끼기 시작했습니다.

산의 평화로움과 고요함을 느낄 수 있었기 때문입니다. 하지만 동시에 멀리 펼쳐진 전망도 즐길 수 있었습니다. 위빠사나 여사도 산 중턱부터 즐거움을 느끼기 시작했습니다. 산에서 보는 전망도 즐길 수 있었고 산의 고요함도 느낄 수 있었기 때문입니다. 강아지 멧따는 희열과 행복감을 느꼈고 다른 강아지 아나빠나도 숨을 쉬는 데 평화로움을 느꼈습니다.

드디어 산 정상에 오르자 믿을 수 없을 만큼 고요했습니다. 사마타 씨는 그 고요함에 매우 기뻐했습니다. 그렇지만 고요함만 느끼는 것이 아니라 눈앞에 펼쳐진 전체 '삼사라(saṁsāra)'에서 일어나는 일도 볼 수 있었습니다. 위빠사나 여사도 명상의 산 정상에 서서 모든 것이 분명하게 드러나는 전망을 보고 즐거워했습니다. 그리고 정상의 고요함도 즐겼습니다. 산의 정상에서 강아지 멧따는 표현할 수 없을 만큼 강한 희열과 행복감을 느꼈고 두 번째 강아지 아나빠나는 어딘가로 사라졌습니다. 깊은 수행에서 호흡은 사라지기 때문입니다.

이 이야기처럼 사마타와 위빠사나는 언제나 함께합니다.

수행의 장애를 극복하기 위해 의지력을 사용해서는 안 됩니다. 장애를 극복하기 위해 의지력을 사용하는 것은 마치 벽돌로 된 벽에 머리를 부딪치는 것과 같습니다. 머리는 벽보다 훨씬 연약합니다. 틀림없이 머리가 깨질 것이고 벽은 무너지지 않을 것입니다. 언젠가는 벽이 무너지기를 바라며 의지의 힘과 어리석은 인내력으로 장애를 거듭거듭 들이받는 것은 소용없는 일입니다.

　의지력 대신 지혜의 힘을 사용해야 합니다. 몇 걸음 뒤로 물러서면 오른쪽에 있는 문을 발견하게 될 것입니다. 그리고 아마도 왼쪽에는 벽을 넘을 수 있는 사다리가 있을 것입니다. 벽에 너무 가까이 붙어 있으면 시야가 좁아집니다. 시야가 좁은 상태에서 문제를 해결하기 위해 의지력을 사용할 것이 아니라 시야가 넓어지도록 몇 걸음 뒤로 물러서십시오.

　저는 수행에 장애가 일어나면 멧따, 자애로움을 이용합니다. 수행의 과정에서 어떤 경험이 일어나든 그것에 자애로움을 보냅니다. 가슴을 열고 모든 것을 받아들입니다. 아무것도 기대하지 않고 요구하지도 않습니다. 이런 마음가짐을 가진다면 쉽게 장애를 극복할 수 있습니다. 장애가 생기는 것은 무언가 원하기 때문입니다. 진정한 의미의 자애로움은 아무것도 원하지 않는 마음입니다.

　우리는 자애 수행을 할 때 모든 중생이 행복하기를 염원합니다. 하지만 어떤 중생은 행복하기를 원하지 않을 수도 있습니다. 그래서 저는 요즘에 자애 수행을 할 때 '모든 중생은 행복하기를 … 단, 그들이 스스로 행복을 원한다면!'이라고 염원합니다.

　이것이 진정한 자애로움입니다. 사랑이라는 이름으로 다른 사람을 뒤에서 미묘하게 조종하는 것은 자애로움이 아닙니다. 다른 사람을 있는 그대로 놓아두는 것이 자애로움입니다. 그런 자애로움을 가지고 수행하면 장애는 사라집니다. 앞서 말한 짧은 이야기에 굳이 '멧따'라는 강아지를 등장시킨 것은 그런 이유 때문입니다.

수행에 장애가 생기면 도대체 무슨 일이 일어난 것인지 그 원인을 이해하여야 합니다. 지혜의 힘을 사용하는 것입니다. 지혜의 힘은 사마타 수행에 언제나 도움이 됩니다. 그리고 사마타는 다시 지혜가 생기는 것을 돕습니다. 사마타 수행과 위빠사나 수행은 이렇게 서로 도우면서 함께합니다.

무상

무상은 그저 일어났다 사라지고 일어났다 사라지는 반복이 아닙니다. 무상은 모든 것이 완전히 사라지는 것입니다. 분명히 존재하던 것이 더 이상 존재하지 않습니다. 무상의 빨리어 단어는 '아닛짜(anicca)'입니다. 이것은 '닛짜(nicca)'의 부재(不在), 즉 항상성(恒常性)의 부재를 의미합니다.

'닛짜'라는 단어는 율장에도 등장합니다. 불교의 승려는 탁발 음식만으로 생활해야 하는 것은 아닙니다. 율장에는 승려들이 수용해도 좋은 몇 가지 유형의 공양 방식이 명시되어 있습니다. 그중의 하나가 '닛짜 밧따(nicca-bhatta)'라는 형식의 공양 초대입니다. 닛짜 밧따는 보름에 한 번이라거나 한 달에 한 번 하는 식으로 날을 정해놓고 스님들에게 식사를 제공하는 공양입니다.

여기에서 '닛짜'라는 단어는 '정해져 있는', '정기적인'이라는 뜻입니다. 만일 보시를 하는 사람이 더 이상 음식을 제공하지 않기로 한다면 이전에 정해놓았던 '정기성'이 사라집니다. 그것이 바로 아닛짜입니다. 정해져 있던 것이 해소되는 것입니다. 늘 규칙적으로 있었던 것이 사라지는 것입니다. 이러한 율장의 용례가 무상의 의미를 분명히 이해할 수 있게 해줍니다.

사람들은 무상이라는 단어의 정확한 의미를 알지 못합니다. 게다가 있기로 정해져 있던 것이 실제로 사라지는 경험을 하지 못했습니다. 그래서 무상의 의미를 깨우치지 못합니다. 선정을 경험하면 계속 존재하기로 되어 있던 것이 사라진다는 것을 깨닫게 됩니다. 그것이 ['무상을 관찰하면서 (들숨, 날숨)을 쉬리라.'며 공부짓는] 호흡 수행의 제13단계입니다.

빛바램

사라지지 않기로 되어 있던 것이 사라지는데, 한순간에 사라지는 것이 아니라 서서히 빛바래어 사라집니다. 그것이 바로 '위라가(virāga)'입니다. 위라가에는 두 가지 뜻이 있습니다. 하나는 '욕망이 떨어져 나감'이라는 뜻이고 다른 하나는 '빛바래어 사라짐'이라는 뜻입니다. 이 맥락에서는 '빛바래어 사라짐'이라는 뜻이 더욱 적합합니다.

옛날에 황제가 있었습니다. 이 황제가 남자인지 여자인지, 젊은이인지 노인인지, 어떤 인종이며 어느 나라 사람인지 아무도 알지 못했습니다. 왜냐하면 황제가 대중 앞에 나설 때마다 머리부터 발끝까지 헬멧, 재킷, 장갑, 바지, 부츠로 온몸을 감싸고 몸의 한 부분도 드러내지 않았기 때문입니다.

여기에서 황제는 '마음'을 의미합니다. 마음은 언제나 다섯 가지 감각적 경험에 에워싸여 있습니다. 보는 것, 듣는 것, 냄새 맡는 것, 맛보는 것, 만지고 닿는 것, 이 다섯 가지 감각적 경험을 벗겨내지 않고서는 마음이 어떤 것인지 알 수 없습니다. '아는 자'에 대해 알지 못하는 것입니다.

황제가 어떤 모습인지 알기 위해서는 다섯 가지 의복을 벗겨내야 하는 것과 마찬가지로 마음이 어떤 것인지 알기 위해서는 다섯 가지 감각적 경험을 벗겨내야 합니다. 이 다섯 가지 감각적 경험들을 벗겨내는 것이 바로 선정이 하는 작업입니다.

앞서 말했듯 ['마음을 해탈하게 하면서 (들숨, 날숨)을 쉬리라.'고 공부짓는] 제12단계에서 '해탈하게 하면서'의 빨리어인 '위모짜양(vimocayaṃ)'이라는 단어는 마음을 다섯 가지 감각적 경험에서 자유롭게 한다는 의미입니다.

경전에서는 수행의 과정을 순수한 금을 추출하기 위해서 불순물을 계속 제거해내는 작업에 비유합니다. [『앙굿따라 니까야』「셋의 모음」「불순물 제거하는 자 경」(A3:100)] 이 비유는 마음이 다섯 가지 장애로부터 벗어나야 한다는 비유이면서 동시에 마음이 다섯 가지 감각적 경험으로부터 자유로워져야 한다는 의미입니다.

이미 말했듯 선정의 정형구에서 '감각적 욕망들을 완전히 떨쳐버리고'라는 구절도 다섯 가지 감각적 경험으로부터 벗어나는 것을 의미합니다. 불순물을 제거해야 순수한 금을 갖게 되듯이 다섯 가지 감각적 경험이 사라져야만 마음의 본성을 이해하게 됩니다. 그래서 '빛바래어 사라짐'이 중요한 것입니다.

우리는 수행의 과정에서 점진적으로 사라져갑니다. 자아를 구성하던 모든 것이 하나씩 하나씩 빛바래어 사라져갑니다. 우선 과거와 미래가 빛바래어 사라집니다. 그리고 몸의 거친 부분이 사라집니다. 보는 것, 듣는 것, 냄새 맡는 것 등의 다섯 가지 감각적 경험이 사라집니다. 호흡이 남지만 그것마저도 서서히 사라져갑니다. 이 모든 것이 빛바래어 사라지면 우리는 마음을 볼 수 있게 됩니다.

저는 호흡 수행의 역할을 다음과 같이 설명합니다. 여러분은 개울을 하나 건너야 합니다. 그 개울은 한 번에 건너뛰기에는 너무 넓습니다. 그러나 개울 중간에 평평한 바위가 하나 있어서 그 바위를 징검다리로 삼으면 개울을 건너갈 수 있습니다. 이 징검다리 바위가 바로 호흡입니다. 수행자는 징검다리 바위로 건너가서 호흡에 안정되게 머물러 섭니다. 이 중간 단계에서 수행자가 경험하는 것은 호흡뿐입니다. 몸의 다른 감각은 느껴지지 않습니다. 청각도 완전히 닫히거나 아니면 소리가 아주 멀리서 들리는 것처럼 느낍니다. 수행자가 인식하는 것은 오로지 호흡뿐입니다. 호흡이 징검다리 역할을 하는 것입니다.

다섯 가지 감각의 세상에서 호흡을 징검다리 삼아 개울 너머로 건너뛰면 그곳이 바로 마음의 영역입니다. 니밋따와 선정입니다. 이전 과정이 다섯 가지 감각의 점차적인 '빛바래어 사라짐'입니다. 마음을 인식하기 위해서는 다섯 가지 감각이 사라져야 합니다.

저는 세계 여러 곳을 다니며 강연을 하기 때문에 과학자들과 만날 기회도 많습니다. 과학자들은 윤회와 전생을 부정할 뿐 아니라 마음의 존재도 부정합니다. 그들은 마음이 두뇌 활동의 부산물이라고 생각합니다. 마음이 존재한다는 증거가 많은데도 불구하고 그러한 증거를 받아들이지 않고 부정합니다. 마음이 있을 가능성조차 부정하고 있습니다. 다섯 가지 감각과 분리된 마음의 존재를 인정하지 않습니다.

저는 이런 과학자들에게 수행을 가르치고 싶습니다. 수행을 통해 다섯 가지 감각이 사라지고 마음만 남는 것을 실제로 경험한다면 마음의 존재를 인정하게 될 것입니다.

우리는 물질주의의 세상에 살고 있습니다. 물질주의는 물질이 중요하다고 가치를 부여하는 것뿐 아니라 하나의 철학입니다. 물질주의는 모든 것이 물질이라고 생각하고 마음의 존재를 부정합니다. 그러나 만약 사람들이 니밋따 수행이나 선정 수행을 통해 자신의 마음을 경험한다면 물질 이외의 것이 있다는 것을 알게 될 것입니다. 그리고 커다란 변화가 일어날 것입니다. 이제 또 하나의 이야기를 들려드리겠습니다. 저는 이야기를 통해 법을 설명하는 것을 좋아합니다. 제 친구의 딸에 대한 이야기인데 논리적인 동시에 불교적이며 마음이 무엇인지 잘 보여주는 이야기입니다. 저에게는 제프라는 친구가 있습니다. 제가 태국에서 생활할 때 이 친구가 편지를 보내 자신의 딸인 파스칼에 대해 이야기했습니다.

파스칼은 당시 초등학교 1학년이었는데 선생님이 세상에서 가장 큰 것이 무엇인지 물었다고 합니다. 학생들은 저마다 손을 들고 '아빠', '코끼리', '산' 등의 대답을 하기 시작했고 대답할 때마다 점점 더 나은 대답이 나왔습니다. 그런데 파스칼이 손을 들고 세상에서 제일 큰 것은 눈[eye]이라고 말했습니다. 선생님이 그 이유를 묻자 이 어린 소녀는 아빠, 코끼리, 산, 그리고 그보다 훨씬 큰 것도 눈으로 볼 수 있기 때문이라고 대답했습니다.

이러한 것이 바로 세상을 다른 각도로 보고 이해하는 지혜입니다. 저는 친구에게 답장을 보내 그 대답은 10점 만점에서 9점이라고 말했습니다. 상당히 가깝지만 완전히 정답은 아닙니다.

마음은 눈이 보는 것을 다 담을 수 있고 또 눈이 감지하지 못하는 소리, 냄새, 맛, 촉감을 담을 수 있습니다. 그리고 자신의 영역이 따로 있습니다. 우리가 경험한 것과 경험하지 못한 것이 모두 마음 속에 들어갑니다. 따라서 '가장 큰 것'은 마음입니다. 저는 '세상에서 가장 큰 것'이라고 말하지 않고 '가장 큰 것'이라고 말했습니다. 세상도 마음에 들어갈 수 있기 때문입니다. 세상을 포함해서 우리가 알고 있는 모든 것은 마음 안에 담길 수 있습니다.

『법구경』의 첫 번째 게송에서 마음의 이러한 본성에 대해 설명하고 있습니다.

> 모든 것은 마음이 앞서가고, 마음은 가장 중요하고
> (모든 것은) 마음에서 만들어진다./ 만일 나쁜 마음으로
> 말하거나 행동하면 그로 인해 괴로움이 그를 따른다./
> 수레바퀴가 끄는 소의 발자국을 따르듯이.
> 모든 것은 마음이 앞서가고, 마음은 가장 중요하고 (모든
> 것은) 마음에서 만들어진다./ 만일 깨끗한 마음으로
> 말하거나 행동하면 그로 인해 행복이 그를 따른다./
> 그림자가 떠나지 않듯이.
> __『담마빠다』 게송 1~2, 일아 스님 옮김, 불광출판사

마음을 경험하면 세계관이 달라지고 마음의 본성을 이해하는 지혜를 가지게 될 것입니다. 감각적 경험이 빛바래어 사라지면 우리는 마음을 인식할 수 있습니다.

많은 사람들이 이 단계에서 수행을 멈춥니다. 그들은 마음을 경험하는 것이 영적인 구도 생활의 마지막 종착점이라고 생각합니다. 그 지점이 브라흐마(Brahma)와의 합일이라고 생각합니다. 모든 것이 하나로 환원되었다고 생각합니다.

그러나 그들은 선정의 첫 단계인 초선을 경험했을 뿐입니다. 초선은 제2선으로 이어집니다.

어떤 사람들은 초선을 해탈의 경험이라고 착각합니다. 초선에는 '나'라는 자아가 없습니다. 행복감, 평화로움, 고요함만이 있습니다. 그래서 깨달음이라고 착각하고 구도 여정의 종착지라고 생각합니다. 사실 힌두이즘(Hinduism)에서는 삼매를 수행의 마지막 결실로 여기기도 합니다.

하지만 제2선을 경험하면 초선이 깨달음이 아니며 마지막 종착지도 아니었다는 것을 알게 됩니다. 그 이상의 것이 있습니다. 제2선을 지나 제3선에 들어가면 마음이 빛바래어 사라지기 시작합니다. 다섯 가지 감각과 그 대상이 빛바래어 사라지는 것뿐 아니라 여섯 번째 인식 기능이라고 할 수 있는 마음과 마음의 대상도 빛바래어 사라집니다.

깊은 수행의 상태에서 두려움은 장애가 됩니다. 수행이 깊어지면 두려움이 일어나는 원인이 무엇이겠습니까? 뿌리 깊은 곳에서 붙잡고 있던 것이 사라지기 때문입니다. 자기 자신이라고 여기던 것이 사라지고 '나'라고 정의된 것이 사라집니다. 아이덴티티가 무너집니다. 이것이 가장 놓아버리기 힘든 것입니다. 물질적인 소유물보다 마음의 소유물이 더 놓아버리기 어렵습니다. 자아, 아이덴티티, 존재에 대한 집착, 이런 것을 놓아버리기는 매우 어렵습니다.

다섯 가지 감각이 사라지면 몸이 사라집니다. 몸이 사라지면 우리는 더 이상 남자도 아니고, 여자도 아니고, 동성연애자도 아니고, 어느 국적을 가진 사람도 아닙니다. 그런 것은 모두 몸이라는 껍질에 속한 것입니다. 몸이 사라지면 아무도 아닌 사람이 되는 것입니다.

호주에서는 젊은이들이 티셔츠에 심오한 문구를 써 붙이고 다닙니다. 어떻게 보면 무아(無我, anattā)에 대한 설법 같습니다. 티셔츠에 쓰여 있는 문구는 이렇습니다.

> 나는 아무도 아닌 사람이다. 완전한 사람은 아무도 없다.
> 따라서 나는 완전하다./ I am a nobody. Nobody is
> perfect; therefore, I am perfect.

한 가지가 빛바래어 사라지기 시작하면 다른 것도 하나씩 하나씩 빛바래어 사라집니다. 모든 것이 서서히 사라져갑니다. 루이스 캐럴 (Lewis Carroll)이 쓴 『이상한 나라의 앨리스』에는 빛바래어 사라짐을 설명하기 알맞은 이야기가 있습니다. 이 이야기 속에서 앨리스는 체셔 고양이를 만납니다. 체셔 고양이는 입이 귀에 걸리도록 씨익 웃으면서 심오한 이야기를 늘어놓는 기묘한 고양이인데 갑자기 나타났다 사라지고 또 갑자기 나타났다 사라지고는 합니다. 앨리스가 어지러우니 그렇게 갑자기 사라지지 말아달라고 부탁하자 체셔 고양이는 이를 승낙하고 서서히 사라지겠다고 약속합니다. 그러고선 꼬리부터 서서히 사라집니다. 마침내 몸이 모두 사라지고 미소만이 남습니다. 앨리스는 중얼거립니다.

"나는 미소 없는 고양이는 보았지만 고양이 없는 미소는 처음 보았어."

저는 이 이야기가 빛바래어 사라짐의 좋은 비유라고 생각합니다. 먼저 몸이 빛바래어 사라지고 선정에 듭니다. 기쁨과 행복감이라는 미소만이 남습니다. 그리고 미소도 사라집니다. 그 다음에는 마음도 서서히 사라지기 시작합니다. 초선, 2선, 3선, 4선을 거치면서 점점 더 사라집니다. 이것은 삼사라(saṁsāra)에서 가장 위대한 사라짐입니다.

소멸

고요하게 머무르면 다섯 가지 감각이 사라집니다. 그리고 의지가 사라집니다. 위딱까(vitakka)와 위짜라(vicāra)도 사라집니다. 기쁨도 사라지고 행복감도 사라집니다. 정지해 있기 때문입니다. 평온함을 제외한 다른 느낌들이 사라집니다. 계속 고요하게 머무르면 평온함마저 사라집니다. 그리고 마음도 사라집니다. 고요하게 정지해 있는 것을 원인으로 사라짐이라는 결과가 생깁니다. 조금씩 사라집니다. 단계별로 사라집니다.

제4선은 마음챙김의 절정, 정화된 마음챙김의 완성이라고 표현됩니다. 무색계 증득에서는 마음챙김도 사라지기 때문입니다. 그렇게 사라져가면서 결국 소멸합니다. 이것이 니로다(nirodha), 소멸입니다. 이러한 수행의 경험을 통해 비로소 무상함, 빛바래어 사라짐, 그리고 소멸을 이해합니다. 수행의 과정에서 점진적으로 사라지고 고요해지고 마침내 모든 것이 완전히 소멸됩니다.

위빠사나, 지혜 수행이란 이런 것입니다. 생각하는 것이 아닙니다. 숙고하는 것이 아닙니다. 경험하는 것입니다. 선정의 정형구에 '까야 빠띠상웨디(kāya-paṭisaṃvedī)'라는 표현이 나옵니다. [『디가 니까야』 「사문과경」(D2) §79 등] 말 그대로 하자면 '몸으로 경험하고'라는 뜻이지만 관용적인 표현으로 이해해야 합니다. 이 맥락에서 '까야'는 실제 육체적인 몸을 의미하는 것이 아닙니다. 다섯 가지 감각은 이미 닫혀 있습니다. 여기에서 '몸으로 경험하고'라는 것은 '직접적으로 경험하고'라는 뜻입니다. 수행자는 수행의 각 단계를 이런 의미에서 '몸으로' 경험합니다.

놓아버림

그리고 이제 호흡 수행의 마지막인 제16단계, ['놓아버림을 관찰하면서 (들숨, 날숨)을 쉬리라.'고 공부짓는] 단계입니다. 모든 것을 놓아버리는 것입니다.

만일 다른 사람에게서 바보 멍청이라는 소리를 들었다고 생각해보십시오. 그 사람은 누구를 욕한 것입니까? 저는 오랫동안 제 내면을 들여다보았지만 아무것도 발견할 수 없었습니다. 저에게 바보 멍청이라고 욕한다면 그 사람은 저도 발견하지 못한 제 내면의 어떤 실체를 발견한 것입니다.

칭찬의 경우도 마찬가지입니다. 다른 사람이 여러분을 비난하거나 칭찬하면 여러분은 스스로를 연꽃잎이라고 생각하십시오. 연꽃잎 위에 소변을 보거나 샤넬 No.5를 뿌려도 스며들지 못하고 모두 미끄러져 내립니다.

아무것도 간직하지 말고 미끄러져 내려가게 놓아두십시오. 간직할 만한 가치가 있는 것은 아무것도 없습니다.

어떤 사람은 성격을 고쳐서 더 나은 사람이 되기 위해 수행합니다. 직업의 스트레스를 줄이고 더 효율적으로 성과를 올리기 위해 수행하는 경우도 있습니다. 혹은 병에서 치유되기 위해 수행하기도 합니다. 현명하고 자비로운 사람이 되기 위해 수행하는 사람도 있습니다. 여러분은 어떻게든 스스로를 개선하려 합니다. 삶에서 괴로움을 줄이고 행복을 늘리려고 합니다. 그러나 이것은 시간 낭비입니다. 개선될 존재는 처음부터 이 안에 없습니다.

저는 구글(Google)에서 자율주행 무인차량을 개발하기 이전에 이 비유를 생각해냈습니다. '운전사 없는 버스'의 비유입니다. 인생은 버스 여행과 같습니다. 우리는 각자 자기 자리에 앉아서 버스 여행을 하고 있습니다. 버스가 아름다운 장소를 지나면 우리는 행복감을 느낍니다. 운전사, 즉 자신의 의지에게 속도를 늦추거나 아니면 아예 잠깐 쉬었다 가자고 말합니다. 이 행복하고 멋진 순간을 충분히 즐기고 싶어 합니다. 하지만 운전사는 가속 페달을 밟아 오히려 속도를 높입니다.

인생의 여행에서 때로는 괴로움과 아픔과 좌절을 느낄 때가 있습니다. 병이 들어 통증으로 잠을 이루지 못할 때도 있습니다. 우리는 빨리 그 순간에서 빠져나가고 싶어 합니다. 그래서 버스 운전사에게 이곳은 끔찍한 곳이니 속도를 높이라고 말합니다. 하지만 버스 운전사는 오히려 속도를 늦춥니다. 괴로움이 늘어납니다. 괴로운 순간이 계속 이어집니다.

　여러분은 삼사라를 끝내기 위해서가 아니라 삼사라를 개선하기 위해 지혜와 자비심을 키우려고 합니다. 괴로움을 줄이고 즐거움을 늘이기 위해 명상을 사용합니다. 괴로움이 늘어나고 즐거움이 줄어드는 것은 '내면의 의지'가 어리석기 때문이라고 생각합니다. 내면의 의지에 문제가 있다고 생각하는 것입니다. 내면의 의지에게 선정을 얻으라고 명령하지만 내면의 의지는 여러분의 말을 듣지 않습니다. 괴로운 순간을 빠르게 빠져나가자고 말하지만 그 말도 듣지 않습니다. 따라서 여러분은 운전사의 자리를 찾아가 그 자리에 앉아 있는 운전사, 내면의 의지에게 제대로 운전하는 방법을 가르치고 싶어 합니다. 괴로움을 줄이고 행복을 늘리는 방식의 운전법을 가르치려고 합니다.

　그래서 운전사의 자리를 찾아가기 위해 수행합니다. 수행이 진전되어 제2선에 다다르면 마음 안에 있는 운전사의 자리를 찾아갈 수 있게 됩니다.

　그리고 마침내 운전석에 아무도 없다는 것을 두 눈으로 똑똑히 확인하게 됩니다.

　여러분은 스스로의 수행을 통제할 수 없습니다. 여러분은 자신이 잘못된 결정을 내렸기 때문에 선정을 얻지 못한다고 생각합니다. 저 같은 사람의 말을 귀 기울여 잘 듣고 그대로 따르면 쉽게 선정을 얻을 것이라고 생각합니다. 그것은 모두 헛소리입니다. 운전석은 텅비어 있습니다. 버스를 운전하는 사람은 아무도 없습니다.

여러분은 자신의 자리로 돌아옵니다. 그리고 불평을 멈춥니다. 처음부터 불평할 대상이 없었습니다. 집착하고 원할 것도 없었습니다. 시간의 낭비일 뿐입니다. 어떤 것을 원한다고 운전사에게 말하는 것은 완전히 에너지의 낭비입니다. 명령을 수행할 버스 운전사는 애초에 존재하지 않습니다. 여러분은 싫어서 피하는 것도 그만둡니다. 누구의 잘못도 아니기 때문입니다. 더 이상 버스 운전사를 탓할 수 없습니다. 여러분이 괴로움 한 가운데 멈추어 있더라도 그것은 운전사의 잘못이 아닙니다. 원인과 결과일 뿐입니다. 따라서 원하는 마음과 싫어하는 마음을 놓아버리게 됩니다. 그리고 마침내 평화로움을 얻습니다.

여러분이 만약 이 비유를 그저 이론으로 이해하는 것이 아니라 경험으로 이해한다면 여러분은 깨달음의 세 번째 단계인 불환자(不還者)의 자리에 있는 것입니다. 더 이상 탐욕도 없고 집착도 없고 싫어하는 마음도 없습니다. 비난할 어떤 것도 없습니다. 바라고 원할 것도 없습니다. 모두 시간의 낭비입니다.

예를 들어 제가 호주로 돌아가는 여객기를 타고서 여객기의 기장에게 인도네시아의 아름다운 섬을 공중에서 보고 싶으니 그곳에서 몇 바퀴 선회하자고 말한다고 생각해보십시오. 그 여객기의 기장이 제 말을 듣겠습니까? 저는 아무것도 할 수 없습니다. 실제로 비행기 여행을 하면서 제가 하는 것도 그저 앉아서 아무것도 하지 않는 것입니다. 아무것도 안 하고 가만히 앉아 있으면 승무원이 다가와 무엇을 먹겠냐고 묻습니다. 승무원을 부르기 위해 버튼을 누를 필요도 없습니다. 그들이 저에게 다가옵니다.

팔정도의 수행에서도 이런 일이 일어납니다. '붓다 항공'이라고 이름 붙일 수 있는 이 여객기 안에서 여러분은 그저 조용히 앉아 있기만 하면 됩니다. 그러면 승무원이 나타나 초선을 원하느냐고 묻습니다. 여러분은 그저 좋다고 하면 됩니다. 쫓아다닐 필요도 없습니다. 그것이 여러분에게 다가옵니다. 수행상의 다른 경험도 마찬가지입니다. 예류과나 그 밖의 증득도 이런 식으로 선물처럼 주어집니다. 그것이 여러분에게 다가오는 것이지 여러분이 그것을 따라가 붙잡는 것이 아닙니다.

운전석이 비어 있다는 것을 깨달으면 여러분은 마침내 조용히 앉아 있게 될 것입니다. 무엇을 하고자 하는 마음은 시간의 낭비일 뿐 아니라 수행에 방해가 됩니다.

이제부터 수행할 때는 그저 앉아서 입을 다무십시오. 조용히 있으십시오. 아무것도 바라지 마십시오. 생각도 하지 마십시오. 멈추십시오. 부처님이 앙굴리말라(Angulimāla)에게 '나는 이미 멈추어 있다. 이제 네가 멈추어라.'라고 말씀하신 의미가 바로 이것입니다.

여러분은 '붓다 항공' 여객기에 탑승해 있습니다. 모든 것이 저절로 다가올 것입니다. 여러분이 그것에 다가가는 것이 아닙니다.

이러한 지혜가 호흡 수행의 마지막인 제16단계, 놓아버림의 단계입니다. 모든 것을 놓아버리는 것입니다. 불평하는 것도 놓아버리고 원하는 것도 놓아버리는 것입니다.

물질적인 것을 놓아버리기는 쉽지만 마음속에 있는 것을 놓아버리기는 어렵습니다. 통제하려는 마음을 놓아버릴 수 있겠습니까? 바라는 마음, 아는 마음을 모두 놓아버릴 수 있겠습니까? 존재하고자 하는 욕망을 놓아버릴 수 있겠습니까?

의지의 힘으로 놓아버리는 것이 아닙니다. 조건이 만들어지면 욕망이 저절로 빛바래어 사라지고 소멸됩니다. 여러분은 '붓다 항공' 여객기에 탑승해 있고 이 여객기에는 목적지가 없습니다. 비행기째 모두 사라져버리고 아무도 여러분을 찾지 못하게 됩니다.

10

마음챙김의 자리잡음

사념처

비구들이여, 이 도는 한 갈래● 길이니, 중생들의 청정을
위하고, 근심과 탄식을 다 건너기 위한 것이며, 육체적
고통과 정신적 고통을 사라지게 하고, 옳은 방법을
터득하고, 열반을 실현하기 위한 것이다. 그것은 바로 '네
가지 마음챙김의 확립'이다.

무엇이 네 가지인가? 비구들이여, 여기 비구는 몸에서
몸을 관찰하며 머문다. 세상에 대한 욕심과 싫어하는
마음을 버리면서 근면하게, 분명히 알아차리고
마음 챙기는 자 되어 머문다. 느낌에서 느낌을 관찰하며
머문다…. 마음에서 마음을 관찰하며 머문다…. 법에서
법을 관찰하며 머문다. 세상에 대한 욕심과 싫어하는
마음을 버리면서 근면하게, 분명히 알아차리고
마음 챙기는 자 되어 머문다.

___『디가 니까야』「대념처경」(D22) §1, 초기불전연구원

오늘은 '사띠빳타나(satipaṭṭhāna)', 사념처에 대해 이야기하겠습니다.

미얀마의 위빠사나 수행 전통에서는 사마타 수행을 하지 않고
곧장 위빠사나 수행을 합니다. 그리고 이러한 수행법의 근거로써
'숙카 위빠사까(sukkha-vipassaka)', '마른 위빠사나를 닦는 자'라는 용
어를 제시합니다. '마른 위빠사나를 닦는 자'는 사마타 수행을 하지

않고 위빠사나 수행을 하는 수행자를 말합니다. 사마타의 습기가 없어 건조하다는 뜻입니다.

현대 사회는 나름의 장단점이 있습니다. 단점은 우리가 너무나 많은 물건을 소유하고 해야 할 일도 점점 더 많아진다는 것입니다. 하지만 역시 장점도 있습니다. 정보에 쉽게 접근할 수 있게 되어 경전을 컴퓨터로도 읽을 수 있고 검색 기능을 사용할 수도 있습니다.

컴퓨터의 검색 기능을 이용하여 빨리어 경장에서 '숙카 위빠사까', '마른 위빠사나를 닦는 자'라는 용어를 검색하면 '검색 결과 없음'이라고 표시됩니다. 경전에는 '숙카 위빠사까'라는 단어가 없습니다. 그 용어는 훨씬 후대에 만들어진 것입니다. 제가 젊은 시절만 해도 이러한 용어가 경전에 나와 있는지 확인하려면 용어가 나왔을 법한 경전을 한 장 한 장 넘기면서 뒤져야 간신히 확인할 수 있었습니다. 이런 것은 현대 사회의 장점입니다.

미얀마의 위빠사나 전통에서는 사념처 수행을 담고 있는 『디가 니까야』의 「대념처경(大念處經)」(D22)이 부처님 가르침의 핵심이라고 말합니다. 그리고 사념처 수행이 위빠사나라고 주장하면서 사념처 수행은 삼매 수행보다 진전된 단계의 수행이라고 말합니다.

사념처와 위빠사나

우리는 수행을 하는 과정에서 지성을 사용하여야 합니다. 아쇼카왕의 아들 마힌다 장로는 불교의 전법사로서 기원전 3세기에 스리랑카에 왔습니다. 그는 불법을 펴기 전에 먼저 스리랑카의 왕인 '데와남삐야띳사(Devānampiyatissa)'를 만났습니다. 마힌다 장로는 스리랑카 섬의 주민들이 지성을 가지고 있는지 확인하기 위하여 왕에게 '세상에 친지도 아니고 타인도 아닌 사람이 있느냐?'고 수수께끼를 던집니다. 다행스럽게도 왕은 '자기 자신'이라 바른 답을 말했고 마힌다 장로는 이 섬이 법을 가르치기에 적합한 곳이라고 판단했습니다.

상상해보십시오. 만약에 데와남삐야띳사왕이 마힌다 장로의 수수께끼를 풀지 못했다면 어떤 일이 벌어졌겠습니까?

우리는 사념처 수행이 위빠사나라는 주장을 무조건 받아들일 것이 아니라 지성을 사용해서 이 이론을 검토해보아야 합니다. 부처님은 「들숨날숨에 대한 마음챙김 경」(M118)에서 호흡 수행을 하면 사념처 수행을 성취한다고 말합니다.

사념처 수행과 위빠사나는 동일하지 않습니다. 사념처 수행은 팔정도의 일곱 번째인 바른 마음챙김 수행입니다. 앞서 말했듯 열여섯 가지 단계의 호흡 수행은 사념처 수행의 네 가지 단계를 모두 충족시킵니다. 따라서 제가 지금까지 이 명상 수련회에서 이야기한 것은 어떤 면에서 보자면 사념처 수행이라고 할 수도 있습니다. 그렇게 보면 저는 사념처 수행을 가르치는 명상 지도자인 셈입니다.

사람들은 제가 위빠사나는 가르치지 않고 사마타만 중시한다고 합니다. 하지만 어제만 해도 저는 종일 위빠사나의 지혜에 대해 법문했습니다. 지혜와 지혜의 원인, 그리고 지혜로 무엇을 해야 하는지에 대하여 강의하였습니다. 아잔 차 스님이 손등과 손바닥을 보이면서 사마타와 위빠사나의 관계가 이와 같다고 말한 것처럼 사마타와 위빠사나는 서로 함께하는 것입니다.

저는 빨리어를 잘 아는 사람들이 사념처를 열반에 이르는 '유일한 길'로 해석하는 것을 이해할 수가 없습니다. 그들은 경전의 한 구절을 근거로 사념처 수행이 번뇌를 소멸하고 열반에 이르는 유일한 길인 위빠사나 수행이라고 말합니다. 「대념처경」(D22)의 '이 도는 한 갈래 길'이라는 구절입니다. 여기에서 '한 갈래 길'의 빨리어는 '에까야나 막고(ekāyana maggo)'입니다. 이 단어를 '한 갈래 길'이 아닌 '유일한 길'로 해석해서 사념처 수행이 열반에 이르는 유일한 길이라고 이해하는 것입니다. 그러나 '에까야나 막고'는 유일한 길이 아니라 '한 곳으로 가는 길', 즉 외길이나 한 갈래 길을 의미합니다.

이 '에까야나 막고'라는 단어는 빨리어 경전에서 두 가지의 맥락에 사용됩니다.

첫 번째는 바로 이 사념처의 맥락에서 사용됩니다. 두 번째는 부처님의 여러 가지 능력에 대해 설명하는 『맛지마 니까야』 「사자

후의 긴 경」(M12)에서 사용됩니다. 부처님의 능력 중 하나는 선업과 악업의 결과로 사람들이 다음 생에 어디에 환생하게 되는지 아는 능력입니다. 계속해서 악한 업을 짓는 사람들은 지옥에 태어날 것이고 선한 업을 짓는 사람들은 천상에 태어날 것입니다. 부처님은 그 사람들이 가는 길과 목적지를 알고 있습니다. 마치 어떤 사람이 길을 가고 있는데 그 길은 왼쪽으로 가는 갈림길도 없고, 오른쪽으로 가는 갈림길도 없고, 오로지 불타는 숯불 구덩이로 이어지는 외길인 것을 눈 가진 사람이 보는 것과 같습니다. 이 외길, 한 갈래 길에 해당하는 빨리어가 '에까야나 막고'입니다. 한 곳으로 가는 길입니다. 샛길도 갈림길도 없는 오직 한 갈래의 길입니다.

> 사리뿟따여, 마치 불꽃이나 연기도 없이 새빨갛게
> 달구어진, 한길이 넘는 숯불 구덩이가 있는데, 그때
> 열기에 타고 열기에 지쳐 맥이 빠지고 목이 타고
> 갈급증을 느끼는 어떤 사람이 '외길을 따라[ekāyanena
> maggena]' 오직 그 숯불 구덩이를 향했다면, 안목이 있는
> 사람이 이를 보고 말할 것이다. '오, 저 사람은 그 길을
> 그렇게 가고 그렇게 행하고 그 길에 들어서서는 바로
> 저 숯불 구덩이로 갈 것이다.'라고. 그 다음에 그는 그
> 사람이 그 숯불 구덩이에 떨어져서 고통스럽고 살을

에는 듯하고 쓰라린 느낌을 느끼는 것을 보게 될 것이다.

__『맛지마 니까야』「사자후의 긴 경」(Mahā-sīhanāda Sutta)(M12)
§37, 초기불전연구원

사념처 수행은 열반으로 인도하는 한 갈래 길입니다. 여러분이 지금 이곳에서 정서(正西) 방향으로만 직진한다면 결국은 바다에 이르게 되는 것과 마찬가지입니다.

번뇌를 소멸하는 유일한 길, 열반에 이르는 유일한 길로 경전에 거듭거듭 언급되는 것은 다름 아닌 팔정도입니다. 『법구경』 274번 게송에는 팔정도를 설명하면서 견해의 청정으로 가는 데는 팔정도 이외의 다른 길이 없다고 말하고 있습니다.

길 가운데 '여덟 가지 바른 길'이 최상이고/
진리 가운데 '네 가지 거룩한 진리'가 최상이고,/
담마 가운데 열반이 최상이다./ 두 발 가진 자 가운데
(지혜의) 눈을 가진 분이 최상이다.
이것은 유일한 길이다./ 봄의 청정을 위하여
다른 것은 없다./ 그대들은 이 길을 따르라./
이것은 악마를 당혹하게 할 것이다.

__『담마빠다』 게송 273~274, 일아 역, 불광출판사

사념처 수행은 오직 하나의 유일한 길이 아닙니다. 따라서 마음챙김만 있으면 다른 사람의 집을 털거나 다른 사람의 아내와 부정한 짓을 하거나 환각제를 사용해도 괜찮은 것이 아닙니다. 몹시 우스꽝스럽게 들리겠지만 실제로 저에게 그런 말을 하는 사람들이 있었습니다. 마음챙김 수행, 사념처 수행에 대한 잘못된 설명 때문에 혼란을 일으킨 것입니다.

세상에 대한 욕심과 싫어하는 마음

사념처 수행을 하기 전에 미리 선행되어야 할 것이 있습니다. 무엇이 선행되어야 하는지가 「대념처경」(D22)의 '세상에 대한 욕심과 싫어하는 마음을 버리면서[vineyya loke abhijjhā domanassaṃ]'라는 구절에 설명되어 있습니다.

여러분은 다섯 가지 장애에 대하여 알고 있을 것입니다. 그 중 첫 번째 장애가 '까맛찬다(kāmacchanda)', '감각적 욕망'인데 『앙굿따라 니까야』에서는 '까맛찬다'라는 단어 대신 '로께 아빗자(loke-abhijjhā)', '세상에 대한 욕심'이라는 단어가 사용됩니다. '세상에 대한 욕심'이라는 단어가 다섯 가지 장애 가운데 첫 번째 장애인 '감각적 욕망'과 같은 뜻으로 쓰이는 것입니다.

또한 '도마낫사(domanassa)', '싫어하는 마음'도 경전에서 다섯 가지 장애 가운데 두 번째 장애인 '아뱌빠다(abyāpāda)', '악의'와 같은 의미로 사용되는 경우가 있습니다. 따라서 여기에서 '세상에 대한 욕심'과 '싫어하는 마음'은 다섯 가지 장애 중 첫 번째와 두 번째 장애인 '감각적 욕망'과 '악의'를 의미한다고 볼 수 있습니다.

그리고 『디가 니까야』의 「대념처경」(D22) 주석서와 『맛지마 니까야』의 「마음챙김의 확립 경」(M10) 주석서에서는 다섯 가지 장애 가운데 앞의 두 가지 장애가 열거되는 경우 다섯 가지 장애 전부를 의미한다고 두 주석서 모두 공통으로 설명하고 있습니다. 즉, '세상에 대한 욕심과 싫어하는 마음'이라는 표현은 '다섯 가지 장애'라는 의미입니다.

그리고 '버리면서'로 번역된 '위네이야(vineyya)'는 계율을 의미하는 '위나야(vinaya)'와 어원이 같습니다. 위네이야는 '훈련하다', '약화시키다', '줄이다'라는 뜻입니다. 결국 '위네이야 로께 아빗자 도마낫상'(vineyya loke abhijjhā domanassaṃ)은 '다섯 가지 장애를 줄이고'라는 의미가 되는 것입니다. 이 단계에서는 아직 다섯 가지 장애를 완전히 버리거나 제거하지는 못합니다.

팔정도의 두 번째인 '바른 마음가짐[正思惟, sammā-saṅkappa]'부터 여섯 번째인 '바른 정진'[正精進, sammā-vāyāma]까지는 사념처 수행의 준비 과정이라고 말할 수 있습니다. 사념처 수행을 통해 일곱 번째인 '바른 마음챙김[正念, sammā-sati]'이 계발되면 선정을 얻어 그때 비로소 다섯 가지 장애가 버려집니다.

하지만 사념처 수행 이전에도 다섯 가지 장애가 너무 강하면 수행할 수 없습니다. 다섯 가지 장애 중 어느 하나라도 마음에 들어와서 자리를 잡으면 그것에 빠져들어 망상을 하거나 미래에 대한 계획을 세우기 시작하기 때문입니다.

다섯 가지 감각적 경험에 기반을 둔 생각은 모두 '까마 위딱까(kāma-vitakka)', 감각적 경험에 대해 일으킨 생각입니다. 다섯 가지 감각적 경험에 얽혀들고 몰두하게 되는 것입니다.

감각적 욕망이라는 첫 번째 장애는 쾌락에 대한 욕망만을 의미하는 것이 아닙니다. 감각적 경험에 대한 일상적인 관심이나 여러 종류의 감각적 경험에 마음이 얽혀드는 것도 첫 번째 장애인 감각적 욕망입니다.

예를 들어보겠습니다. 지금 이 명상 수련회에는 숲속에서 혼자 수행하는 스님들이 많이 참가했습니다. 만일 제가 소형 태양광 패널로 에어컨을 작동할 수 있는 새로운 기술이 개발되었고 이 에어컨을 매우 싼 가격에 구입할 수 있다고 말한다고 상상해보십시오. 효율성이 좋아서 소비 전력이 아주 적은 에어컨이며 나중에 제가 그 에어컨에 대한 상세한 정보를 주겠다고 말한다면 스님들의 머릿속에 에어컨에 대한 생각이 갑자기 물밀듯이 몰려들 것입니다.

그것이 바로 감각적 경험에 대해 일으킨 생각, '까마 위딱까'입니다. 이러한 생각이 자신의 마음을 얼마나 강박적으로 몰고 가는지 살펴보십시오. 고요함이나 마음챙김은 완전히 사라집니다. 여러분은 더 이상 지금 이곳에 있지 않고 망상에 휩쓸리게 됩니다.

과거를 향해 쏜 화살, 미래를 향해 쏜 화살

수행에 필요한 자세를 가다듬는 데 매우 유용한 이야기를 하나 들려드리겠습니다. 공항에서 만난 낯선 사람이 저에게 들려준 이야기인데 상당히 불교적인 이야기이지만 그 사람 말로는 중동 지방의 이야기라고 했습니다. 어쩌면 저에게 그 이야기를 들려준 사람은 사실은 천신이었는지도 모릅니다. 이 이야기의 무대로는 태국이나 스리랑카가 적당할 것입니다. 아마 스리랑카가 더욱 적당할 것 같습니다.

옛날에 어떤 나이 든 스님이 만행(卍行)을 하며 수행하고 있었습니다. 한 군데에서 지내지 않고 계속 옮겨 다니면서 수행하는 만행 수행은 오랫동안 전해진 불교 승려들의 수행법 중 하나입니다. 하지만 그런 수행을 하는 스님도 계율에 따라 우기 안거 삼 개월은 한곳에 머물며 수행합니다.

이 나이 든 스님은 만행을 하며 수행하다가 어느 날 아침 작고 허름한 농가에 탁발을 갔습니다. 그 집의 농부는 스님에게 음식을 공양했습니다. 그러고는 우기 안거가 다가오니 자신의 집 근처에서 우기 안거 삼 개월을 보내면 자신이 정성껏 시봉하겠다고 청했습니다.

사실 스님 한 분을 시봉하는 데는 그다지 많은 비용이 들지 않습니다. 서양 스님들이 영국에 불교 사원을 건립하던 시기에 영국의 불교 신도들은 승려를 시봉하는 데 비용이 얼마나 드는지 몰라 걱정했습니다. 당시 영국 불교신도회의 회장은 경제학 교수였는데 경제학자답게 승려 한 사람을 시봉하는 데 비용이 얼마나 드는지 계산해 보았습니다. 계산 결과 승려 한 사람을 시봉하는 것은 강아지 한 마리 키우는 것보다 훨씬 적은 비용이 든다는 결론을 내렸습니다.

어쩌면 강아지와 스님은 공통점이 있는지도 모릅니다. 스님들이 수행하며 지내는 숲속 거처는 크기만 다를 뿐 개집과 비슷한 구조입니다. 강아지가 사용하는 개 밥그릇과 상좌부 스님들이 사용하는 발우는 상당히 유사한 형태를 지녔습니다. 강아지도 산책을 좋아하고 스님들도 산책을 좋아합니다. 그리고 둘 다 몹시 친근하고 다정합니다.

여하튼 이 가난한 농부는 스님을 시봉하고 싶어 했고 결국 스님은 그 마을 부근에서 우기 안거를 보내기로 하였습니다. 삼 개월의 안거 기간에 스님은 매일 이 농부의 집에 탁발을 왔으며 보름에 한 번씩 가족에게 법문을 해주기도 했습니다. 농부 가족은 모두 이 스님을 몹시 존경하게 되었습니다. 그렇게 삼 개월의 우기 안거가 끝나고 스님이 다시 만행을 떠나는 날이 다가왔습니다. 농부 가족은 스님과 헤어지는 슬픔에 눈물을 흘렸습니다.

이 스님은 가족을 위로하며 지난 삼 개월 동안 자신의 수행이 매우 깊어져서 신통력을 얻었다고 말했습니다. 그래서 신통력으로 보물이 묻혀 있는 곳을 알게 되었는데 그 보물을 찾기 위해서는 스님이 시키는 대로 조금도 어김없이 따라야 한다고 말했습니다.

그들은 몹시 흥분했고 이제 곧 부자가 될 것이라고 생각했습니다. 나이 든 스님은 거짓말을 하지 않기 때문입니다. 스님은 말했습니다.

"내일 새벽, 집의 대문가에 서서 활을 들고 태양이 지평선 위로 막 올라오는 순간에 태양을 겨눈 화살을 놓아라. 화살이 떨어진 곳을 파보면 보물이 나올 것이다."

스님은 떠났습니다. 다음 날 새벽, 농부는 대문가에 서서 활을 들고 태양이 지평선 위로 막 올라오는 순간에 태양을 겨누어 화살을 쏘았습니다. 화살은 멀리 날아갔고 농부 가족은 화살을 쫓아가서 화살이 떨어진 곳의 땅을 팠습니다. 하지만 아무것도 찾을 수 없었고 말썽만 일어났습니다. 왜냐하면 그 땅이 법률가의 땅이었기 때문입니다. 법률가는 타인 소유의 토지를 허락 없이 훼손하는 것은 명백한 불법 행위라며 농부를 고소하고 재산을 압류하겠다고 위협했습니다. 농부는 사정을 설명하고 모든 것이 나이 든 스님 탓이라고 말했습니다.

그 법률가도 불교도였습니다. 그래서 나이 든 스님은 거짓말을 하지 않으니 스님 말에는 분명 이유가 있을 것이라고 생각하고 농부의 말에 귀를 기울였습니다. 법률가는 가난하고 허약한 농부가 제대로 활을 쏘지 못한 것이 실패의 원인이라고 생각하고 보물을 51대 49로 나누기로 협의한 후, 계약서를 작성하고 함께 다음 날을 기다렸습니다.

그 다음 날 새벽에는 법률가가 활을 쏘았습니다. 화살은 더 멀리 날아갔습니다. 법률가와 농부 가족은 화살이 떨어진 곳으로 달려가 땅을 팠습니다. 그러나 아무것도 찾을 수 없었습니다. 게다가 그 땅의 주인은 장군이었습니다. 마찬가지 일이 벌어져서 그 다음날은 장군이 화살을 쏘았습니다. 화살은 정말 멀리 날아갔습니다. 하지만 화살이 떨어진 곳에 보물은 없었습니다. 게다가 하필 그곳은 왕의 영지였습니다. 왕은 그들 모두를 처형하려고 했습니다. 하지만 이 모든 일의 시작이 나이 든 스님의 이야기라는 말을 듣고는 나이 든 스님은 거짓말을 하지 않으니 무언가 곡절이 있을 것이라고 생각했습니다. 그래서 왕은 그들 모두를 감옥에 가둔 채 나이 든 스님을 찾도록 병사를 보냈습니다.

병사들은 별로 어렵지 않게 나이 든 스님을 찾아내어 궁전으로 데려왔습니다. 왕은 스님 때문에 이 모든 소동이 벌어졌다고 스님을 탓했습니다. 그러나 나이 든 스님은 사람들이 자신의 말을 있는 그대로 따르지 않았기 때문이라고 말했습니다.

다음 날 새벽, 왕이 직접 활을 들고 농부 집의 대문가에 서서 스님을 보았습니다. 스님은 고개를 끄덕였습니다. 왕은 태양이 지평선 위로 막 올라오는 순간에 태양을 겨누었습니다. 스님은 또 고개를 끄덕였습니다. 왕은 있는 힘껏 활시위를 당겨 활을 쏘려고 했습니다. 스님은 고개를 저었습니다. 그리고 자신이 했던 말을 다시 한 번 들려주었습니다.

"태양이 지평선 위로 막 올라오는 순간에 태양을 겨눈 화살을 놓아라."

왕은 스님의 말을 이해했습니다. 그래서 태양을 향해 활을 쏘는 대신에 손가락의 힘을 풀어 화살을 놓아버렸습니다. 화살은 왕의 발 앞에 떨어졌습니다. 그리고 그 자리에서 어마어마한 양의 보물이 나왔습니다. 그래서 그들 모두는 커다란 부귀를 얻었습니다.

스님이 말한 보물의 진정한 의미는 보석이 아닙니다. 스님은 바람, 욕망, 집착의 화살을 놓아버리면 '여기 이 순간'이라는 보물을 찾을 수 있게 된다고 말한 것입니다.

여기 이 순간이 바로 담마, 법이 머무는 곳입니다. 여기 이 순간이 니밋따와 선정 모두가 있는 바로 그곳입니다. 저기 저 멀리가 아닙니다. 미래의 어느 순간이 아닙니다. 지금 여러분이 있는 바로 여기, 바로 이 순간입니다.

여러분은 어떻습니까? 선정을 얻으려는 마음에서 미래를 향해 화살을 쏘고 있습니까? 혹은 과거를 향해서 화살을 쏘고 있습니까? 그렇지 않으면 집착의 화살을 그저 툭 놓아버리고 있습니까?

화살이 떨어지는 곳은 여러분이 지금 있는 바로 그곳입니다. '지금 여기'에서 여러분은 보물을 발견할 것입니다. 여러분은 저의 말을 믿어도 좋습니다. 왜냐하면 저도 이제 나이 든 스님이고 나이 든 스님은 거짓말을 하지 않기 때문입니다.

이 이야기는 쉽고 재미있어서 아이들에게도 들려줄 수 있는 이야기입니다.

내일 선정을 얻기 위해서 오늘 밤새워 수행하겠다는 수행자들이 있습니다. 여전히 마음이 미래를 향하고 있습니다. 마음챙김은 미래에 자리 잡지 못합니다. 마음챙김이 자리 잡을 수 있는 곳은 여기 이 순간뿐입니다.

지금 이 순간에 머물 수 있는 능력

이야기를 하나 더 들려드리겠습니다. 이 이야기는 마음챙김의 의미를 더 넓게 이해할 수 있게 해줍니다. 제가 학생 시절에 읽은 레오 톨스토이의 「황제의 세 가지 질문」이라는 이야기입니다.

옛날에 황제가 살았습니다. 이 황제는 사람들이 서로 자신의 철학이나 종교가 더 우월하다고 논쟁하는 것을 보았습니다. 그래서 자신과 타인의 이익을 위해서 진리를 찾아야겠다고 생각했습니다. 이 황제는 많은 질문을 모은 다음 결국 세 가지의 질문을 가장 의미 있는 질문으로 추려냈습니다.

'세상에서 가장 중요한 순간은 언제인가?'

'세상에서 가장 중요한 사람은 누구인가?'

'세상에서 가장 중요한 일은 무엇인가?'

결론만 말하자면 '세상에서 가장 중요한 순간은 언제인가?'에 대한 답은 바로 '지금 이 순간'입니다. 우리는 '지금 이 순간' 이외의 시간을 살지 않습니다. 우리가 사는 시간은 언제나 지금 이 순간입니다. 미래도 지금 이 순간에서 비롯됩니다.

'세상에서 가장 중요한 사람은 누구인가?'에 대한 답은 '지금 자신과 함께 있는 사람'입니다.

'세상에서 가장 중요한 일은 무엇인가?'에 대한 답은 '보살피는 일'입니다. 보살핌은 자애로움과 마음챙김의 결합입니다. 보살핀다는 것은 지금 이 순간을 받아들이고 자애롭게 대한다는 뜻입니다.

이 이야기는 삶에서 유익한 교훈을 줍니다. 하지만 오랜 후에 저는 이 이야기가 인생의 교훈을 줄 뿐 아니라 마음챙김의 의미를 정확히 설명하고 있다는 것을 알게 되었습니다. 마음챙김이란 지금 이 순간에 머무를 수 있는 능력을 의미합니다.

수행 중에 일어나는 경험이 무엇이든 그것이 바로 세상에서 가장 중요한 일입니다. 만약 수행 중에 졸음이 온다면 그 순간에는 졸음이 세상에서 가장 중요한 것입니다. 마음에 지금 현존하는 것이기 때문입니다.

따라서 수행자는 각각의 순간에 자신 앞에 현존하고 있는 것을 알아차리고 함께 머무르기만 하면 됩니다. 무엇이 나타나도 없애버리려 하지 마십시오. 발전시키려 하지도 말고 분석하려 하지도 마십시오. 그저 보살펴십시오. 이런 마음가짐이 바로 바른 마음챙김이며 바른 정진입니다. 이런 마음가짐으로 수행하면 수행이 깊어집니다. 간단한 방법이지만 깊은 명상으로 이끌어줍니다.

지금 이 순간의 대상이 세상에서 가장 중요한 대상입니다. 니밋따나 선정이 아니라고 해서 그보다 나은 어떤 것으로 바꾸려고 하지 마십시오. 감각적 욕망이나 들뜸이 일어나도 그것을 없애려고 하지 마십시오. 소중하게 여기고 보살펴십시오. 만약 여러분이 이렇게 수행한다면 어리석은 마음 상태가 지속되지 않을 것입니다. 무엇이 일어나든 지금 이 순간을 있는 그대로 받아들이기 때문입니다. 있는 그대로 보살피고 평화롭게 함께 지내면서 자애롭고 자비로운 마음으로 지금 이 순간을 대하기 때문입니다.

그런 수행자는 팔정도 중의 두 번째인 '삼마 상깝빠(sammā-saṅkappa, 正思惟)'를 올바르게 수행하고 있는 것입니다. '삼마 상깝빠'

는 바른 태도, 바른 마음가짐을 의미합니다.

바른 마음가짐을 가지면 수행을 위한 선한 업이 형성됩니다. 그래서 그 수행은 선한 결과를 가져오게 됩니다. 수행의 선한 결과는 고요함, 평화로움, 자유로움입니다.

지금 무엇이 일어나든 없애려 하거나 판단하려 하지 말고 그 안에 얽혀들어 가지도 마십시오. 그저 보살피십시오. 그러한 마음가짐이 바로 바른 마음챙김이며 바른 정진입니다. 바른 방법으로 수행하면 그 결과 마음이 놀라울 만큼 평화로운 상태가 될 것입니다.

집착의 화살을 그저 놓아버리고 마음챙김이 자리 잡은 상태로 머무십시오. 집착이란 지금 있는 것을 없애려 하는 것입니다. '이것은 감각적인 욕망이다. 감각적인 욕망은 내 안에서 일어나선 안 된다. 꺼져라!'라고 말하는 태도가 집착입니다.

왕궁에 들어온 '분노 먹는 괴물'의 이야기를 생각해보십시오. 부정적인 태도로 대할수록 마음속의 장애는 점점 더 힘을 얻습니다. 자비롭게 대하면 괴물은 점점 작아지고 마침내 사라집니다. 이것이 마음챙김입니다.

사념처 수행은 어디에 마음챙김이 자리 잡아야 하는지 일러줍니다. 「대념처경」(D22)에서는 사념처 수행을 하기 전에 세상에 대한 욕심과 싫어하는 마음을 줄여야 한다고 말합니다. 무엇이 일어나든 일어난 대상에 대해 좋아하는 마음과 싫어하는 마음이 없다면 수행이 몹시 쉬워질 것입니다.

애쓰지 말라

간혹 사람들은 수행에 대해 지나치게 많은 정보를 수집합니다. 지식이 많아지면 또 다른 질문이 일어날 뿐입니다. 하나의 질문에 답을 얻으면 세 가지의 다른 질문이 떠오릅니다. 질문에 대답을 주는 것은 끝이 없습니다. 제가 밤새워 질문에 대답한다고 해도 다음날이 되면 다시 또 다른 질문이 나올 것입니다.

부처님의 가르침은 복잡한 것이 아닙니다. 그저 눈을 감고 자신의 마음에 일어나는 것이 무엇인지 알아차리십시오. 지금 알아차리고 있는 그것이 세상에서 가장 소중한 일입니다. 세상에서 가장 소중한 일이므로 자애롭게 수용하고 진심으로 주의를 기울이십시오. 그러면 수행이 점점 더 깊어질 것입니다.

제가 이야기한 '천 겹의 꽃잎을 가진 연꽃'의 비유를 생각해보십시오. 연꽃의 꽃잎이 햇살을 받아 한 겹씩 열리듯 수행자의 마음도 자애로움과 마음챙김이 닿으면 한 겹씩 열립니다. 하지만 수행자가 자신의 수행에 만족하지 않는다면 수행은 거기에서 멈춰 서게 됩니다. 더 이상 진전되지 않습니다. 다른 어떤 것을 바라기 때문입니다. 지금 일어나는 것이 무엇이든 그것을 받아들이면 수행은 깊어짐니다.

수행의 과정은 이렇게 단순하고 쉽습니다. 무엇이 일어나든 지금 일어난 그것이 중요합니다. 피로를 느낀다면 피로가 중요합니다. 피로와 함께 머물겠다고 생각하고 피로한 느낌을 보살피십시오. 피로와 싸움을 벌이지 않으면 피로는 곧 사라집니다.

감각적 욕망이 일어나는 경우 욕망을 억누르려고 싸움을 벌이면 욕망은 점점 더 심해집니다. 그렇게 싸움을 벌이다가 더 이상 견딜 수 없어서 환속한 스님들도 있습니다. 그런 사람들은 나이 든 스님의 말을 있는 그대로 따르지 않은 것입니다.

아무것도 없애려 하지 마십시오. 발전시키려 하지도 말고, 얻으려 하지도 말고, 지금 상태를 있는 그대로 보살피십시오. 그런 마음가짐을 가지면 니밋따, 선정, 깨달음이 여러분에게 다가옵니다.

어떤 사람들은 깨달음을 얻기 위해 오랜 기간 애를 씁니다.

경전에 '시하(Sīhā)'라는 비구니 스님의 이야기가 나옵니다. 그 비구니 스님은 칠 년 동안 마음의 평화를 얻기 위해 노력했지만 단한순간도 마음의 평화를 얻지 못했습니다. 그 스님은 계속 승가 생활을 하는 것이 의미가 없다고 생각했습니다. 하지만 환속을 원하지도 않았습니다. 그래서 자살을 결심하고 깊은 숲속으로 가서 굵은 나뭇가지에 밧줄을 묶었습니다. 이 이야기는 『장로니게(長老尼偈, Therīgāthā)』에 나오는 이야기입니다. 자살을 하기 위해 막 뛰려는 순간 그 스님은 처음으로 마음의 자유로움을 경험했습니다. [『장로니게』 게송 77-81] 그 비구니 스님은 칠 년 동안 번뇌와 싸우며 의지의 힘으로 수행을 하려 했던 것입니다. 처음으로 모든 것을 놓아버리고 포기한 순간에 비로소 마음의 평화로움을 얻을 수 있었습니다.

제가 수행을 지도했던 말레이시아 여성분이 있었습니다. 그분은 지금 출가해서 비구니 스님이 되어 있습니다. 그분이 재가자일 때 이야기입니다. 제가 지도하는 열흘간의 명상 수련회에 참여하여 열심히 수행했지만 그분은 어떤 결과도 얻지 못했습니다. 명상 수련회가 끝나고 그분은 택시를 기다리면서 그저 시간이나 보내려고 잠시 앉아 수행했습니다. 그리고 첫 번째 선정, 초선을 경험했습니다.

그 이유가 무엇일까요? 왜 열흘 동안 열심히 수행할 때는 효과가 없다가 마지막에 택시를 기다리면서 그저 시간이나 보내려고 앉아 있을 때 선정에 들었을까요?

포기하고 놓아버렸기 때문입니다. 노력을 멈추고 지금 이 순간을 있는 그대로 받아들였기 때문입니다.

화살을 그저 놓아버리면 화살이 떨어진 그곳에서 보물을 발견할 수 있습니다. 그 보물은 지금 이 순간에 대한 마음챙김입니다.

내일 선정을 얻기 위해서 오늘 밤새워
수행하겠다는 수행자들이 있습니다.
여전히 마음이 미래를 향하고 있습니다.
마음챙김은 미래에 자리 잡지 못합니다.
마음챙김이 자리 잡을 수 있는 곳은
여기 이 순간뿐입니다.

11

삼매의 가르침

사념처와 팔정도

오늘은 「마음챙김의 확립 경」(M10)의 앞부분에서 시작하는 대신 경전의 끝 부분부터 살펴보겠습니다. 왜냐하면 이 경전의 끝 부분에 사람을 놀라게 하는 구절이 있기 때문입니다.

비구들이여, 누구든지 이 네 가지 마음챙김의 확립을
이와 같이 칠 년을 닦으면 두 가지 결과 중의 하나를
기대할 수 있다. 지금 여기에서 구경의 지혜를 얻거나,
취착의 자취가 남아 있으면 다시는 돌아오지 않는
경지를 기대할 수 있다. 비구들이여, 칠 년까지는
아니더라도… 육 년을 닦으면… 오 년을… 사 년을…
삼 년을… 이 년을… 일 년을… 일곱 달을… 여섯 달을…
다섯 달을… 넉 달을… 석 달을… 두 달을… 한 달을…
보름을 닦으면, 아니 보름까지는 아니더라도 누구든지
이 네 가지 마음챙김의 확립을 이와 같이 칠 일을 닦으면
두 가지 결과 중의 하나를 기대할 수 있다. 지금 여기에서
구경의 지혜를 얻거나, 취착의 자취가 남아 있으면
다시는 돌아오지 않는 경지를 기대할 수 있다.

_『맛지마 니까야』「마음챙김의 확립 경」(M10) §46,
초기불전연구원

이 경전의 끝 부분에서 부처님은 적게는 칠 일 동안 사념처 수행을 하면 누구든지 구경의 지혜를 얻어 아라한이 되거나 그렇지 않으면 불환과를 얻게 된다고 말합니다. 여러분은 이곳 명상 수련회에서 지난 일주일 동안 수행했습니다. 앞서 말했듯 호흡 수행을 하면 사념처 수행을 성취합니다. 그러면 일주일 동안 호흡 수행을 한 여러분은 왜 아라한이나 불환과를 얻지 못하고 있습니까? 부처님이 거짓말을 했나요?

물론 부처님은 거짓말을 하지 않았습니다. 지난번에 말한 이야기 속에서도 나이 든 스님은 거짓말을 하지 않았지만 농부와 법률가와 장군은 처음에 보물을 발견하지 못했습니다. 나이 든 스님의 말을 있는 그대로 따르지 않았기 때문입니다.

일주일 이상 수행하고서도 아라한이나 그 밖의 도와 과를 얻지 못했다면 그것은 부처님의 잘못이 아니라 부처님의 가르침을 있는 그대로 쫓지 않았기 때문입니다. 우리가 놓친 것이 있습니다. 이런 관점에서 우리는 「마음챙김의 확립 경」(M10)을 다시 살펴볼 필요가 있습니다. 우리가 놓친 것이 무엇일까요?

저는 사람들이 놓치는 중요한 선행 조건 하나를 이미 이야기했습니다. 지난 강의에서 말한 '세상에 대해 좋아하는 마음과 싫어하는 마음을 버리고'라는 구절입니다.

수행을 시작하기 전에 세상에 대해 좋아하는 마음과 싫어하는 마음을 완전히 버리고 수행을 하라는 뜻은 아닐 것입니다. 하지만 사념처 수행을 하기에 앞서 좋아하는 마음과 싫어하는 마음, 즉 다섯 가지 장애를 어느 정도 약화시켜야 합니다. 그런 이유에서 바른 마음챙김이 팔정도에서 일곱 번째인 것입니다. 팔정도의 첫 번째부터 여섯 번째까지의 수행을 통해 다섯 가지 장애가 약화되어야 사념처 수행, 마음챙김 수행을 할 수 있게 됩니다.

바른 견해

그러므로 마음챙김을 계발하는 수행을 하기 위해서는 완전하지 않아도 어느 정도까지 '바른 견해'를 지녀야 합니다. 왜 마음챙김 수행을 하는지 그 이유를 알고 있어야 합니다. 우리는 인생의 즐거움을 늘이기 위해 마음챙김 수행을 하는 것이 아닙니다. 서양에서는 생활에서 스트레스 없이 업무를 처리하고 일상생활이 더 즐거워진다는 이유로 마음챙김 수행을 합니다. 이제 서양에서는 마음챙김 수행이 하나의 상품이 되고 있습니다. 그들은 윤회를 마치기 위해 수행하는 것이 아닙니다. 진리를 깨닫기 위한 것도 아닙니다. 업무에서 일어나는 스트레스를 줄여서 사회적인 성공을 이루거나 더 많은 돈을 벌려는 목적으로 마음챙김 수행을 합니다. 어떤 사람은 건강을 위해 마음챙김 수행을 하기도 합니다. 이러한 수행은 바른 목적에 기반을 둔 것이 아니며 바른 견해에서 비롯된 것도 아닙니다. 따라서 이들이 수련하는 마음챙김에는 결정적으로 부족한 점이 있습니다. 부처님이 마음챙김 수행을 가르친 목적에 못 미치는 마음챙김 수행입니다.

바른 마음가짐

그리고 우리는 팔정도의 두 번째인 '삼마 상깝빠(sammā-saṅkappa)'의 의미에 대해 좀 더 깊이 이해할 필요가 있습니다. 저는 삼마 상깝빠가 소홀하게 여겨지고 있다고 생각합니다.

삼마 상깝빠는 영어로 '바른 생각[right thought]'이라고 번역되는데 제 생각에는 정확한 번역이 아닙니다. 생각이나 사념은 바를 수가 없습니다. 모든 생각은 '바르지 않은 생각'입니다. 생각은 언제나 핵심에서 벗어나고 정확성이 결여되어 있습니다.

삼마 상깝빠의 의미를 이해하기 위해서는 우선 삼마 상깝빠의 내용을 살펴봐야 합니다. 삼마 상깝빠에는 세 가지가 있습니다. [『맛지마 니까야』 「진리의 분석 경」(M141) 등]

첫 번째는 '넥캄마 상깝빠(nekkhamma-saṅkappa)'입니다. '출리(出離)에 대한 사유'로 번역되는데 이것은 '놓아버리는 마음가짐'을 의미합니다. 사람들은 제가 가르치는 '레팅 고(letting go)', '놓아버리기'

가 팔정도의 어디에 해당되느냐고 묻습니다. 놓아버리기는 바로 여기, 팔정도의 두 번째인 삼마 상깝빠에 해당됩니다.

두 번째는 '아뱌빠다 상깝빠(abyāpāda-saṅkappa)'입니다. '악의 없음에 대한 사유'라고 번역됩니다. 저는 이것을 적개심이 없는 자애로운 마음가짐이라고 이해하고 있습니다.

우리는 때로 스스로의 마음마저 적대적으로 대합니다. 자신의 마음이 어리석고 미쳐 있다고 생각합니다. 그래서 엄하게 명령합니다.

'자, 이제부터는 수행 시간이야. 잡념하지 마! 망상도 일으키지 마! 성적인 망상도 안 되고, 몽롱해져도 안 되고, 졸아도 안 돼! 알았어?'

이것은 적대적인 마음가짐입니다. 부처님의 가르침은 이런 것이 아닙니다. '아뱌빠다 상깝빠'는 자애로움입니다. 자신의 마음을 자애롭게 대할 필요가 있습니다. 그것이 부처님의 가르침입니다.

마음을 자애롭게 대해주면 마음이 갖가지 말썽을 부린다고 말하는 사람들이 있습니다. 수행도 하지 않고 고요해지지도 않고 온갖 종류의 망상만 한다는 것입니다. 하지만 부처님은 적개심을 가르치지 않았습니다. 부처님이 가르친 것은 자애로움입니다. 그것이 '바른 마음가짐'의 두 번째인 '적개심 없는 마음가짐'입니다.

세 번째는 '아위힝사 상깝빠(avihiṃsā-saṅkappa)'입니다. 이것은 마하트마 간디의 비폭력주의, 아힘사(ahimsa)와 유사합니다. '자비로운 마음가짐'을 의미합니다.

　　결국 삼마 상깝빠는 '바른 생각'이라기보다 '바른 마음가짐'을 뜻합니다. 놓아버리는 마음가짐, 적개심 없는 마음가짐, 그리고 자비로운 마음가짐을 지녀야 한다는 뜻입니다. 놓아버림, 자애로움, 자비로움을 갖추고 마음챙김 수행을 한다면 부처님의 가르침에 가까운 수행을 하게 될 것입니다. 그리고 아마도 칠 일 안에 무언가 좋은 결과를 얻게 될 것입니다.

바른 말, 바른 행동, 바른 생계

그리고 또한 팔정도의 세 번째, 네 번째, 다섯 번째인 바른 말, 바른 행동, 바른 생계도 필수적인 요소입니다.

　　누군가에게 좋지 않은 말을 했다면 그 결과가 수행 중에 자신에게 되돌아옵니다. 누군가에게 불친절한 행동을 했다면, 예를 들어 개를 걷어찼다면, 그러한 행동의 결과로 수행자는 평화로움을 얻지 못하게 됩니다.

　　마음챙김은 자신이 한 행동의 결과에 좌우됩니다. 잘못된 행동을 하면 다섯 가지 장애 중 하나인 '후회와 들뜸'이 일어나 평화로움을 방해합니다.

바른 정진

또한 자신의 신체에 대해서 자애로움을 가질 필요가 있습니다. 편하지 않은 자세로 오랫동안 수행하는 것은 신체에 대하여 자애롭지 못한 것입니다. 저의 경우 수행 중에 무릎이나 다른 부분에 통증이 느껴지면 일단 무시하고 수행의 대상으로 돌아갑니다. 두 번째도 역시 무시하고 수행의 대상으로 돌아갑니다. 세 번째 통증을 느끼면 저는 마음속으로 그 부분의 긴장을 이완합니다. 그리고 다시 통증이 느껴지면 다시 긴장을 이완합니다. 또 통증이 느껴져도 긴장을 이완하고 한 번 더 기다려봅니다. 그래도 통증이 느껴지면 조심스럽게 자세를 바꿉니다.

이것이 바른 정진입니다. 간지러움이나 통증을 느낀다고 곧장 움직이기보다는 몇 번 정도 가볍게 무시하는 것이 좋습니다. 약간의 불편함도 못 참거나 아니면 반대로 심한 통증을 억지로 견디는 것이 아니라 중도를 취해 자애롭게 신체를 대하는 것입니다.

호주에 있는 저희 사원에는 해마다 10월과 11월에 수없이 많은 작은 파리들이 날아듭니다. 몇억 마리는 되는 것 같습니다. 얼마나 많은지 숨을 들이쉬기만 해도 작은 파리들이 입안으로 들어올 정도입니다. 이 파리들은 병을 옮기지는 않습니다. 몸에 날아와 기어 다녀서 간지러울 뿐입니다.

언젠가 제가 강의를 하면서 파리가 날아와도 짜증스러워 할 것이 아니라 두 번 정도 무시하고 그 다음에 조심스럽게 긴장을 풀라는 이야기를 하는데 때마침 파리 한 마리가 날아와 제 입가에 앉았습니다. 사람들은 모두 제 입가에 앉은 그 파리를 뚫어져라 바라보았습니다. 저는 방금 한 말이 있어서 손으로 쫓을 수도 없고 입김으로 불어버릴 수도 없어서 가만히 있었습니다. 그 파리는 제 입 주위를 서서히 돌기 시작했습니다. 저는 그때 입가에서는 입술의 양끝이 가장 예민하다는 것을 알게 되었습니다. 파리가 그 부분을 기어 다닐 때가 가장 간지러웠습니다. 아마 이런 지식은 실생활에서 별로 소용없을 것 같습니다. 파리는 입 주위를 천천히 세 바퀴 돌더니 날아가 버렸습니다. 흔히 불교도들은 탑 주위를 세 바퀴 돕니다. 아마 이 파리도 불교도였던 것 같습니다.

저는 간지러움이나 통증을 느끼는 경우 이런 방식으로 대응합니다. 이런 태도가 바른 정진입니다. 몸이 어느 정도 편안한 상태에서 고요한 마음으로 머무르는 것입니다. 한없이 통증을 참는 것도 아니고 조금만 간지러워도 참지 못하고 마구 긁어대는 것도 아닙니다. 그런 두 가지 극단을 취하지 않고 중도를 취하는 것입니다.

하지만 한 가지, 다른 사람들과 함께 수행하는데 재채기가 나오면 곧장 재채기를 하십시오. 재채기는 참지 마십시오. 재채기를 참으면 제가 '화산 효과'라고 이름 붙인 현상이 일어납니다. 용암이 산 꼭대기의 암반을 밀어 올리고 분출하듯 엄청나게 큰 소리로 재채기가 터져 나오는 것입니다. 재채기와 함께 침방울이 사방으로 튀어나 갈 수도 있습니다. 그러니 그러지 말고 처음 재채기를 하고 싶을 때 가볍게 하는 것이 좋습니다.

제가 '놓아버리기', '가슴을 열고 모든 것을 그저 받아들이기'에 대해 말하면 사람들은 팔정도에 정진이 포함되어 있다고 반박하기도 합니다. 하지만 바른 정진은 놓아버리려는 정진입니다. 얻으려는 정진이 아닙니다.

아잔 차 스님이 늘 말했듯 우리는 무엇을 얻기 위해 수행하는 것이 아닙니다. 수행은 놓아버리기 위해 하는 것입니다. 이것은 단순하게 들리지만 중요한 의미를 지니고 있습니다.

어떤 것을 추구하여 성취하면 자아가 강화됩니다. 그런데 우리는 자아를 강화시키기 위해 수행하는 것이 아니라 자아가 약화되어 사라지게 하기 위해 수행하고 있습니다. 따라서 바른 정진은 놓아버리려는 정진입니다. 잡으려는 노력이 아닙니다. 멈추는 데에도 정진이 필요합니다. 자동차의 브레이크를 밟는 데에도 힘을 주어야 하는 것과 마찬가지입니다.

무언가 잡으려고 하면 긴장이 생깁니다. 긴장이 일어나면 평화로움이 사라집니다. 마음에 평화가 없으면 지혜가 생길 수 없습니다. 모든 것을 놓아버리면 고요함, 평화로움, 지혜를 얻을 수 있습니다.

수행자가 고요함과 지혜를 잡으러 달려가는 것이 아닙니다. 고요함과 지혜가 수행자를 향해 다가옵니다. 따라서 '성취'라는 단어는 수행의 과정에 적절하지 않습니다. 수행의 과정은 모든 것이 사라지는 과정입니다. 수행에서 각각의 단계라는 것은 사라짐의 도로 위에 있는 이정표일 뿐입니다.

모든 것을 놓아버리는 방향으로 정진하면 감각적 욕망이 줄어듭니다. 감각적 경험조차 바라지 않게 됩니다. 모든 것을 놓아버리면 당연히 두 번째 장애인 악의, 적대적인 마음가짐도 약화됩니다.

이처럼 팔정도 가운데 앞의 여섯 가지를 수행하면 감각적 욕망과 적개심이라는 다섯 가지 장애 중 처음 두 가지 장애가 약화됩니다.

경전에서 말하는 것처럼 마음챙김 수행을 하기 전에 '세상에 대해 좋아하는 마음과 싫어하는 마음이 약화'되는 것입니다. 장애가 약화되면 몸, 느낌, 마음, 정신 현상을 알아차릴 수 있게 됩니다. 장애의 힘이 강할 때는 마음챙김이 자리 잡을 수 없습니다. 마음챙김의 힘이 충분히 강하지 않기 때문입니다.

마음챙김이 무엇인지 알기 위해서, 그리고 어떻게 하면 마음챙김이 자리 잡을 수 있는지 알기 위해서는 이러한 준비 과정이 필요합니다. 준비 과정이 있어야 비로소 마음챙김 수행을 할 수 있게 됩니다.

바른 마음챙김

제가 호주에 가서 보디냐나 사원[Bodhinyana Monastery]의 설립을 돕기 시작한 것은 삼십사 년 전의 일입니다. 당시 그 지역 사람들은 불교나 승가(僧伽)에 대한 이해가 없어서 저희에 대한 신뢰도 없었습니다. 아마 불교 승려가 무엇인지도 몰랐을 것입니다. 그러니 사원을 짓는 데 도움을 주는 사람이 없었습니다. 사람들의 신뢰를 얻기에 오랜 시간이 걸렸습니다.

처음에 저희는 부족한 자원과 인력으로 그 사원을 세워야 했고 그래서 어지간한 일은 모두 직접 했습니다. 아잔 차 스님은 무슨 일을 하든지 그 일에 자신이 가진 모든 것을 다 던지라고 말하고는 했습니다. 저는 그 말을 항상 명심하고 그대로 생활하려고 애썼습니다. 그래서 건축 일에도 최선을 다했습니다. 그렇게 수행 외의 일에도 최선을 다하면 수행하기가 매우 쉬워집니다.

그 당시에는 언제나 바빴으며 연장과 필요한 건축 자재를 사기 위해 가까운 도시에 나갈 일도 많았습니다. 저희 사원은 그다지 높지 않은 작은 산 위에 있는데 평지로부터 2.2킬로미터 떨어져 있습니다. 그 사원에 머문 지 칠 년쯤 되었을 때의 일입니다. 그때까지 저는 가까운 도시를 오가면서 늘 차량을 이용했습니다. 그런데 그날은 도시에서 볼 일을 보고 돌아오는데 점심 공양 시간까지 충분한 여유가 있었습니다. 마침 날씨도 좋았고 승려도 가끔 운동이 필요하니 사원까지 올라가는 2.2킬로미터를 걸어가 보기로 했습니다.

지금 저는 배가 상당히 나왔습니다. 음식을 많이 먹어서 배가 나온 것이 아닙니다. 제가 공양하는 것을 본 사람이라면 제가 그다지 많이 먹지 않는다는 것을 알 것입니다. 제 배가 나온 이유는 지난 사십이 년 동안 승려 생활을 해온 것과 연관이 있습니다. 승려 생활을 하면 자비심이 점점 커집니다. 그래서 심장, 하트가 점점 커집니다. 그러다가 갈비뼈 때문에 가로막힌 하트가 아래로 밀려간 것입니다. 이 배는 사실은 배가 아니라 커다란 하트입니다. 괜찮은 변명 아닙니까? 여러분도 배가 나오기 시작하면 이 변명을 사용하십시오.

아잔 차 스님도 배가 나왔습니다. 어쩌면 배가 나온 것은 수행이 깊어져서 걱정이 없기 때문인지도 모릅니다. 걱정이 많으면 살이 빠진다고들 합니다. 그러니 살을 빼려면 걱정을 해야 할 것 같습니다.

그날 2.2킬로미터의 길을 걸어 올라가다가 저는 어리둥절해졌습니다. 제가 잘 알고 있다고 생각했던 주변 환경을 알아볼 수가 없었던 것입니다. 차를 타고 지나치면서 차창을 통해 보던 것과 너무나 달랐습니다. 칠 년 동안 일주일에 두세 차례 차를 타고 지나다녔는데도 주변이 완전히 낯설었습니다.

저는 걸음을 멈추었습니다. 그러자 주변 환경은 또 한 번 달라졌습니다. 이전에는 보지 못했던 것이 시야에 들어왔습니다. 조그만

바위, 계곡에 흐르는 시냇물과 작은 폭포, 풀밭에 피어 있는 들꽃, 아름다운 꽃나무 등이 보였습니다. 저는 다시 걸으면서 칠 년이나 지나다닌 그곳이 왜 그렇게 낯설고 아름답게 보이는지 생각해보았습니다. 그러자 젊어서 자연 과학을 교육받은 덕분인지 과학적인 설명이 떠올랐습니다. 우리가 사물을 보면 홍채를 통해 들어온 외부의 정보는 망막에 이미지를 남깁니다. 이 자극은 화학 반응을 일으키고 화학 반응은 다시 전기적 신호로 변환되면서 신경 회로를 따라 대뇌 피질에 전달됩니다. 그러면 우리는 사물을 형상과 색채를 가진 시각적 대상으로 인식하게 됩니다.

그런데 제가 차를 타고 빠르게 지나가면서 차창 밖으로 주위 환경을 보았을 때 대상은 저의 시신경에 분명한 이미지를 남길 시간이 부족했습니다. 인식 과정이 완성되기 전, 다음 사물이 시야에 들어왔던 것입니다. 각각의 대상을 인식할 만한 충분한 시간이 없었습니다. 하지만 걸으면서 주위를 보았을 때는 각각의 대상을 인식할 수 있는 충분한 시간을 가질 수 있었습니다.

저는 학생 시절에 필름 사진을 찍은 다음 인화지를 화학 약품에 담가 현상해본 적이 있습니다. 현상 작업에서는 시간이 중요합니다. 인화지를 너무 일찍 꺼내면 이미지가 충분히 드러나지 않습니다. 시신경에서 이루어지는 작업도 이와 유사합니다. 더 오랜 시간 바라볼수록 더 많은 것을 보게 됩니다. 천천히 걸어가면 차를 타고 지나가며 보는 것보다 훨씬 더 많은 것을 보게 됩니다. 하지만 가장 많은 것을 볼 수 있는 것은 멈추어 서 있을 때입니다. 완전히 정지해 있으면 망막에 분명하게 상이 맺힙니다. 그러면 여러 가지 색채와 형상이 모두 드러나서 놓쳤던 아름다움을 느낄 수 있게 됩니다.

이 이야기는 사념처 수행의 준비 과정을 설명하는 데 상당히 적합합니다. 마음챙김이 자리 잡기 위해서는 마음의 속도를 줄여야 합니다. 그리고 마침내 멈추어야 합니다. 마음의 속도가 빠르면 달리는 차 안에서 차창 밖의 풍경을 보는 것과 같습니다. 너무 빨리 움직이고 있습니다. 그래서 보는 것, 듣는 것, 느끼는 것, 아는 것이 내면에 충분히 인식되지 못하며 놓치는 것이 많습니다. 이런 이유에서 마음챙김을 위해 '멈춤'이 필요한 것입니다.

천천히 걸어가면 더 많은 것을 볼 수 있습니다. 그리고 세상이 더 아름답게 보입니다. 멈추어 서서 세상을 보면 더 많이 보일 뿐 아니라 더 아름답게 보입니다.

따라서 행복해지고 싶다면 속도를 늦추십시오. 너무 많이 생각하지 마십시오. 정지하고 침묵하십시오. 정지하면 더 많은 에너지를 가지게 됩니다. 그리고 그러한 에너지로 인해 마음챙김이 더욱 강해지고 더욱 행복해질 것입니다.

『맛지마 니까야』「법탑 경(Dhammacetiya Sutta)」(M89)에는 빠세나디 왕이 부처님에게 자신이 제따와나 사원에 오는 것을 좋아하는 이유에 대해 말하는 장면이 있습니다. 빠세나디 왕은 자신이 제따와나 사원에 와서 부처님에게 최상의 존경심을 표하는 이유 중의 하나가 스님들이 언제나 미소 짓고 즐겁고 기쁨에 차 있기 때문이라고 말합니다. 수행자가 바른 방법으로 수행하고 지혜를 갖추면 행복감을 느끼고 미소 짓게 될 것입니다. 여러분은 어떻습니까? 행복감을 느끼며 미소 짓습니까? 아니면 힘들고 괴로워합니까? 만일 힘들고 괴롭다면 바르지 않은 방법으로 수행하는 것입니다.

이러한 마음가짐이 사념처 수행의 선행 조건입니다. 그리고 또 다른 선행 조건도 있습니다.

『맛지마 니까야』「마음챙김의 확립 경」(M10)의 '세상에 대한 욕심과 싫어하는 마음을 버리고 근면하고 분명히 알아차리고 마음 챙기면서 머문다.'는 구절에서 '분명히 알아차리고'에 해당되는 빨리어는 '삼빠자나(sampajāna)'입니다. 이 단어는 '지혜와 함께한', '지혜를 가지고'라는 뜻입니다.

아잔 차 스님은 '사띠 삼빠자나(sati-sampajāna)'라는 단어도 가끔 사용했지만 주로 '사띠 빤냐(sati-paññā)'라는 단어를 많이 사용했습니다. '사띠'만 말하는 일은 없었습니다. 마음챙김[sati]이라는 단어만 따로 사용하지 않고 지혜[paññā]를 뜻하는 단어와 함께 사용한 것입니다. 그저 마음챙김이 아니라 지혜와 함께하는 마음챙김이어야 한다는 뜻입니다.

저는 언젠가 베트남의 하노이에서 열린 불교 회의에 참석한 일이 있습니다. 이 회의는 세계 여러 곳에서 모인 불교 전문가들이 몇 그룹으로 나뉘어 각각 서로 다른 주제를 가지고 토론한 후, 각 그룹의 대표자가 자기 그룹의 토론 결과를 모두에게 발표하는 방식으로 진행되었습니다. 불교 종단의 화합 문제, 불교의 세계적 발전 등 다양한 주제가 있었습니다.

그룹별 토론을 마치고 각 그룹의 대표자가 한 명씩 나와서 자기 그룹의 토론 내용을 발표하는 순서였습니다. 대표자 한 명이 발표를 위해 강단에 올라오는데 걷기 명상을 하듯 한쪽 발을 들어 천천히 앞으로 움직인 후 바닥을 딛고 그 다음 다른 발을 들어 천천히 움직인 후 바닥을 딛으며 걸었습니다. 그 발표자는 발표를 위해 주어진 이십 분의 시간 중 십 분을 강단에 올라오는 데 사용했습니다. 저는 예의상 웃음을 참고 있었는데 제 옆자리에 앉아 있던 티베트 스님은 배를 잡고 웃어댔습니다.

이런 것이 지혜 없는 마음챙김의 예입니다. 한 걸음 한 걸음은 알아차리고 있었겠지만 그 시간이 무엇을 하는 시간인지, 자신이 어떤 목적으로 걷고 있는지는 알지 못했던 것입니다. 이런 것은 아마도 어리석음과 함께한 마음챙김일 것입니다.

이처럼 거친 장애가 약화되고 지혜와 함께하는 마음챙김이 자리 잡으면 사념처 수행을 위한 준비가 갖추어집니다. '다섯 가지 장애를 약화시키고, 근면하고, 지혜와 함께하는 마음챙김을 갖추면서 머문다.'는 선행 조건이 충족되는 것입니다. 이제 바르게 사념처 수행을 할 수 있으며 아마도 일주일 안에 좋은 결과를 얻게 될 것입니다.

몸

사념처 수행은 몸[身], 느낌[受], 마음[心], 정신 현상[法]의 네 가지로 구성됩니다.

그중의 첫 번째는 몸에 대한 마음챙김 수행입니다. 이 수행의 설명은 '몸에서 몸을 관찰하며[kāye kāyānupassī]'라는 구절로 시작됩니다. 이런 반복은 빨리어 특유의 관용적인 표현입니다. '몸에서'라는 앞의 단어는 아무 의미도 없습니다. '몸에서 몸을 관찰하며'라는 구절은 그저 '몸을 관찰하며'라는 의미입니다.

몸에 대한 마음챙김 수행에는 여러 가지 방법이 제시되어 있습니다. 첫 번째 방법이 호흡 수행이고, 그 다음 네 가지 자세의 알아차림, 일상(日常)의 알아차림, 서른두 가지 몸의 부위에 대한 관찰, 사대(四大)의 관찰, 그리고 시체의 관찰 등이 있습니다.

저는 젊은 승려 시절 태국에 있을 때 시체 해부를 참관한 적이 있습니다. 해부실에 들어가자 보통은 꽃병을 올려놓을 법한 창가에 놀랍게도 사람의 머리가 쟁반 위에 놓여 있었습니다.

그 후에도 몇 차례 해부를 참관했지만 인체의 기능에 더 많은 관심을 가지고 보았기 때문에 부정관(不淨觀) 수행의 효과는 별로 없었습니다. 한번은 제 또래로 보이는 젊은 청년의 시체 해부를 참관했는데 그 시체와 동질감을 느꼈기 때문에 부정관 수행의 효과가 있었습니다. 특히 의사가 시신의 고환을 끄집어내는 장면은 상당히 충격적이었습니다.

하지만 저는 육신의 더러움과 덧없음을 깨우치기 위해 부정관을 수행하다가 환속해서 결혼한 스님들을 많이 알고 있습니다.

재가자가 출가해서 스님이 되려면 먼저 사미계를 받아야 합니다. 상좌부 전통의 불교 승가에서는 사미계를 줄 때 머리털, 몸 털, 치아, 손톱, 피부의 다섯 부분에 대하여 명상하도록 가르칩니다. 왜 이 다섯 가지 부분에 대하여 명상하는 것일까요?

우선 머리털의 바깥에 나와 있는 부분은 모두 죽은 부분입니다. 살아 있는 부분은 피부 속에 있습니다. 그렇기 때문에 머리털을 잘라도 아픔을 느끼지 않는 것입니다. 몸의 다른 털도 역시 모두 다 죽은 부분입니다.

손톱도 마찬가지입니다. 그 뿌리는 피부 안 깊숙이 들어가 있습니다. 치아도 역시 마찬가지로 모두 죽어 있는 부분입니다. 피부의 경우도 외피는 모두 죽은 부분이며 피부의 살아 있는 부분은 외피로부터 몇 밀리미터 안쪽에 있습니다. 눈에 보이는 신체는 대부분 죽어 있습니다. 타인을 볼 때 우리는 죽은 머리카락, 죽은 몸 털, 죽은 손톱, 죽은 치아, 죽은 피부를 보는 것입니다. 누가 죽어 있는 신체 부위를 애무하겠습니까? 누가 키스하겠습니까? 역겹지 않습니까? 승려의 경우에 이성(異姓)의 아름다움에 매혹된다면 이런 마음가짐을 갖는 것이 실제적인 도움을 줍니다.

몸에 대한 마음챙김 수행 중에서 '일상에서 분명히 알아차리는 수행'은 지혜를 필요로 하는 수행입니다.

> 다시 비구들이여, 비구는 나아갈 때도 돌아올 때도
> 자신의 거동을 분명히 알아차리면서 행한다. 앞을 볼
> 때도 돌아볼 때도 분명히 알아차리면서 행한다. 구부릴
> 때도 펼 때도 분명히 알아차리면서 행한다. 법의,
> 발우, 의복을 지닐 때도 분명히 알아차리면서 행한다.
> 대소변을 볼 때도 분명히 알아차리면서 행한다. 갈 때도
> 서 있을 때도 앉아 있을 때도 잠잘 때도 깨어 있을 때도
> 말할 때도 침묵할 때도 분명히 알아차리면서 행한다.
> ㅡ『맛지마 니까야』「마음챙김의 확립 경」(M10) §8, 초기불전연구원

제가 조금 전에 이야기한, 불교 회의에서 몹시 천천히 걸어서 모두를 기다리게 했던 사람은 자신이 왜 걸어가는지 그 이유를 아는 지

혜가 없었습니다.

이 수행법은 일상생활에서 자신이 어떤 행동을 하는 이유를 아는 것 자체를 수행으로 삼는 것입니다. 만일 일상생활에서 자신이 왜 말하는지 그 이유를 아는 지혜가 있다면 대부분의 경우 말을 하다 말고 멈추게 될 것입니다. '말할 때도 침묵할 때도 분명히 알아차리면서 행한다'면 대부분의 경우 침묵하게 되는 것입니다. 여기에서 분명히 알아차린다는 것은 행위의 이유를 아는 지혜가 있다는 뜻입니다.

특히 이런 명상 수련회에서는 말을 하기 전에 세 번 숙고해보는 것이 좋습니다. 자신에게 세 가지 질문을 던지는 것입니다.

첫 번째 질문은 '이 말을 하는 것이 정말 필요한가?'라는 질문입니다. 만약 그 질문에 대한 대답이 '그렇다. 이 말을 하는 것이 필요하다.'라면 그 다음 두 번째로 '이 말을 하는 것이 정말 정말 필요한가?'라고 질문합니다. '그렇다.'는 대답이 나온다면 마지막으로 '이 말을 하는 것이 정말 정말 정말 필요한가?'라고 다시 질문해봅니다. 여러분이 이 세 번의 질문 모두에 '그렇다.'고 대답했더라도 이미 그때쯤이면 상대방은 멀리 가버렸을 테니 말을 할 필요가 없을 것입니다.

때로 어떤 사람들은 뱀이 나타나거나 불이 난 위험한 상황에서도 묵언을 지키기 위해 말을 하지 않고 무언극을 하듯 몸짓으로 주변에 알리려 합니다. 이것은 지혜가 전혀 없는 굉장히 어리석은 묵언입니다. 묵언 중에도 꼭 필요한 일에 대해서는 짧고 간단하게 말로 설명해야 합니다.

　묵언의 수행은 말을 절대로 하지 않는 것이 아닙니다. 바른 이유가 있을 때 바른 시간에 바른 장소에서 말하는 수행입니다. 수행 중에 묵언을 지키는 것은 지혜와 함께하는 마음챙김의 수행입니다. 따라서 꼭 필요한 경우에 지혜와 마음챙김을 가지고 말을 하는 것이 바른 묵언 수행입니다.

　잠잘 때 알아차리는 수행도 마찬가지입니다. '잠잘 때도 깨어있을 때도 분명히 알아차리면서 행한다.[sutte jāgarite sampajānakārī hoti]'라는 문장에서 '잠잘 때도'를 의미하는 '숫떼(sutte)'라는 단어는 영어의 번역본에 '잠들 때도'라고 번역되어 있습니다. 아마도 잠을 자고 있을 때 알아차린다는 것이 비현실적이라고 생각한 것 같습니다. 하지만 빨리어에서 '잠들다'를 의미하는 동사는 따로 있습니다. 여기에 사용된 '숫떼'라는 단어는 '잠잘 때도'라고 번역하는 것이 옳습니다. '잠잘 때도 분명히 알아차린다'는 의미는 잠을 잘 때 왜 자는지, 그리고 얼마나 오래 자야 하는지 분명히 이해하는 지혜를 가지고 잠을 잔다는 뜻입니다.

　저의 경우를 보면 강연이 많고 일정이 바쁠 때는 신체의 피로를 풀기 위해 평소보다 오래 잡니다. 하지만 사원에서 지내며 바쁜 일정이 없으면 잠을 덜 잡니다. 잠을 오래 자야 할 이유가 없어진 것입니다. 잠잘 때도 분명히 알아차리는 수행은 이렇게 자신이 왜 잠을 자는지, 그리고 얼마나 오래 자야 하는지 알면서 잠을 잔다는 뜻입니다. 수면 시간이 매일 똑같을 수는 없습니다. 병이 들면 더 오랜 시간 잠을 자야 할 것입니다.

저는 몸의 요구에 귀를 기울입니다. 몸의 요구에 귀를 기울이는 것은 자애로운 마음가짐으로 자신의 몸을 대하는 것입니다. 그래서인지 저는 상당히 건강합니다. 저는 지난 이십오 년간 병원에 간 일이 없습니다. 몸에게 질문을 던지고 몸의 요구에 귀를 기울이는 것은 몸에 대한 마음챙김 수행의 한 가지 방법입니다. 몸에게 무엇을 원하는지 물어서 몸이 운동을 원한다고 하면 빠른 걸음으로 걷기 수행을 합니다. 몸이 휴식을 원하면 휴식을 취합니다. 저는 몸의 요구와 다투지 않습니다. 전에는 몸의 요구와 늘 다투고는 했습니다. 지금은 수행 시간인데 휴식을 취하겠다고 하면 어떡하냐고 꾸짖기도 했습니다. 하지만 아무 효과도 없었습니다. 이제는 몸이 휴식을 취하기를 원하면 몸의 요구대로 잠시 휴식을 취합니다. 몸이 휴식을 원하는 데에는 나름의 이유가 있을 것입니다. 바이러스가 들어왔을 수도 있고 그 밖의 다른 질병이 생겼을 수도 있습니다. 몸의 요구에 귀를 기울이고 요구를 들어주면 몸은 다시 건강을 회복합니다. 몸과 다투지 않고 협력하는 것이 제가 그동안 배운 지혜입니다. 몸에 대한 마음챙김을 오래 수행하면 쉽게 몸의 언어를 이해하게 될 것입니다.

저는 학생 시절 파키스탄과 인도를 여행하다가 심한 설사를 일으켜 아무것도 먹지 못하고 누워 있었던 적이 있습니다. 그런데 갑자기 소금을 먹고 싶은 강한 욕구를 느꼈습니다. 그래서 소금을 사서 한 줌 가득 쥐고 먹었습니다. 그때는 이유를 알지 못했지만 설사를 하면 수분뿐 아니라 몸 안의 염분도 모두 바깥으로 빠져나간다는 것을 나중에 알게 되었습니다. 몸이 염분을 원했던 것입니다. 몸은 나름의 지혜를 가지고 있습니다. 따라서 몸의 요구에 귀를 기울이면 여러 가지 문제를 피할 수 있고 건강도 지킬 수 있습니다.

물론 몸에 대한 마음챙김 수행의 목적은 이러한 실용성에만 있는 것은 아닙니다. 진정한 목적은 법을 이해하는 데 있습니다. 몸은 그저 몸일 뿐 나도 아니고, 나의 것도 아니고, 나의 자아도 아니라는 것을 몸에 대한 마음챙김 수행을 통해 알게 됩니다.

사념처를 설명하는 경전에는 여러 가지 마음챙김의 대상이 설명되어 있습니다. 그리고 각각의 대상에 대한 설명 후에 계속 반복되어 나오는 반복 정형구가 있습니다.

> 이와 같이 안으로 몸에서 몸을 관찰하며 머문다. 혹은
> 밖으로 몸에서 몸을 관찰하면 머문다. 혹은 안팎으로
> 몸에서 몸을 관찰하며 머문다. 혹은 몸에서 일어나는
> 요소들을 관찰하며 머문다. 혹은 몸에서 사라지는
> 요소들을 관찰하며 머문다. 혹은 몸에서 일어나는

요소들과 사라지는 요소들을 관찰하며 머문다. 혹은
'몸이 있구나.'라고 그의 마음챙김이 현전하나니, 그것은
오직 지혜를 증장하게 하고, 오직 마음챙김을 강하게
한다. 이제 그는 의지하지 않고 머문다. 그는 세상에서
아무것도 움켜쥐지 않는다. 비구들이여, 이와 같이
비구는 몸에서 몸을 관찰하며 머문다.

_『맛지마 니까야』「마음챙김의 확립 경」(M10) §5, 초기불전연구원

이 반복 정형구에서 '일어나는 요소들과 사라지는 요소들을 관찰하며 머문다.'는 것은 그저 일어나고 사라지고 일어나고 사라지는 반복을 바라보고 있다는 뜻이 아닙니다. 그저 일어남과 사라짐을 바라보는 것이 아니라 그 원인, 즉 일어나는 원인과 소멸하는 원인을 이해하는 것입니다.

『상윳따 니까야』의 「일어남 경」(S47:42)에 일어남과 사라짐의 의미가 설명되어 있습니다. 이 경에서 말하듯 몸이 일어나는 원인은 자양분의 일어남입니다. 그리고 자양분은 『상윳따 니까야』의 「음식 경」(S12:11)에서 네 가지로 설명됩니다. 먹는 음식, 감각접촉, 마음의 의도, 의식의 네 가지입니다. 이 네 가지가 몸을 지탱하고 지속하게 하는 원인입니다. 연료와 심지와 열이 등잔의 불꽃을 계속 타게 하는 것과 같습니다. 몸에 대한 마음챙김 수행을 통해 몸을 알아차릴

뿐 아니라 몸이 일어나는 원인을 이해하게 되는 것입니다.

먼저, 음식을 먹지 않으면 당연히 육신은 죽음을 맞습니다. 또한 감각접촉이 차단되면 죽음을 맞습니다. 의식 불명 상태에 있던 환자들이 깨어나는 경우가 있는데 그들은 자신들이 의식 불명 상태였을 때 들을 수도 있었고 볼 수도 있었지만 말을 하거나 반응을 보일 수는 없었다고 말합니다. 정보를 받을 수는 있었지만 반응을 할 수 없었던 것입니다. 그러한 상태에서 감각접촉이 단절되면 죽음을 맞게 됩니다. 그러니 만일 여러분의 친지가 의식 불명 상태에 있다면 그 사람의 손을 잡거나 말을 걸어서 외부 자극을 주어야 합니다. 접촉이 사라지면 육신은 죽음을 맞을 것입니다. '팟사(phassa)', 접촉이 몸을 지탱하고 유지하는 자양분 중의 하나입니다.

몸을 유지하는 또 하나의 자양분은 마음의 의도, 즉 살고자 하는 의지입니다. 노쇠로 인해 삶에 대한 의지가 약해진 경우나 혹은 어떤 일로 좌절해서 살려는 의지를 완전히 포기하는 경우 죽음을 맞이하게 됩니다. 네 번째 자양분은 의식입니다. 오랫동안 의식을 잃고 있으면 죽음을 맞게 됩니다.

이 네 가지 자양분이 몸이 비롯되는 원인입니다. 등잔의 연료와 심지와 열이 등잔불이 비롯되는 원인인 것과 같습니다. 몸은 항상(恒常)한 것이 아닙니다. 몸은 원인이 있을 때 일어나고 원인이 사라지면 소멸합니다.

느낌

살면서 일어나는 즐거운 느낌과 괴로운 느낌도 마찬가지입니다. 느낌은 접촉이라는 조건에 의해 일어나는 결과일 뿐입니다. 접촉이 멈추면 느낌도 멈춥니다. 시각적 접촉, 청각적 접촉, 후각적 접촉, 미각적 접촉, 촉각적 접촉, 이 다섯 가지 접촉이 사라지면 느낌도 소멸합니다.

다섯 가지 감각적 경험에서 비롯되는 행복한 느낌도 사실은 괴로움입니다. 아무리 아름다운 풍경도 시각적 경험이 닫혔을 때의 아름다움만 못합니다. 최상의 음식 맛이나 섹스의 경험도 신체적 감각이 사라지는 즐거움만 못합니다. 다섯 가지 감각적 경험이 사라지면 최고의 행복감을 느끼게 됩니다. 감각적 경험에서 비롯되는 느낌은 모두 괴로움입니다.

수행자는 느낌에 대한 마음챙김 수행을 통해 느낌이 어디에서 생겨나며 어떻게 멈추는지 그 원인을 이해하게 됩니다. 느낌은 느끼는 사람에 의해서 생겨나는 것이 아니라 그 자체의 원인에서 비롯됩니다. 그러므로 여러분은 느낌을 통제할 수 없습니다. 언제나 매순간 즐거움만 계속 느낄 수 없습니다. 최상의 약을 갖추고 최고의 의사가 항상 곁에서 돌본다고 해도 언젠가는 육체에 통증을 느낍니다. 그것이 자연의 본성이고 느낌의 본성입니다. 이것을 이해하면 괴로움을 느껴도 자신의 잘못으로 여기지 않게 됩니다. 괴로움을 느낀다고 해서 무언가 잘못된 것이 아닙니다. 아무것도 고칠 필요가 없습니다.

　'운전사 없는 버스' 이야기에서 설명한 바와 같습니다. 여러분이 타고 있는 버스는 때로는 괴로움의 영역을 지나가고 때로는 행복의 영역을 지나갑니다. 이것은 누구의 잘못도 아닙니다. 이 버스에는 운전사가 없습니다. 따라서 누구에게도 불평할 수가 없습니다. 행복감이 없으면 괴로움도 없을 것이며 반대로 괴로움이 없다면 행복감도 느끼지 못할 것입니다. 그 둘은 서로 연관되어 있습니다. 영원히 지속적으로 행복감만 느끼는 것은 불가능합니다. 만일 천국에 간다고 해도 언젠가는 괴로움을 느낄 것입니다.

　기독교의 어떤 종파는 사람들이 영원한 천국에 가도 일 년에 한 번은 지옥을 방문한다고 말합니다. 가끔 한 번씩 지옥을 방문하지 않으면 천국의 고마움을 알지 못하기 때문입니다. 언제까지고 천국에 있으면 거기에 익숙해집니다.

　사실상 현대 생활은 천국이나 다름없습니다. 대승불교에서는 천국 대신 서방정토(西方淨土)를 말합니다. 지금 현재 우리가 살고 있는 이곳이 정토입니다. 서방정토에서는 듣고 싶은 음악이 있으면 그 순간에 그 음악이 연주되고 먹고 싶은 음식이 생각나면 곧바로 앞에 나타난다고 합니다. 우리는 휴대 전화기와 태블릿 PC로 듣고 싶은 음악을 언제든 마음껏 들을 수 있습니다. 먹고 싶은 음식이 있으면 배달시키면 됩니다. 여흥거리가 필요하면 수십 개의 채널이 텔레비

전에 있습니다. 정토에 오신 것을 환영합니다. 우리는 이미 서방정
토에 와 있습니다.

느낌은 그저 느낌입니다. 우리는 느낌을 조절할 수 없습니다.
즐거운 느낌이 일어나도 그저 그뿐입니다. 괴로운 느낌이 일어나도
그저 그뿐입니다. 그 느낌은 나도 아니고 나의 소유도 아닙니다. 집
착할 것도 없고 붙잡을 이유도 없습니다.

마음

그 다음은 '마음에 대한 마음챙김 수행'입니다. 마음에 대한 마음챙
김 수행은 탐진치(貪瞋癡)가 있는 마음을 탐진치가 있는 마음으로,
탐진치가 없는 마음을 탐진치가 없는 마음으로 알아차리고, 삼매에
든 마음을 삼매에 든 마음으로, 삼매에 들지 않은 마음을 삼매에 들
지 않은 마음으로 분명히 아는 수행입니다.

하지만 만약 수행자에게 '몽롱함과 졸음'이라는 장애가 일어난
다면 자신에게 몽롱함과 졸음이 있다는 것을 어떻게 알겠습니까?
몽롱함과 졸음은 그 장애의 특성상 모든 것을 가립니다. 몽롱하고
졸리면 자신의 마음이 고요하다고 착각하기도 합니다. 몽롱함과 졸
음이 심하면 자신이 어떤 상태에 있는지 전혀 알지 못합니다.

여기에서 '분명히 안다'는 것은 장애가 지나간 이후에 스스로의

마음을 반조하여 어떤 상태에 있었는지 이해하는 지혜도 포함됩니다. 몽롱함과 졸음이 지나간 이후에 몽롱함과 졸음이 있는 마음 상태였다는 것을 나중에 알게 되는 것입니다. 삼매에 든 마음을 삼매에 든 마음으로 아는 것도 마찬가지입니다. 선정에서 나온 후에 '반조하는 지혜'를 통해 알게 됩니다.

선정에 있는 마음을 선정에 있는 마음으로 알고, 번뇌가 있는 마음을 번뇌가 있는 마음으로 안다는 것은 두 개의 양극단을 제시하여 그 중간에 있는 마음 상태 모두를 포함하는 것입니다. 다시 말해 지금 현재 자신의 마음 상태가 어떤지 알아차리라는 것입니다. 저는 여러분에게 평화로움 측정계를 바라보는 수행에 대해서 이야기했습니다. 이 수행법은 실제적인 도움을 줍니다. 지금 현재 자신의 마음이 얼마나 평화로운지 한번 점검해보십시오.

『맛지마 니까야』「사유를 가라앉힘 경(Vitakkasaṇṭhāna Sutta)」(M20)에는 해로운 사유를 제거하는 다섯 가지 방법이 언급되어 있습니다. 그중 네 번째 방법은 사유의 '능동성[saṅkhāra]'을 가라앉히는 것입니다.

> 탐욕과… 성냄과… 어리석음과 관련된 나쁘고
> 해로운 사유들이 일어나면, 그 비구는 '그 사유들의
> 능동성[vitakka-saṅkhāra]'을 가라앉힘을 마음에

잡도리해야 한다. 비구들이여, 그가 그 사유들의
능동성*을 가라앉힘을 마음에 잡도리할 때 탐욕과…
성냄과… 어리석음과 관련된 나쁘고 해로운 사유들이
제거되고 사라진다. 그런 것들이 제거되기 때문에
마음이 안으로 안정되고 고요해지고 전일해져 삼매에
든다.

비구들이여, 예를 들면 어떤 사람이 급히 가다가 '왜 내가
급히 가지? 나는 천천히 가야지.' 하면서 천천히 간다.
'왜 내가 천천히 가지? 나는 서야지.' 하면서 선다. '왜
내가 서 있지? 나는 앉아야지.' 하면서 앉는다. '왜 내가
앉아 있지? 나는 누워야지.' 하면서 눕는다. 비구들이여,
이렇게 하여 그 사람이 각각의 거친 자세를 가라앉혀
미세한 자세를 취하는 것과 같다.

　__『맛지마 니까야』「사유를 가라앉힘 경」(M20) §6, 초기불전연구원

평화로움 측정계를 알아차리는 수행법이 바로 이 방법입니다. 마음
이 긴장되고 들떠 있으면 쉽게 사념이 일어납니다. 기타 줄이 팽팽
하게 당겨져 있는데 줄을 건드리면 높은 소리가 나는 것과 마찬가지
입니다. 줄을 늦추면 늦출수록 소리는 점점 낮아집니다. 줄을 완전
히 늦추면 건드려도 소리가 나지 않습니다. 여기서 기타 줄은 여러

분의 마음과 같습니다.

현재 여러분 마음의 줄은 얼마나 팽팽하게 당겨져 있습니까? 마음의 줄이 팽팽하게 당겨져 있는데 자극이 오면 생각이 일어납니다. 마음의 줄이 늦추어져 있으면 자극이 오더라도 생각이 일어나지 않습니다. 마음의 줄이 팽팽하게 당겨져 있는데 누군가 시끄러운 소리를 내면 생각이 일어납니다. 마음이 완전히 이완되어 있으면 시끄러운 소리가 나도 생각이 일어나지 않습니다. 내면에서 메아리가 울리지 않는 것입니다.

평화로움 측정계를 알아차려서 생각의 능동성을 고요히 하면, 즉 마음의 줄을 완전히 늦추면 생각과 망상이 사라지게 됩니다. 생각이 사라지면 마음이 어떻게 일어나고 어떻게 사라지는지 그 원인을 이해하게 됩니다. 「일어남 경」(S47:42)을 비롯해 여러 경전에서 말하듯 마음이 일어나는 원인은 '나마 루빠(nāma-rūpa)', 명색(名色)입니다. 명색이 일어나면 마음이 일어나고, 명색이 소멸하면 마음이 소멸합니다.

젊었을 때 저는 마음이 항상 존재하는 것이라고 생각했습니다. 텔레비전이 꺼져 있어도 텔레비전 세트 자체는 존재하는 것처럼 생각이나 망상이 일어나지 않아도 마음 그 자체는 항상 있는 것이라고 생각했습니다. 하지만 텔레비전 세트가 사라집니다. 마음이 사라지는 것입니다. 명색이 있으면 그것을 아는 '마음'이 있습니다. 명색이 사라지면 그것을 아는 '마음'도 함께 사라집니다.

마음이 원인에 의해 일어나고 사라진다는 것을 이해하면 마음이 자아가 아니라는 것을 깨닫게 됩니다. 마음은 일어났다가 사라집니다. 원인이 일어나면 생기고, 원인이 소멸하면 사라지는 것입니다. 이것은 내부의 주체가 없는 비어 있는 과정입니다. 명색이 일어나면 마음도 일어나고 명색이 사라지면 마음도 사라집니다.

어떤 사람들은 마음이 사라지면 어디로 가느냐고 묻습니다. 불이 꺼지면 그 불은 어디로 갑니까? 불은 그저 꺼집니다. 소멸된 마음이 어디로 가느냐고 묻는 것은 꺼진 불이 어디로 가느냐고 묻는 것과 같습니다.

법

현재 독일의 함부르크 대학에서 불교 비교 문헌학을 연구하는 아날라요(Anālayo) 스님은 여러 가지 판본의 불교 경전을 비교 연구하고 있습니다. 빨리어로 된 상좌부 니까야와 산스크리트어로 된 불경 그리고 여러 사본의 한역 경전에서 유사한 내용의 경전을 찾아 그 내용을 서로 비교하는 방법으로 부처님의 본래 가르침을 역추적하는 것입니다.

그에 따르면 사념처 수행을 다룬 경전의 초기 사본들에는 '법에 대한 마음챙김 수행'에 오직 두 가지 주제만이 공통적으로 담겨 있다고 합니다. 그렇다면 부파불교 이전의 초기불교 전승에서는 '법에 대한 마음챙김 수행' 부분에 두 가지 주제만 담겨 있었다고 가정해볼 수 있습니다. 그 두 가지는 다섯 가지 장애와 칠각지입니다. 그 외 나머지 주제들은 초기 사본에 공통적으로 나타나지 않는다고 합니다.

저는 이러한 연구 방법이 상당히 의미 있다고 생각합니다. 더욱이 수행자의 입장에서 보자면 지금처럼 오온, 육처(六處), 사성제가 포함되어 '법에 대한 마음챙김 수행'에서 다섯 가지 주제가 다루어지는 것보다 훨씬 더 의미를 갖습니다.

장애가 일어나는 원인은 '지혜롭지 못한 주의 기울임[ayoniso manasikāra]'입니다. 감각적인 생각에 주의를 기울이면 감각적인 생각은 점점 커집니다. 감각적인 생각에 주의를 기울이지 않고 거리를 두면 감각적인 생각은 점점 약해집니다. 눈앞을 가렸던 손을 치우면 시야가 넓어져서 손 이외의 다른 것도 보게 되는 것과 같습니다. 미움도 마찬가지입니다. 미움에 강박적으로 매달리지 않고 상대의 다른 부분을 보면 미움이 줄어듭니다.

벽을 쌓다가 비뚤게 놓인 몇 개의 벽돌에만 주의를 집중하기보다 넓게 보고 아름다운 부분에 관심을 기울이는 것입니다. 그러면 누구도 미워할 수 없게 됩니다. 누구에게도 화를 낼 수가 없습니다.

그리고 자신의 인생에도 화를 내지 않게 됩니다.

장애를 극복하기 위해서는 장애가 일어나는 원인에 주의를 기울여야 합니다. 원인을 없애면 장애도 사라집니다. 이것이 수행에서 해야 할 주요 작업입니다. 선정을 얻는 것이 수행의 주요 작업이 아닙니다. 다른 어떤 증득을 얻는 것도 수행의 주요 작업일 수 없습니다. 수행은 다섯 가지 장애를 놓아버리는 작업입니다. 장애가 사라질수록 수행은 더 깊어집니다.

장애가 사라져서 수행이 깊어진다는 것은 칠각지, 즉 깨달음을 이루는 마음의 좋은 특성이 계발된다는 뜻입니다. 그리고 우리는 수행의 과정에서 칠각지가 계발되는 원인을 이해하게 됩니다. 칠각지가 계발되는 원인은 '지혜로운 주의 기울임[yoniso manasikāra]'입니다. 깨달음을 이루는 마음의 좋은 특성에 주의를 기울이고 소중하게 여기는 것이 바로 '지혜로운 주의 기울임'입니다.

12

다섯 장애와 칠각지

법념처

다시 비구들이여, 비구는 일곱 가지 깨달음의
구성 요소들의 법에서 법을 관찰하며 머문다.
비구들이여, 어떻게 비구가 일곱 가지 깨달음의
구성 요소들의 법에서 법을 관찰하며 머무는가?

비구들이여, 여기 비구는 자기에게 (마음챙김의
깨달음의 구성 요소)가 있을 때 '내게 (마음챙김의
깨달음의 구성 요소)가 있다.'고 꿰뚫어 알고,
(마음챙김의 깨달음의 구성 요소)가 없을 때 '내게
(마음챙김의 깨달음의 구성 요소)가 없다.'고 꿰뚫어
안다. 비구는 전에 없던 (마음챙김의 깨달음의
구성 요소)가 어떻게 해서 일어나는지 그 원인을 꿰뚫어
알고, 일어난 (마음챙김의 깨달음의 구성 요소)를 어떻게
닦아서 성취하는지 그 원인을 꿰뚫어 안다.

자기에게 (법을 간택하는 깨달음의 구성 요소)가 있을 때…
자기에게 (정진의 깨달음의 구성 요소)가 있을 때…
자기에게 (희열의 깨달음의 구성 요소)가 있을 때…
자기에게 (편안함의 깨달음의 구성 요소)가 있을 때…
자기에게 (삼매의 깨달음의 구성 요소)가 있을 때…

자기에게 (평온의 깨달음의 구성 요소)가 있을 때…
어떻게 닦아서 성취하는지 그 원인을 꿰뚫어 안다.
_ 『맛지마 니까야』「마음챙김의 확립 경」(M10) §42, 초기불전연구원

오늘은 칠각지(七覺支)에 대하여 이야기하겠습니다. 칠각지는 '일곱 가지 깨달음의 구성 요소'라고 불리기도 하며 '깨달음을 이루는 특성' 혹은 '깨달음의 길'이라고 해석되기도 합니다. 제가 칠각지에 대해 강의하는 이유는 이제까지 해온 강의와 연관되어 있기 때문입니다.

지난 강의에서 이야기한 것처럼 사념처가 기록되어 있는 경전의 오래된 사본을 비교하면 '법에 대한 마음챙김 수행'에 오직 두 가지, 다섯 가지 장애와 칠각지만이 공통으로 나타납니다. 저는 수행의 본질이 바로 장애를 극복하고 칠각지를 계발하는 작업이라고 이해하고 있습니다.

우리는 수행을 통하여 장애가 어떤 것인지 이해하게 됩니다. 장애가 일어나는 원인을 알게 되며 장애를 극복하는 방법을 배우는 것입니다. 다섯 가지 장애가 약화되면 선정으로 가는 길이 어렵지 않습니다. 앞에서 여러 차례 말했듯 선정을 얻으면 다섯 가지 장애들이 오랫동안 사라집니다.

선정을 경험하면 우선 첫 번째 장애인 감각적 욕망이 일어나지 않습니다. 마음이 스스로 만족하고 행복하기 때문에 기쁨을 얻기 위

해 다른 것을 필요로 하지 않습니다. 그 자신이 기쁨의 원천을 지니고 있는 셈입니다. 따라서 감각적 욕망이라는 장애에서 벗어납니다.

그리고 선정 후의 마음은 스스로 너무나 만족스럽고 행복하기 때문에 미워하는 마음이 일어나지 않습니다. 깊은 명상을 경험한 후에는 평소라면 화가 났을 상황에서도 전혀 화가 나지 않습니다.

또한 강한 에너지가 일어나기 때문에 몽롱함과 졸음이라는 장애가 생길 수도 없습니다. 밤에 누워 있어도 잠에 빠지지 않습니다. 수면이 필요하지 않은 것입니다. 육체는 휴식을 필요로 하기 때문에 누워 있기는 하지만 마음은 휴식이 필요하지 않은 상태가 됩니다. 마음은 이미 계속해서 휴식을 취했기 때문입니다.

생각이 일어나지 않으면 두뇌가 사용되지 않습니다. 마치 차고에 넣어두고 사용하지 않는 차의 연료가 소모되지 않듯이 선정 수행자의 내면에서도 에너지가 소모되지 않습니다. 마음이 고요하기 때문에 에너지가 소모되지 않고 따라서 수면이 필요하지 않습니다. 이것은 정상적이고 자연스러운 상태입니다.

들뜸과 후회라는 장애도 일어날 수 없습니다. 행복하고 만족스럽고 고요한 상태에 머무는데 마음이 여기저기로 돌아다닐 리가 없습니다. 삶은 단순 명료하고 고요한 것이 됩니다.

그리고 안개에서 벗어난 것처럼 세상이 명료하게 보입니다. 다섯 번째 장애인 의심이 사라지는 것입니다.

이처럼 선정을 얻으면 다섯 가지 장애가 일정 기간 사라집니다. 행복하고, 잡념이 없고, 들뜸이 없고, 에너지에 충만한 상태가 됩니다. 이것이 선정 이후의 상태입니다.

다섯 가지 장애는 고요함을 방해할 뿐 아니라 지혜를 약화시킵니다. 다섯 가지 장애가 있을 때는 생각을 신뢰할 수 없습니다. 다섯 가지 장애가 있으면 마음은 실제로 일어나는 현상을 있는 그대로 인지하지 않고 왜곡시켜 받아들입니다. 자기의 견해에 상반되는 일이 일어나면 그 현상을 인지하기 전에 스스로의 인식을 미리 차단시켜 버리기도 합니다. 인지 과정의 왜곡은 이러한 점에서 두렵습니다.

경전에서도 견해가 인식을 만들고, 인식이 생각을 형성하고, 생각이 다시 견해를 강화시킨다고 말합니다. [『앙굿따라 니까야』「넷의 모음」「전도(轉倒) 경」(A4:49)]

일상생활에서 이러한 경우를 쉽게 볼 수 있는 예가 있습니다. 결혼하기 전에 함께 사원에 오다가 결혼 후에 이혼을 생각하며 다시 저를 찾아오는 사람들이 이따금 있습니다. 결혼하기 전에 그들은 서로의 단점을 전혀 보지 못하고 장점만을 봅니다. 하지만 이혼을 생각할 때는 상대의 장점을 보지 못하고 단점만을 봅니다. 어느 쪽의 인식을 신뢰할 수 있을까요?

이것은 마음이 일으키는 왜곡의 한 가지 예입니다. 사랑에 빠진 사람은 자신이 원하는 것을 봅니다. 실제로 있는 것을 보는 것이 아닙니다. 화가 난 사람도 자신이 원하는 것을 봅니다. 상대에게 화가 나면 그 사람의 잘못과 단점만을 보게 됩니다.

연애하는 젊은 남녀는 달빛 아래를 걷고, 촛불이 켜져 있는 곳에서 식사하고, 어두운 클럽으로 갑니다. 밝은 곳에서 만나지 않습니다. 흐릿한 달빛이나 흔들리는 촛불 아래에서는 상대를 자신의 환상에 따라 보고 싶은 대로 볼 수 있기 때문입니다. 평범한 외모의 여자 친구가 매혹적인 슈퍼모델로 보이고, 비쩍 마르고 허약한 남자 친구가 최고의 슈퍼맨으로 보입니다. 그래서 사람들은 어둠 속에서만 사랑에 빠집니다. 제 생각에는 밝은 빛 속에서는 아무도 연애 감정에 빠지지 않을 것 같습니다.

장애라는 것은 어둠과 같습니다. 장애가 있으면 사물을 있는 그대로 명료하게 보지 못하고 자신이 원하는 것을 봅니다. 원하는 것을 본다는 것은 사실을 있는 그대로 인식하지 않는 것입니다. 전문적인 교육을 받은 많은 사람들이 자신의 믿음 체계에 의해 인식에 왜곡을 일으킵니다. 자신의 호오(好惡)에 따라 인식이 왜곡됩니다.

그렇다면 어떻게 자신의 인식을 신뢰할 수 있을까요? 보는 것, 듣는 것, 냄새 맡는 것, 맛보는 것, 몸에 닿는 것 그리고 머릿속에 떠오르는 생각을 어떻게 신뢰할 수 있겠습니까? 그것들이 사실이라고 믿을 근거가 있겠습니까?

그것이 무명(無明)의 문제점입니다. 무명이 있는 동안은 그것이 무명이라는 것을 알지 못합니다. 그래서 그 상태를 무명이라고 부르는 것입니다. 여러분은 자신이 옳다고 생각하고 있습니다. 하지만 훨씬 후에 옳지 않았다는 것이 드러나게 됩니다. 당시에는 옳지 않다는 것을 모르고 있다가 많은 문제를 일으키고 나서야 스스로가 옳지 않았다는 것을 깨닫게 됩니다. 그러니 자신이 보는 것과 아는 것을 어떻게 신뢰할 수 있겠습니까?

인식 과정을 왜곡시키는 것은 장애입니다. 따라서 다섯 가지 장애가 있을 때에는 자신의 인식을 신뢰해서는 안 됩니다. 원하는 마음이 있으면 자신이 보고 싶어 하는 것을 봅니다. 여자 친구 얼굴의 여드름 같은 것은 보지 않습니다. 보고 싶은 것이 아니기 때문입니다. 미워하는 마음이 있을 때도 세상을 있는 그대로 보지 못하고 자신이 보고 싶은 방향으로 봅니다. 상대방이 이기적이고, 제멋대로이고, 다른 사람을 무시하는 것처럼 생각됩니다. 우리는 우리가 보고 싶어 하는 것을 봅니다. 실제로 있는 것을 보는 것이 아닙니다.

어떤 수행자들은 자신의 스승이 화를 내면 스승이 번뇌에 의해서 화를 낸 것이 아니라 그저 화를 내는 시늉을 한 것뿐이며 제자들의 마음챙김을 키우기 위한 좋은 방편이라고 말합니다. 스스로가 원하는 대로 보기 위하여 있는 그대로의 진실을 왜곡하는 것입니다. 특히 스승의 신통력에 관하여 그렇습니다.

저의 스승인 아잔 차 스님에게는 많은 제자들이 있었습니다. 그리고 그들은 모두 아잔 차 스님의 신통력을 직접 보기를 몹시 고대했습니다.

상좌부 불교 전통에서는 보름에 한 번씩 승려들이 모여서 227개 항목의 비구계를 암송합니다. 그날을 포살일이라고 부릅니다. 포살일에는 승려의 비구계 암송이 끝난 후에 재가 신도들을 위한 법문이 있습니다. 그래서 많은 재가 신도들이 포살일에 사원으로 옵니다.

어느 포살일이었습니다. 아잔 차 스님의 신도 한 분이 뒷자리에 가족을 태우고 승용차를 운전해서 사원으로 왔습니다. 그날은 비가 몹시 내려서 사원 앞의 흙길이 모두 진흙탕이 되어 있었습니다. 결국 그의 차는 법당에서 150미터 정도 앞에서 진흙탕에 빠지고 말았습니다. 비가 심하게 내리고 있었기 때문에 차 밖으로 나올 수도 없었습니다. 차는 앞으로도 뒤로도 가지 못했고 진흙탕 속에서 계속 헛바퀴 돌았습니다.

그때 사원에서 스님 한 분이 달려 나왔습니다. 그 스님은 놀랍게도 다름 아닌 아잔 차 스님이었습니다. 아잔 차 스님이 몸소 빗속을 뚫고 나오더니 차의 뒤를 밀기 시작했습니다. 몇 차례의 시도 끝에 차는 간신히 진흙탕에서 빠져나왔습니다. 이 신도는 아잔 차 스님의 자비심에 감동받았지만 차를 멈추고 인사할 수가 없었습니다. 그는 법당 앞에 차를 세우고 비를 피해 법당 안으로 들어갔습니다. 법당에는 스님들이 모두 모여 있었습니다. 그런데 제일 앞자리에 앉아서 미소 짓는 스님은 다름 아닌 아잔 차 스님이었습니다. 흙투성이가 되어 있기는커녕 물 한 방울 묻지 않은 상태였습니다.

그는 몹시 감격했습니다. 직접 신통력을 목격한 것입니다. 이 이야기는 그 지역에서 전설이 되었습니다. 태국의 수도 방콕에서도 이 이야기를 알고 있습니다. 수십 년이 지났지만 사람들은 아직도 이 이야기를 합니다.

그러나 실제로 있었던 일을 말하자면 차를 민 것은 아잔 차 스님이 아니라 당시 사미승이었던 아잔 차 스님의 친척 동생이었습니다. 이 사미 스님은 그 차를 밀었던 것이 아잔 차 스님이 아니라 자신이었다고 여러 차례 말했습니다. 사미승은 포살일의 비구계 암송에 참여하지 않기 때문에 법당 밖에 있다가 신도의 차가 흙탕에 빠져 꼼짝 못하는 것을 보고 달려가 차를 밀어주었던 것입니다.

저녁 시간이었고, 폭우가 쏟아졌고, 아잔 차 스님의 친척이므로 서로 생김새도 비슷했던 이유로 그 신도가 착각을 일으켰던 것입니다. 이 사미 스님은 여러 차례 당시 상황을 설명했지만 그 신도는 그의 말을 믿으려 하지 않았습니다. 자신의 두 눈으로 빗속의 아잔 차 스님을 똑똑히 보았다는 것입니다. 이러한 것이 바로 스스로의 인식을 왜곡시키는 하나의 사례입니다.

다섯 가지 장애가 있으면 자신이 원하는 대로 보기 위하여 진실을 왜곡합니다. 때로는 자신의 기억에 맞추어 사실을 왜곡해서 인식하기도 합니다. 우리의 기억은 모두 왜곡되어 있고 여과기로 걸러져 있습니다. 믿고 싶은 대로 왜곡된 것입니다. 그런 이유에서 저는 과거의 기억을 신뢰하지 않습니다.

하지만 다섯 가지 장애가 사라지면 우리는 이런 모든 문제에서 벗어납니다. 장애가 없으면 왜곡이 일어나지 않기 때문입니다. 여러 번 말했듯이 다섯 가지 장애를 일정 기간 없애는 최상의 수단은 선정입니다. 그리고 다섯 가지 장애가 없어지면 칠각지, 일곱 가지 깨달음의 구성 요소가 계발됩니다.

칠각지(七覺支) 1　염각지(念覺支)

칠각지(七覺支)의 첫 번째는 마음챙김입니다. 마음챙김에는 여러 가지 등급이 있습니다. 칠각지에서 말하는 마음챙김은 상당히 강한 마음챙김입니다. 누구나 어느 정도는 마음챙김을 갖추고 있습니다. 복잡한 거리에서 운전하는 사람도 역시 마음챙김을 가지고 있습니다. 하지만 운전하는 사람들이 칠각지의 첫 번째인 마음챙김을 계발하고 있다고 말할 수는 없습니다. 그들의 마음챙김이 충분히 강하지 않기 때문입니다. 또한 마음챙김이 지혜[paññā]와 함께하지 않기 때문입니다.

저는 경전에서 언급되는 마음챙김이 대부분의 경우 지혜를 동반한 마음챙김을 의미한다고 생각합니다. 태국의 스승들은 대개 '사띠 빤냐(sati-paññā)', '지혜와 함께하는 마음챙김'이라는 용어를 사용합니다.

『디가 니까야』 「삭까의 질문 경(Sakkapañha Sutta)」(D21)에는 세 명의 승려를 위해 음식을 보시하고 시봉하던 여신도가 33천의 천신으로 환생한 이야기가 나옵니다. 그런데 그녀가 시봉하던 세 명의 스님은 낮은 단계의 신, '간답바(Gandhabba)'로 태어났습니다. 천신으로 환생한 그녀는 이 세 명의 낮은 천신을 꾸짖습니다.

"아니, 스님들이 편하게 수행할 수 있게 그토록 열심히 시봉을 했는데 겨우 간답바로 태어났단 말예요? 날 보세요. 난 재가자로 살면서도 33천에 태어났어요. 도대체 하라는 수행은 안 하고 무슨 짓들을 한 거죠? 이 아무짝에도 쓸모없는 못 말리는 스님들아."

물론 경전에 이렇게 적혀 있지는 않습니다. 제가 조금 살을 붙였습니다. 태국 같은 곳에서는 신도가 승려를 꾸짖는 것은 불선한 업을 짓는 것이라 믿습니다. 그러나 그녀의 꾸지람을 들은 세 명의 간답바 중 두 명은 그곳에서 '마음챙김을 일으키고' 더 높은 천상에 다시 태어납니다. 지금 그 경전의 내용이 분명하게 잘 기억나지는 않습니다. 어쩌면 그 두 명의 승려가 깨달음의 세 번째 단계인 불환과를 얻었는지도 모릅니다. 여하튼 간답바의 삶보다 훨씬 높은 단계에 태어났습니다. 천신으로 태어난 그녀의 꾸지람이 전생에 승려였던 두 명에게 커다란 도움을 준 것입니다.

이 경전에서 두 명의 간답바가 '마음챙김을 일으켰다'는 것은 상대가 꾸짖는 것을 그저 알아차리고 있었다는 뜻이 아닙니다. 그 두 명의 간답바는 자신들이 전생에 배웠던 부처님의 가르침을 회상해내었고 그 가르침에 기반한 강한 마음챙김을 일으켰던 것입니다.

따라서 저는 마음챙김을 그저 알아차림이 아니라 가르침에 대한 기억을 동반하는 알아차림으로 이해합니다. 부처님도 강한 마음챙김이 있으면 오래전의 일을 기억해낼 수 있다고 했습니다. 빨리어 '사띠(sati)'의 산스크리트어는 '스므르띠(smṛti)'입니다. 이 단어 역시 가르침에 대한 기억을 의미합니다. 이런 맥락에서 보면 경전에서 사띠는 지혜를 의미하는 '빤냐(paññā)'없이 혼자 쓰일 때에도 '사띠 빤냐', 지혜와 함께하는 마음챙김을 의미하는 것으로 보아야 합니다.

따라서 칠각지의 첫 번째 각지인 염각지는 마음챙김을 의미하는 것과 동시에 자신이 배운 가르침을 기억하고 있는 것을 뜻합니다. 또한 이러한 마음챙김은 장애가 사라졌을 때의 강한 마음챙김입니다.

마음챙김에는 여러 등급이 있습니다. 마음챙김, 강한 마음챙김, 매우 강한 마음챙김이라는 식으로 마음챙김의 등급을 매길 수도 있을 것입니다.

마음챙김이 강할수록 대상을 보다 명료하게 깊은 곳까지 볼 수 있게 됩니다. 이전의 법문에서 말했듯 마음챙김이 강할 때는 콘크리트 바닥이나 변기 속의 대변도 전과 다르게 보입니다. 미세한 부분까지 분명하게 보이고 아름답게 보입니다.

법을 있는 그대로 이해하는 것은 어려운 일입니다. 연기(緣起)가 쉬워 보인다고 아난다 존자가 말하자 부처님은 그를 꾸짖으며 연기는 깊고 심오하다고 말씀하셨습니다. [『디가 니까야』「대인연경(D15)」] 깊고 심오한 법을 이해하기 위해서는 강한 마음챙김이 필요합니다. 평소에는 보지 못했던 콘크리트 바닥의 미세한 부분까지 볼 수 있을 만큼 마음챙김이 강해져야 법의 미세한 부분까지 다 이해할 수 있게 됩니다.

이것이 칠각지의 두 번째 각지인 택법각지입니다. 전에 보지 못했던 법의 미세한 부분을 보게 되는 것입니다. 택법각지는 사람들이 흔히 생각하는 것처럼 법에 대해서 이런저런 사색을 하는 것이 아닙니다. 택법각지를 계발하기 위해서는 매우 강한 마음챙김이 요구됩니다. 택법각지는 하나의 대상에 충분히 오랫동안 주의를 기울일 수 있는 능력입니다.

생수병을 들어 보이며 이것이 무엇이냐고 물으면 사람들은 여러 가지 대답을 한 후에야 비로소 그 대상을 바라봅니다. 그리고 어떤 하나의 대상을 오랫동안 바라보면 주어진 명칭 이상의 것을 보게 됩니다. 학습된 시각이 아닌 새로운 시각으로 보게 되고 전에는 보리라고 기대하지 않았던 것을 보게 됩니다. 자신이 가졌던 견해에 반대되는 것을 보고 핵심에 이르는 것을 보는 것입니다.

저는 사람들의 티셔츠에 '당신이 배운 것이 진리를 가로막지 않도록 하라.'라는 문구가 적혀 있는 것을 본 적이 있습니다. 택법각지란 바로 이러한 태도입니다.

진흙탕에 빠진 차를 밀었던 스님은 아잔 차 스님의 친척이었지만 그 신도는 그것을 인정하지 않았습니다. 그가 믿고 싶었던 것이 아니었기 때문입니다. 그는 그 차를 민 것이 아잔 차 스님이었다고 끝까지 주장했습니다. 이러한 것이 바로 인식의 왜곡입니다.

택법각지는 대상과 함께 머무를 수 있는 능력입니다. 특히 사람들이 자기 자신이라고 착각하는 몸, 느낌, 마음과 함께 머무르는 능력입니다.

다섯 가지 장애를 약화시키지 못하면 택법각지를 계발할 수 없습니다. 장애가 있으면 자신이 보고 싶어 하는 것을 보기 때문입니다. 많은 수행자들이 깊은 수행을 경험하고서도 '마음'은 항상한 것이라고 착각합니다. 마음은 반열반 후에도 존재한다고 생각합니다. 왜 그렇겠습니까? 반열반 후에도 마음이 존재하기를 바라기 때문입니다. 존재의 사라짐, 존재에 대한 집착의 사라짐을 납득하기 힘들기 때문입니다. 고통이 있을지라도 어떤 형태로든 존재가 지속되기를 바라는 것입니다.

강한 마음챙김이 있고 몽롱함과 졸음이 없으면 대상을 새로운 시각으로 볼 수 있을 만큼 오랜 시간 대상과 함께 머무를 수 있습니다. 택법각지는 사색이 아닙니다. 사색은 누구나 할 수 있습니다. 철학자들은 체계적인 사유를 하도록 훈련받았습니다. 그들은 다른 사람보다 더 논리적으로 사유할 수 있습니다. 하지만 사유는 언제나 논쟁을 일으킬 뿐입니다. 평화, 자유, 지혜는 침묵에서 나옵니다.

택법각지는 사유나 생각이 아닙니다. 의식에 현전한 대상과 충분히 오랜 시간 함께 머물 수 있는 강한 마음챙김의 능력입니다. 그 대상 안으로 깊이 들어가서 볼 것이라고 기대하지 못했던 것을 보고 자신의 생각에서 벗어나는 것을 볼 수 있는 마음의 역량입니다.

경전을 통해서 부처님의 가르침을 읽는 것은 식당에서 메뉴판을 보는 것과 같습니다. 메뉴판을 보고 음식을 주문하듯 경전의 문구를 이용하여 실제 법을 이해해야 합니다. 메뉴판을 먹어서는 안 됩니다.

칠각지(七覺支) 3　정진각지(精進覺支)

택법각지 다음은 수행의 에너지, 정진각지입니다. 강한 마음챙김이 있으면 택법각지뿐 아니라 강한 에너지도 일어납니다. 여러 가지 각지가 함께 일어나는 것입니다.

강한 마음챙김에서 비롯되는 에너지는 마음을 들뜨게 하는 에너지가 아닙니다. 체육관에서 운동을 해 생기는 에너지도 아니고 커피 세 잔을 연달아 마시면 생겨나는 그런 에너지도 아닙니다. 마음챙김에서 나오는 에너지는 순수하고, 아름답고, 강렬한 에너지입니다.

빨리어에서 정진을 뜻하는 '위리야(viriya)'는 영웅을 뜻하는 '위라(vira)'와 어원이 같습니다. 그래서 정진의 의미를 드러내기 위해 저는 위리야를 '영웅적인 에너지'라고 설명하기도 합니다. 부처님 시대의 영웅이란 전쟁터에서 자신의 모든 것을 희생할 준비가 되어 있는 전사를 뜻합니다. 자신을 지키려고 움츠러들지 않는 사람입니다. 정진을 갖춘 수행자는 진리 앞에서 조금도 움츠러들지 않습니다. 진리를 이해하고 싶다면, 정말 깨달음을 원한다면 용기가 있어야 합니다. 가장 집착하는 소유물마저 다 내려놓아야 합니다.

사람들은 자신의 견해에 집착합니다. '나의 견해'라는 집착을 버리고 더 나은 견해를 만나면 그전에 가지고 있던 견해를 내려놓아야 합니다.

경전에 길을 가는 두 사람의 비유가 있습니다. 친구 두 사람이 길을 걷다가 처음에는 삼베를, 그 다음에는 무명, 그리고 은 덩어리, 금 덩어리를 발견합니다. 점점 더 나은 것을 발견하는 것입니다. 한 사람은 처음에 자기가 짐으로 꾸렸던 삼베를 끝까지 지고 갑니다. 다른 사람은 더 나은 물건이 나타날 때마다 바꾸어 짊어집니다. 두 사람이 고향에 돌아갔을 때 금덩어리를 지고 온 사람은 가족으로부터 환영을 받았으며 행복과 기쁨을 누렸고, 삼베를 지고 온 사람은 그렇지 못했습니다. [『디가 니까야』 「빠야시 경(Pāyāsi Sutta)」(D23)]

단지 자신이 오랫동안 그 견해를 가지고 살아왔다는 이유만으로 자신의 견해를 버리지 못하는 경우가 있습니다. 어떤 수행법으로 오랫동안 수행하면 그 수행법에 집착하기도 합니다. 이러한 집착은 마음을 계발하는 과정에서 많은 문제를 일으킵니다.

택법각지와 정진각지를 계발하는 과정에서 필요한 것은 영웅적인 에너지입니다. 자신이 잘못되었다는 것을 알면 낡은 것을 모두 버릴 수 있는 담대함을 지녀야 합니다. 진리[法, Dhamma]를 이해하기 위해서 조금도 움츠러들지 않고 모든 것을 다 내려놓을 마음의 준비가 되어 있어야 합니다. 그런 영웅적인 용기가 필요합니다.

칠각지(七覺支) 4   희각지(喜覺支)

정진의 에너지에서 우리는 희각지, 기쁨을 얻게 됩니다. 어떤 사람들은 수행에서 기쁨을 느끼는 것이 잘못되었다고 말합니다. 하지만 여러 경전에서 기쁨과 행복감은 수행에 도움을 주기 때문에 계발해야 한다고 말합니다.

기쁨과 행복감은 수행의 과정에서 자연스럽게 일어나며 수행이 진전될수록 행복감은 점점 더 강해집니다. 행복감이 강해지는 정도를 보면 수행이 얼마나 진전되고 있는지 알 수 있습니다.

어떤 수행자는 불교 이론에 대하여 깊이 있는 토론을 할 능력이 있습니다. 강의를 할 수도 있고 어쩌면 책을 쓸 수 있을지도 모릅니다. 하지만 제가 보기에 이런 것은 수행이 진전되고 있다는 표시가 아닙니다.

행복하고, 평화롭고, 만족스럽고, 기쁨을 느낀다면, 그것이 바로 수행의 진전을 보여주는 표시입니다.

마음챙김이 강해지고 에너지가 증장되면 기쁨이 일어납니다. 이것은 자연스러운 현상입니다. 깊은 수행을 경험하면 에너지로 충만해지고 즐거움을 느낍니다. 무거워지는 것이 아니라 가벼워집니다. 그러니 수행 중에 기쁨이 일어나는 것을 잘못된 것이라고 생각하지 마십시오.

'청교도란 어딘가에 있는 누군가가 행복한 삶을 살고 있을지도 모른다는 두려움에 끊임없이 시달리는 사람들'이라는 말이 있습니다. 어떤 사람들은 행복 자체를 두려워합니다. 종교에는 이러한 경향이 짙게 깔려 있습니다. 고행을 숭배하는 것입니다. 그래서 즐겁고 행복하다고 말하는 사람은 바르게 수행하고 있는 것이 아니라고 생각합니다.

부처님의 최초 다섯 제자들도 이러한 두려움을 가지고 있었습니다. 부처님이 깨달음을 얻기 전에 몸을 깨끗이 씻고 영양가 있는 음식을 들자 이들은 부처님을 떠났습니다. 수행자의 올바른 태도가 아니라고 생각했기 때문입니다. 기쁨에 대한 이런 두려움은 바른 수행의 길을 가는 데 지속적인 장애가 됩니다.

기쁨은 깨달음을 이루는 일곱 가지 구성 요소 중의 하나입니다. 그러니 어떤 사람이 깨달았는지 아닌지 알기 위한 기준으로 삼을 수 있습니다. 칠각지 중에 '괴로움'이라는 각지는 없습니다. '기쁨'이라는 각지는 있습니다.

칠각지(七覺支) 5 경안각지(輕安覺支)

기쁨을 통해 수행자는 몸과 마음의 편안함, 경안(輕安)을 얻습니다. 화가 나거나 통증이 있는데 몸을 움직이지 않기는 어렵습니다. 하지만 기쁘고 편하다면 몸을 움직이지 않게 됩니다.

물론 의지력으로도 몸을 움직이지 않을 수는 있습니다. 영국 버킹엄 궁전 앞의 근위병들은 일본 관광객들이 움직이게 하려고 아무리 애를 써도 조금도 움직이지 않습니다. 그런 것은 의지력에 의한 것입니다. 수행자의 경우에는 수행의 과정에서 생기는 기쁨의 힘으로 몸과 마음이 자연스럽게 정지하게 됩니다. 그것이 편안함의 구성 요소인 경안각지입니다. 경안각지가 계발되면 움직일 필요가 없어지고 편안히 수행할 수 있게 됩니다.

저희 사원의 전임 주지 스님이었던 자가로 스님은 후에 환속했지만 좋은 스님이었습니다. 누군가 그 스님이 법문하는 장면을 비디오로 찍었고, 저는 그 비디오를 정상 속도보다 다섯 배 빠르게 재생해본 일이 있습니다. 놀랍게도 자가로 스님의 몸은 이리저리 흔들림이 없이 그저 조용히 멈추어 있었습니다. 그 스님은 몸의 편안함을 계발한 것입니다. 기쁨을 느낀다면 몸의 편안함을 계발하는 것은 어렵지 않습니다. 그리고 마음도 편안함을 얻습니다.

부처님은 경전에서 '행복한 자의 마음이 삼매에 든다.'고 말합니다.

> 도반들이여, 그와 마찬가지로 자신에게서 이들 다섯
> 가지 장애가 제거되었음을 관찰할 때 환희가 생긴다.
> 환희로운 자에게 희열이 생긴다. 희열을 느끼는 자의
> 몸은 경안하다. 몸이 경안한 자는 행복을 느낀다. 행복한
> 자의 마음은 삼매에 든다.
> __『디가 니까야』「마할리 경」(D6) §16, 초기불전연구원

행복한 마음은 고요해집니다. 이것은 매우 중요한 가르침입니다. 괴로움에 의해 고요함을 얻는 것이 아닙니다. 즐거움에 의해 마음은 고요함을 얻습니다. 제가 법문을 하면서 우스갯소리를 하고 사람들의 마음을 가볍게 해주는 것도 이와 연관이 있습니다. 가볍고 행복해진 마음은 쉽게 고요해집니다. 우스갯소리를 들었을 때 일어나는 행복감은 감각적 경험에 기인한 행복감입니다. 하지만 그러한 행복감을 통해서 감각적 경험에서 벗어난 행복감으로 이어질 수 있습니다.

칠각지(七覺支) 6   정각지(定覺支)

이제 수행자는 행복하고 만족합니다. 몸도 평화롭고 마음도 평화롭습니다. 그러면 모든 것이 고요해집니다. 그것이 삼매[samādhi, 定]입니다. 다른 경전에서는 편안함과 삼매 사이에 행복감이 오는 경우가 많습니다.

괴로워하는 마음은 선정에 들 수 없습니다. 행복한 마음이 선정에 듭니다. 편안하고 행복한 마음은 고요해집니다. 바람 한 점 없으면 아무것도 움직이지 않고 고요한 것과 같습니다.

저는 영국에 있는 치터스트 사원[Chithurst Sangha]에 객승으로 잠시 머문 적이 있습니다.

어느 날 밤새 눈이 내렸고 저는 새벽 일찍 산책을 했습니다. 영하 26도의 추위였습니다. 저는 목도리를 두르고 모자를 쓰고 눈 덮인 산길을 걸었습니다. 그런 추위의 한겨울에 새벽 산책을 하는 사람은 아마도 승려밖에 없을 것입니다. 차도 다니지 않았고 비행기도 없었습니다. 새도 없었고 다른 동물도 없었습니다. 아무것도 움직이는 것이 없었습니다. 들리는 소리라고는 제가 눈을 밟는 소리뿐이었습니다. 사람도 없었고, 동물도 없었고, 차 소리도 들리지 않았습니다. 완전한 침묵이었습니다. 저는 그 순간을 생생하게 기억합니다. 그때의 침묵이 너무나 강렬했기 때문입니다. 아무것도 침묵을 방해하지 않았습니다.

외부의 침묵이 그토록 강하면 마음도 침묵하게 됩니다. 그리고 침묵 속에서 모든 것이 정지합니다. 그것이 바로 삼매의 진정한 의미입니다.

삼매는 집중이 아닙니다. 삼매를 집중이라고 생각하면 침묵이 주는 귀중함을 알 수 없습니다. 집중은 긴장된 마음가짐입니다. 그리고 공격적입니다. 침묵은 열려 있고 평화롭습니다. 그리고 따뜻합니다. 이러한 침묵이 바로 삼매입니다.

깊은 삼매에서 나오면 어떤 것도 수행자를 움직일 수 없게 됩니다. 이것이 '평온의 깨달음 구성 요소'입니다. 이미 말했듯 다섯 가지 장애는 사라졌습니다. 사람들이 여러분을 바보라고 부르거나 천치라고 불러도 전혀 화가 나지 않습니다.

어떤 사람이 선정을 얻었다고 하면 그 사람을 테스트하는 좋은 방법이 있습니다. 제가 저의 트릭을 하나 이야기하겠습니다.

예를 들어 한국 수행자가 저를 찾아와서 지금 방금 선정을 경험했다고 말한다고 가정해봅시다. 그러면 저는 마치 제가 차별주의자인 것처럼 말합니다.

"한국 사람은 선정을 얻을 수 없습니다. 한국 사람이 선정을 얻는 것을 본 적이 없거든요. 아마 한국 사람은 결코 선정을 얻을 수 없을 것입니다."

일부러 화나게 하기 위해서 아무 말이나 하는 것입니다. 만약 그 수행자가 "아, 상관없습니다. 이것이 선정이건 아니건 아무 상관없습니다. 저의 마음은 여전히 평화롭습니다."라고 말하면 그 수행자는 테스트를 통과한 것입니다. 그러면 저는 그것이 바로 선정이라고 말해줍니다.

혹은 비구니 스님이 저를 찾아와서 자신이 선정을 얻었다고 말하면 이렇게 말할 수도 있습니다.

"죄송합니다. 여자의 몸으로는 선정을 얻을 수 없습니다. 이번 생에 열심히 수행해서 다음 생에 남자로 태어나면 그때 선정을 얻을 수 있을지도 모르죠."

이런 식으로 그 사람을 화나게 만듭니다. 만약 그 수행자가 발끈해서 "지금은 21세기입니다. 그런 식으로 말해서는 안 돼요."라고 한다면 그 스님의 경험은 선정이 아니었다고 말할 수 있습니다.

물론 제가 지금 했던 말은 전혀 사실이 아닙니다. 수행자를 화나게 하기 위해서 아무 말이나 막 던지는 것입니다. 아잔 차 스님도 이런 일을 잘했습니다. 어떤 것도 수행자를 움직일 수 없는 상태가 '평온'입니다.

평온함이 무엇인지 이해하려면 운전사 없는 버스의 이야기를 떠올리면 됩니다. 우리가 타고 있는 인생이라는 버스에는 운전사가 없습니다. 따라서 불평을 할 상대가 없습니다. 속도를 높여서 이곳을 빨리 벗어나자고 말할 상대도 없고, 속도를 늦춰서 행복한 나날을 가능한 오래 즐기자고 명령할 상대도 없습니다. 버스에 운전사가 없다는 것을 깨닫고 나면 할 일이라고는 그저 제자리로 돌아가 평온함 속에 머무는 것뿐입니다. 그 외에는 할 일이 아무것도 없습니다. 좋아서 붙잡으려는 집착도 사라지고, 싫어서 피하려는 적개심도 사라집니다. 운전사에 대한 요구 사항이 모두 사라집니다. 요구할 운전사가 없기 때문입니다. 제자리로 돌아가 입을 다뭅니다. 그것이 평온함입니다.

'평온'은 통제하고 조절하는 일을 멈추는 것입니다. 피하고, 미워하고, 화내는 일을 그만두는 것입니다. 살면서 해야 하는 일을 그저 할 뿐 삶을 통제하려 들지 않습니다. 그것이 평온입니다.

저는 사십이 년 동안 승려 생활을 했습니다. 이 몸은 저의 것이 아닙니다. 제 몸은 사십이 년 동안 신도들이 보시한 공양 음식으로 이루어져 있습니다. 태국 음식, 호주 음식, 그리고 어느 정도의 스리랑카 음식으로 이루어진 것입니다. 저의 몸은 제 소유가 아닙니다. 굳이 소유권을 따지자면 저에게 음식을 보시한 신도들의 소유라고 할 수 있을 것입니다. 몸은 섭취한 음식으로 구성되어 있기 때문입니다. 따라서 제 사진을 찍고 싶으면 얼마든지 찍어도 좋습니다. 제 소유물이 아니므로 저의 허락이 필요 없습니다.

이러한 것이 평온입니다. 통제를 멈추는 것입니다. 어떤 일이 일어나게 하는 노력을 멈추는 것입니다. 삶은 우리가 통제할 수 있는 것이 아닙니다. 모든 것은 원인과 결과에 의해 일어납니다. 우리는 앞으로 일어날 일을 예측할 수 없습니다. 모든 것을 통제하려는 사람들은 계속 화를 내게 됩니다.

오래전에 어떤 사람이 저에게 자기 인생을 변화시킨 이야기를 들려주었습니다.

이 사람이 사업상 인도 뭄바이에 갔을 때의 일입니다. 성공적으로 비즈니스를 마치고 공항에 가기 위해 택시를 탔습니다. 이륙 시간까지는 충분한 여유가 있었습니다. 하지만 이 택시 운전사는 지방 출신이라서 뭄바이 시내 지리를 전혀 알지 못했습니다. 택시는 여기저기로 헤매고 다녔고 결국 길을 잃고 말았습니다. 그러다가 이륙 시간이 점점 가까워졌습니다. 한참을 헤매다가 마침내 공항 앞에 다다랐지만 자신이 타야 했던 여객기가 하늘을 날아가고 있었습니다. 이 사람은 택시 운전사에게 화를 내고 고함을 치기 시작했습니다.

"이 바보 녀석아, 공항 가는 길도 모르면서 택시를 운전한다고? 너 때문에 비행기를 놓쳤어. 내 계획이 모두 엉망이 되었다고. 알아들어? 알아듣냐고….'

그렇게 한참 고함을 치고 있는데 하늘을 날던 여객기가 갑자기 추락했습니다. 그는 멍하니 추락하는 비행기를 바라보다가 택시 운전사에게 말했습니다.

"알고 보니 참으로 좋은 분이셨군요. 정말 훌륭하십니다. 여기 택시비 100달러 드리고 팁으로 100달러 더 드리죠. 제 목숨을 구해주셨습니다. 혹시 뭐든 필요한 게 있으면 말씀하세요."

이삼십 년 전에 있었던 '더치 에어라인' 여객기 추락 사고 때의 일입니다. 승객 전원이 사망한 대형 참사였습니다.

그러므로 나쁜 일이 생겨도 화내고 흥분할 이유가 없습니다. 놓친 버스가 절벽에서 떨어질 수도 있는 것입니다.

삶은 우리가 통제할 수 있는 것이 아닙니다. 있는 그대로 놓아두고 모든 것을 그저 받아들이십시오. 일어나는 일을 있는 그대로 수용하십시오. 그것이 평온입니다.

살면서 결정을 내려야 할 때가 있습니다. 그런 경우에 우리는 한 번의 결정에 자신의 인생이 달려 있다고 생각합니다. 그래서 결정을 내려야 할 때는 생각이 많아집니다.

하지만 결정은 어떤 것이든 좋습니다. 어느 쪽으로 결정을 내려도 그것은 상관이 없습니다. 결정을 내린 다음 어떻게 하는지가 중요한 부분입니다.

그러니 결정을 하는 데 오랜 시간을 낭비할 필요가 없습니다. 오히려 에너지를 아껴서 결정이 내려진 다음의 상황을 슬기롭게 헤쳐나가는 것이 좋습니다. 사람들은 인생의 갈림길에서 왼쪽으로 가야 할지 오른쪽으로 가야 할지 결정하느라 너무 많은 에너지를 낭비합니다. 그것은 아무 상관도 없습니다. 왼쪽으로 간 다음 무엇을 하는지가 중요합니다. 혹은 오른쪽으로 간 다음 무엇을 하는지 그것이 중요한 것입니다.

지금 설명한 것들이 일곱 가지 깨달음의 구성 요소, 칠각지입니다. 「마음챙김의 확립 경」(M10)에서 말하듯 '전에 없던 깨달음의 각 구성 요소가 어떻게 해서 일어나는지 그 원인을 꿰뚫어 알고, 일어난 깨달음의 각 구성 요소를 어떻게 닦아서 성취하는지 그 원인을 꿰뚫어' 알아야 합니다. 이것이 사념처 수행의 목적 중 하나입니다. 그리고 또한 반복 정형구에서 말하는 것처럼 각각의 법들이 일어남과 사라짐을 이해해야 합니다.

> 이와 같이 안으로 법에서 법을 관찰하며[法隨觀] 머문다.
> 혹은 밖으로 법에서 법을 관찰하며 머문다. 혹은
> 안팎으로 법에서 법을 관찰하며 머문다. 혹은 법에서
> 일어나는 요소들을 관찰하며 머문다. 혹은 법에서
> 사라지는 요소들을 관찰하며 머문다. 혹은 법에서
> 일어나는 요소들과 사라지는 요소들을 관찰하며 머문다.
> 혹은 '법이 있구나.'라고 그의 마음챙김이 잘 확립되나니,
> 그것은 오직 지혜를 증장하게 하고, 오직 마음챙김을
> 강하게 한다. 이제 그는 의지하지 않고 머문다. 그는
> 세상에서 아무것도 움켜쥐지 않는다. 비구들이여, 이와
> 같이 비구는 일곱 가지 깨달음의 구성 요소들의 법에서
> 법을 관찰하며 머문다.
> ＿『맛지마 니까야』「마음챙김의 확립 경」(M10) §43, 초기불전연구원

이것이 칠각지와 사념처 수행이 만나는 지점입니다.
행복한 수행이 되기를 바랍니다.

장애라는 것은 어둠과 같습니다. 장애가 있으면
사물을 있는 그대로 명료하게 보지 못하고
자신이 원하는 것을 봅니다. 원하는 것을 본다는 것은
사실을 있는 그대로 인식하지 않는 것입니다.
전문적인 교육을 받은 많은 사람들이 자신의 믿음
체계에 의해 인식에 왜곡을 일으킵니다.
자신의 호오(好惡)에 따라 인식이 왜곡됩니다.

13

기쁨

희각지

오늘은 칠각지 중에 네 번째 각지인 희열의 깨달음 구성 요소[喜覺支], 즉 기쁨에 대하여 이야기하겠습니다. 오늘 강의는 이론적이기보다는 실제 수행에 도움이 되는 이야기입니다. 우리는 수행의 과정에서 기쁨과 행복감이 얼마나 중요한지 이해해야 합니다.

저는 열일곱 살 때 불교에 관한 책을 읽고 불교 신도가 되었습니다. 그 후 영국에 있는 불교 사원을 몇 군데 다녔고 결국 출가를 결심할 만큼 신심이 생겼습니다. 하지만 불교의 어느 전통에서 출가를 해야 할지 망설였습니다. 그리고 상좌부 전통을 선택한 후에도 상좌부 불교 중의 어느 나라 사원에서 출가할지 결정하지 못했습니다.

처음에 저는 런던에 있는 스리랑카 사원을 찾아갔습니다. 솔직히 말하자면 당시 그 사원에 계시던 스님은 몹시 불행하고 화난 사람처럼 보였습니다. 저는 그런 스님 문하로 출가하고 싶지 않았습니다. 출가를 하지 않아도 불행은 충분하게 맛볼 수 있었기 때문입니다. 이것은 사십 년 전의 이야기입니다. 지금은 모든 것이 변해 있을 것입니다.

어린 시절 성당이나 교회에 가면 성직자들은 모두들 심한 괴로움을 견디고 있는 것처럼 보였습니다. 당시 영국의 교회는 몹시 추웠고, 방석도 없는 단단한 나무 의자에 앉아야 했으며, 설교는 지루하지 않으면 위협적이었습니다. 하나님을 잘 섬기는 좋은 기독교인이 되지 않으면 지옥에 떨어져 불에 타고 갖가지 고문을 당한다면서 협박을 늘어놓기 일쑤였습니다.

당연히 조금 나이가 들자 그런 종류의 종교에는 흥미를 잃었습니다. 그래서 불교의 접근은 달라야 한다고 생각했습니다. 부처님이 열반을 최고의 행복이라고 말했기 때문입니다.

행복했던 순간의 공통점

『디가 니까야』의 두 번째 경인 「사문과경(沙門果經, Sāmaññaphala Sutta)」 (D2)에서 아자따삿뚜(Ajātasattu)왕은 부처님께 출가 생활의 결실이 무엇인지 묻습니다. 아마도 부처님이 왜 왕궁을 버리고 사문의 생활을 하는지 궁금했던 것 같습니다.

그러자 부처님은 출가 생활의 행복에 대하여 이야기합니다. 출가 생활의 행복은 점점 더 증가하는 행복입니다. 왕이 누릴 수 있는 행복감보다 훨씬 더 큽니다. 부처님은 진정한 행복을 향해 마음을 계발하는 점진적인 단계를 설명합니다.

우선 여래가 세상에 출현하여 여래의 가르침을 듣는 것이 출발점입니다. 가르침을 듣고 신심이 생겨서 마음을 계발하려는 의욕이 일어날 때 우리는 행복감을 느낍니다. 마침내 신뢰할 수 있는 인생의 길을 찾았기 때문입니다. 진정한 행복으로 가는 여정이 시작되는 것입니다.

그리고 계율을 지키면 행복감이 커집니다. 계율을 지키는 사람 자신은 잘 느끼지 못할 수도 있습니다. 하지만 제가 보기에 계율을 지키는 사람들은 그렇지 않은 사람들보다 훨씬 더 행복하게 지냅니다. 물론 더 행복한 순간이 있고 덜 행복한 순간이 있지만 전체적으로 보면 계율을 지키는 사람의 행복감은 그렇지 않은 사람의 행복감보다 큽니다. 저도 그런 이유에서 계율을 지킵니다. 계율을 지키는 것이 재미있기 때문입니다.

제가 이런 말을 하면 많은 사람이 의아해합니다. 계율과 규칙을 지키는 것이 재미없는 일이라고 생각하기 때문입니다. 이것도 하면 안 되고 저것도 하면 안 되는 인생은 아무런 즐거움도 없다고 생각합니다. 그저 다 방기하고 인생을 즐겨야 한다고 생각합니다. 하지만 부처님은 계율을 지키는 사람이 행복으로 다가가고 있다고 말합니다. 그리고 그것이 사실입니다. 계율을 지키면 사람들이 겪는 여러 가지 문제와 위험에서 자유롭습니다.

수족관의 물고기는 자기가 가고 싶은 곳으로 헤엄쳐갈 자유는 없지만 낚시꾼으로부터 자유롭고, 굶주림으로부터 자유롭고, 커다란 물고기의 공격으로부터 자유롭고, 더위와 추위로부터 자유롭습니다. 그리고 물고기가 병들면 사람들이 물고기 병원에 데려가 병을 치료해줄 테니 질병으로부터도 자유롭습니다.

계율을 지킬 때 누리는 자유도 이와 유사합니다. 불교의 재가 신도는 5계를 지키고, 사미 스님은 10계를 지키고, 비구 스님은 227계를 지킵니다. 그리고 비구니 스님은 311계를 지킵니다. 계율을 지키는 것은 어떤 면에서 수족관 안에 있는 것과 같습니다. 가고 싶은 곳으로 헤엄쳐갈 자유는 없습니다. 하지만 그러한 제한이 있기 때문에 많은 위험으로부터 자유롭게 됩니다. 그리고 위험에서 벗어나 있기 때문에 행복감을 느낍니다.

계율을 지키면 번뇌가 요구하는 것을 행동으로 옮길 자유를 잃는 셈입니다. 하지만 그 대신에 여러 가지 위험에서 자유롭습니다. 그래서 사람들은 계율을 지킵니다.

당시에 저는 결국 런던에 있는 태국 사원에서 출가하기로 결정했습니다. 태국 사원에 있는 스님이 가장 행복해보였기 때문입니다. 저는 5계를 지키며 수행을 하고 있었기 때문에 행복한 청년이었습니다. 따라서 행복한 스님들이 머무르는 태국의 사원이 저에게 어울리는 곳이라고 생각했습니다.

제가 그 사원을 다닐 때 태국에서 수행하고 돌아온 청년을 만난 일이 있습니다. 저는 그 청년에게 태국의 어느 사원이 좋은지, 어떤 스님이 좋은지 물었지만 그 청년은 별다른 대답을 주지 않았습니다. 나중에 저는 그 청년이 아잔 차 스님의 제자였다는 것을 알게 되었습니다. 그래서 왜 저에게 아잔 차 스님에 대해서 말해주지 않았는지 묻자 그 청년은 제가 계속 미소를 짓고 있었기 때문에 진지한 수행자가 아닌 것처럼 보여 말하지 않았다고 대답했습니다. 행복하게 미소 짓는 사람은 진지한 수행자가 아니라고 생각한 것입니다. 저는 출가한 지 이제 사십이 년이 되었습니다. 저는 진지한 수행자입니다.

제가 태국에서 지낼 때 증명사진을 찍을 일이 있었는데 다른 스님들이 미소 지으면 승려답지 않다며 미소 짓지 말라고 했습니다. 결국 미소를 짓지 않은 채 증명사진을 찍어야 했고 그 사진은 아무리 보아도 제 모습 같아 보이지 않았습니다.

유럽 유명인들의 초상화에서 사람들이 미소 짓는 대신 심각한 표정을 하고 있는 이유를 아십니까? 미소 짓는 초상화를 처음 그린 곳은 프랑스의 파리였습니다. 왜냐하면 파리에서 처음으로 치과 치료가 이루어졌기 때문입니다. 당시 초상화에 그려진 인물들은 모두 치아 상태가 좋지 않았습니다. 이가 부서졌거나 빠졌거나 혹은 검게 변색되어 있었습니다. 그런 이유로 초상화를 그릴 때 입을 꼭 다물고 있었다고 합니다.

그리고 아마도 그런 전통에 의해서 후대에 사진을 찍을 때도 사람들이 입을 꼭 다물고 심각한 표정을 지었던 것 같습니다. 치과 치료가 발전할수록 미소를 지을 때 드러나는 치아는 점점 더 아름답고 건강해졌고 사람들은 카메라 앞에서 미소를 지을 수 있게 되었습니다. 여기에도 원인과 결과가 작용하고 있습니다.

제가 처음 아잔 차 스님을 만났던 시기에 그분의 치아는 붉게 변색되어 있었습니다. 당시 그분은 사진을 찍을 때 미소를 짓지 않았습니다. 후에 틀니를 해 넣고 나서는 사진을 찍을 때 미소를 지었습니다. 저는 지난 사십 년 동안 스리랑카의 스님들을 보아왔습니다. 요즘은 그전보다 훨씬 자주 미소 짓는 모습을 볼 수 있습니다. 스님들이 미소 지으면 불교가 부드럽고 친근하게 여겨집니다.

부처님은 진정한 행복을 위해 마음을 계발하는 점진적인 과정으로 우선 여래의 가르침을 듣는 것과 계율을 지키는 것을 말합니다. 그리고 그 다음 과정은 감각 기능의 단속입니다.

우리는 영화를 보거나 소설을 읽거나 인터넷에서 동영상을 보면 행복해질 것이라고 생각합니다. 사람들이 왜 감각적 경험을 추구하겠습니까? 그러한 경험이 행복을 주리라고 믿기 때문입니다. 그런데 감각적 경험이 실제로 행복을 주었습니까? 감각적 쾌락이나 성적인 망상이 진짜로 행복을 줍니까? 스스로에게 질문을 던져보면 그렇지 않다는 것을 깨닫게 될 것입니다. 감각적인 경험은 우리를 계속 맴돌게 할 뿐입니다. 진정한 만족이 없습니다. 행복은 감각적 경험이 아닌 다른 곳에서 나옵니다.

살면서 행복했던 순간을 떠올려보십시오. 평화롭고 행복했던 순간을 떠올려보십시오.

아마 바닷가에 놀러가서 그저 편히 앉아 바다를 바라보았던 순간이나 산이나 절에서 지내던 순간들, 혹은 그저 차를 마시며 나무나 꽃을 보고 평화로움과 만족감을 느꼈던 순간이 기억날 것입니다. 수행자라면 수행 중에 느낀 행복감이 떠오를 수도 있습니다.

살면서 행복했던 순간의 공통점은 그 순간에 만족했다는 것입니다. 그때 그 장소에 있었던 것으로 흡족했고 세상의 다른 어떤 것도 바라지 않았던 순간입니다. 하나의 여정을 끝내고 긴장을 풀었던 순간이거나 다른 무엇을 얻으려 애쓸 필요가 없었던 순간입니다.

만족한다는 것은 지금 이 순간에 머물러 있다는 뜻입니다. 다음에 무엇을 할지 어디로 갈지 생각하면 지금 이 순간에 만족을 느끼는 것이 불가능합니다. 다음 할 일에 대해서 생각할 뿐입니다. 진정한 만족감은 우리를 지금 이 순간에 있게 합니다. 만족감에 의해 현재 이 순간에 머무르는 것이 행복의 가장 중요한 조건입니다.

많은 사람들이 섹스를 즐거움이라고 생각하지만 섹스에는 결코 만족이 없습니다. 다음 경험을 향해 질주할 뿐입니다. 결코 멈추지 못합니다. 계속 움직여갑니다. 유명해지거나 돈을 버는 것도 마찬가지입니다. 만족이 없습니다. 빌 게이츠처럼 되어도 만족할 수 없을 것입니다. 빌 게이츠 같은 사람은 세계의 10대 부자에 듭니다. 그런 사람은 이제 돈이 충분하니 자기 자신을 위해 시간을 보내야 하지 않을까요? 왜 스리랑카에 와서 불교 승려로 출가하지 않는지 이유를 모르겠습니다. 그런 사람들은 무언가 또 다른 어떤 것을 해야 합니다. 결코 끝이 나지 않습니다. 결코 만족하지 못합니다.

끝난 만큼은 끝났다

현실적으로 시간이 부족하고 많은 일을 해야 하는 사람들이 있습니다. 하지만 그런 경우에도 행복과 만족감을 찾을 수 있습니다. 어떻게 놓아버리는지 그 방법을 알면 됩니다.

붓다다사(Buddhadāsa, 1906~1993)라는 유명한 태국 스님이 계셨습니다. 그 스님의 가르침에는 동의할 수 없는 부분도 있지만 나름의 지혜를 갖춘 분이었습니다.

그 스님의 사원에서 법당을 지을 때의 일입니다. 불교의 전통에서는 우기 안거 삼 개월 동안 스님들이 여행도 하지 않고 그 밖의 다른 일도 삼가면서 수행에 정진합니다. 당시에도 우기 안거가 다가오자 붓다다사 스님은 인부들을 모두 돌려보내고 공사를 잠시 중단하여 스님들이 수행에 정진할 수 있도록 했습니다.

안거가 시작된 며칠 후에 신도 한 분이 사원을 방문했습니다. 그리고 아직 공사가 끝나지 않은 법당을 둘러보면서 붓다다사 스님에게 언제쯤 공사가 끝나는지 물었습니다. 붓다다사 스님은 법당 공사가 끝났다고 대답했습니다. 신도는 몹시 놀라면서 창문에는 유리도 없고, 지붕에는 기와도 얹혀 있지 않고, 시멘트 포대가 여기저기 널려 있고, 아직 문도 달지 않은 채로 남아 있는 이러한 법당을 어떻게 공사가 끝났다고 말하냐고 물었습니다. 그러자 붓다다사 스님은 '공사가 끝난 만큼은 끝났다.'고 말하고는 수행하러 가버렸습니다.

이러한 지혜를 갖추는 것이 바쁜 사람이 만족하는 방법입니다. 일은 언제나 계속 진행 중입니다.

저 역시 마찬가지입니다. 법문을 하고 나면 또 다음 법문이 예정되어 있습니다. 개인 면담을 마치면 다음 개인 면담이 있습니다. 그러나 다음에 해야 할 일 때문에 미리 긴장할 이유가 없습니다. 한 만큼은 끝난 것입니다. 이러한 지혜가 있으면 긴장을 풀고 만족할 수 있습니다. 마음이 앞질러 나아가는 것이 아니라 다음 순간이 올 때까지 긴장을 풀고 만족한 상태로 머무를 수 있게 됩니다. 해야 할 일이 많은 순간에라도 그 해야 할 일 모두가 지금 이 순간의 일은 아닙니다. 끝난 만큼은 끝난 것입니다. 이러한 마음가짐이 만족감을 느낄 수 있는 마음가짐입니다.

명상 수련회를 했지만 니밋따도 나타나지 않고, 선정도 얻지 못하고, 예류자도 되지 못하고, 그 밖의 다른 증득도 얻지 못했다고 생각합니까? 명상 수련회가 며칠 후면 끝나는데 아무것도 얻지 못했다고 생각합니까? 이룬 만큼은 마친 것입니다. 그러니 긴장을 풀기 바랍니다. 자신의 수행 상태가 어떠한 것이든 그곳에서 만족하십시오.

부처님은 만족, '산뚯티(santuṭṭhi)'를 가르쳤습니다. 만족이란 지금 이 상태를 충분히 좋은 것으로 여기는 것입니다. 날씨가 어떻든 수행 상태가 어떻든 그것을 좋은 것으로 여기는 것입니다.

수행할 때 여러분은 편안히 앉아서 눈을 감습니다. 얼마나 좋습니까? 부처님은 제자들에게 수행하라고 가르쳤습니다. 여러분은 수행을 합니다. 부처님의 가르침을 그대로 따르고 있는 것입니다. 훌륭하지 않습니까? 이 모든 것이 충분히 좋은 일입니다. 있는 그대로 충분하고 아름답습니다.

수행할 때 저는 어떤 것도 바라지 않습니다. 그저 앉아서 눈을 감고 현재 상태를 충분히 좋은 것으로 받아들입니다. 그러면 수행은 저절로 깊어지고 기쁨과 행복감이 다가옵니다.

무언가 바라는 것이 있으면 지금 여기에 있는 것에 만족할 수 없습니다. 「초전법륜경」(S56:11)에 나오는 괴로움의 정의가 무엇입니까? 괴로움은 '자신이 원하는 것을 얻지 못하는 것'이며 '원하지 않는 것과 함께 있는 것'입니다. 어떻게 그 간극을 좁힐 수 있을까요? 자신이 현재 있는 곳과 자신이 있기를 원하는 곳 사이의 간극을 좁힐 수 있는 방법은 무엇입니까?

그 간극을 좁히는 데에는 두 가지 길이 있습니다. 첫 번째는 일하고 노력하고 열심히 애써서 자신이 있고자 원하는 곳에 가닿는 것입니다. 이것이 세상의 방법입니다. 아마도 몹시 스트레스를 받고, 괴로움을 겪고, 실망하고, 좌절하고, 불만족을 느끼게 될 것입니다. 다른 길은 훨씬 간단합니다. 자신이 바라는 곳으로 가려고 애쓰는 대신 자신이 현재 있는 곳에 있기를 바라는 것입니다. 많은 사람들이 자신은 그동안 많은 노력을 기울였는데 원하는 위치에 다다르지 못했다고 생각합니다. 저는 그런 사람들에게 말합니다.

"자신이 원하는 높은 위치로 올라가야 한다고 생각하지 말고 자신이 있는 그 위치에 있기를 원하십시오."

이것이 가장 손쉽게 행복해지는 방법입니다.

수행에서도 마찬가지입니다. 가닿고 싶은 곳을 향하여 노력한다면 자신이 현재 있는 위치와 자신이 분리됩니다. 괴로움의 원인을 만드는 것입니다. 해답은 쉽습니다. 자신이 있는 그곳에 있기를 바라십시오. 이것이 바로 만족입니다.

원하지 마십시오

저의 강연은 유튜브(YouTube)에 올려집니다. 그중에서 집착을 놓아버리는 네 가지 방법에 대한 강연은 가장 인기가 좋아서 백만 명 넘는 사람들이 보았습니다. 이 강연은 사성제 중 세 번째인 고멸성제(苦滅聖諦)에서 설명되는 '그저 주기, 버림, 자유로움, 잡지 않음[cāgo-paṭinissaggo-mutti-anālayo]'에 대한 강의입니다. [『상윳따 니까야』「초전법륜경」(S56:11) §7]

오늘은 그중에서 자유로움, 뭇띠(mutti)에 대해 이야기하겠습니다.

여러분은 자유롭습니까? 자유로워지는 것은 얼마나 힘든 일입니까? 하지만 여러분이 자유의 의미를 진정으로 이해한다면 자유로워지는 것은 아주 쉽습니다.

저희 사원에서는 스님 한 분이 교도소를 정기적으로 방문하며 수감자들에게 수행을 가르치고 있습니다. 초기에는 제가 그 일을 했습니다. 교도소에 있는 수감자들은 놀랍게도 몹시 정직합니다. 그들은 저의 강연이 좋으면 좋다고 말하고 싫으면 싫다고 말합니다. 일반 신도들은 법문이 좋지 않아도 좋다고 말합니다. 하지만 교도소의 수감자들은 그렇지 않습니다. 잃을 것이 없기 때문입니다.

제가 교도소에서 수감자들에게 명상 수행을 가르치던 첫날, 교도소에 있는 110명의 수감자 중 98명의 수감자가 수행을 배우기 위해 왔습니다. 강연 장소가 수감자들로 가득 미어졌습니다. 그토록 많은 수감자들이 수행하고 싶어 한다는 사실에 저는 몹시 감동받았습니다.

강연을 시작한 지 오 분쯤 지나자 그중 한 명이 제 말을 끊고 일어서서 질문을 했습니다. 그 수감자는 덩치가 몹시 큰 사람이었습니다. 교도소에서 그렇게 덩치가 큰 사람이 말을 끊고 질문하면 질문은 나중에 하고 일단 앉으라고 말해서는 안 됩니다.

그는 저에게 명상을 하면 공중부양을 배워서 벽을 넘어 날아갈 수 있는지 물었습니다. 그때서야 저는 왜 이토록 많은 수감자들이 명상 수행을 배우러 왔는지 깨달았습니다. 그들은 마음을 계발하려는 것이 아니라 교도소의 담을 넘어 탈옥을 하려는 것이었습니다. 저는 그 사람에게 공중부양은 아주 드문 일이며 혹시 가능하다고 해도 굉장히 오랜 기간 수행해야 한다고 설명했습니다. 그랬더니 다음 수행 시간에는 세 명만 왔습니다.

저의 후임으로 이 교도소에서 수행을 가르치던 저희 사원의 스님이 어느 날 수행 후에 수감자들과 차를 마시며 사원 생활에 대하여 이야기했다고 합니다. 호주에는 불교의 전통이 없기 때문에 사람들은 불교 승려가 사원에서 어떤 생활을 하는지 잘 모릅니다.

제가 있는 호주의 보디냐나 사원에서는 스님들이 새벽 4시에 일어납니다. 새벽 4시에 일어난다고 하자 수감자들은 놀라면서 새벽 4시에 일어나서 도대체 무엇을 하는지, 텔레비전은 볼 수 있는지 물었다고 합니다. 물론 사원에는 텔레비전이 없으며 새벽에는 새벽 정진을 합니다.

저희는 아침에 간단한 오트밀 같은 것을 먹습니다. 하지만 교도소의 아침 식사에는 팬케이크, 베이컨, 계란, 샐러드 등 온갖 종류의 음식이 나오고 그중에서 좋아하는 것을 골라서 먹을 수 있다고 합니다.

저희 사원에서는 아침 식사 후에 스님들이 건설 작업 등의 울력을 합니다. 저도 기꺼이 그런 일을 함께합니다. 그러나 교도소에서는 수감자들에게 힘든 중노동을 시키지 않습니다. 교도소에서 그런 중노동을 시키면 아마 폭동을 일으킬 것이라고 하더랍니다.

그리고 그들은 점심 식사에 대해서 물었습니다. 상좌부 불교 전통의 스님들이 으레 그렇듯 저희 사원의 스님들도 공양할 때 발우 하나만을 사용합니다. 그래서 온갖 음식이 하나의 발우 안에 담기고 결국 음식은 서로 섞입니다. 며칠 전에 저는 스파게티 위에 아이스크림을 받았습니다. 그래서 아이스크림과 스파게티가 서로 섞였습니다. 혹시 그렇게 해서 드신 적이 있습니까? 그렇게 먹지 마십시오. 몹시 역겹습니다. 교도소에서는 칸칸이 분리된 금속 식판을 사용한다고 합니다.

그리고 스님들이 점심 후에 운동은 하는지, 축구와 같은 스포츠는 즐기는지 물었습니다. 물론 스님들은 운동 경기를 하지 않습니다. 거기에는 이유가 있습니다. 불교 승려들은 어디에도 집착하지 않고 자비심으로 가득 차 있는데다가 항상 놓아버리는 수행을 했기 때문에 상대방이 공을 잡으려 하면 즐겁게 공을 넘겨주고 골을 넣으려고 하면 기꺼이 도와서 자살골을 넣을 것입니다. 우리는 운동 경기를 할 수 있는 경쟁심이 약화되어 있습니다.

그러면 무엇을 하느냐는 물음에 이 스님은 점심 후에는 오후 수행을 한다고 대답했습니다.

상좌부 전통의 승려는 정오 이후 음식을 먹지 않습니다. 따라서 물론 저녁 식사는 없습니다. 그들은 스님들이 저녁 시간에 무엇을 하는지, 카드나 포커 게임 같은 것을 하는지 물었습니다. 스님은 저녁 시간에는 저녁 수행을 한다고 말했습니다.

그리고 저희 사원에는 침대가 없습니다. 그저 간단한 매트 위에서 잠을 잡니다.

이야기를 들은 후에 그들은 사원의 생활이 교도소의 생활보다 훨씬 더 힘들다는 것을 알았습니다. 수감자 한 명이 이 스님을 가엾다는 듯이 바라보며 사원에서 지내는 것은 매우 힘든 것 같으니 자신들과 함께 지내자고 권유했다고 합니다. 사실 그 말에도 일리는 있습니다. 교도소에서 지내는 것이 사원에서 지내는 것보다 더 편할 수도 있습니다.

저는 그 이야기를 듣고 웃음을 터뜨렸습니다. 하지만 나중에 사원과 교도소의 차이에 대해 생각해봤습니다. 저희 사원에는 와서 지내고 싶어 하는 스님들이 많은데 거처가 모자라 대기자 명단을 만들어놓고 있습니다. 교도소에는 출옥하는 사람들의 대기자 명단이 있을 것입니다. 그 차이는 무엇일까요?

교도소는 자신이 있기를 원하지 않는 곳입니다. 자유란 자신이 있기 원하는 곳에 있는 것입니다.

어떤 사람이 자신의 결혼 생활에 만족하지 못하고 결혼 생활에서 벗어나고자 한다면 그에게는 결혼이 감옥입니다. 그곳에 있기를 원하지 않기 때문입니다. 몸이 아파 병원에 입원한 사람이 그 상태에서 벗어나고 싶어 한다면 병원의 침대가 그의 감옥입니다. 승려가 환속을 원한다면 승복이 그의 감옥입니다.

수행의 과정에서 현재의 수행에 만족하지 않고 다음 단계를 원한다면, 예를 들어 호흡을 알아차리는 단계에서 니밋따를 원한다면, 그 순간에 수행자는 자유를 잃습니다.

따라서 자유를 얻는 방법도 상당히 간단합니다. 병들었다면 병들어 있기를 원하십시오. 현재 있는 그곳에 있기를 바라십시오. 그러면 자유로워집니다. 나이가 들었다면 나이 든 상태를 원하십시오. 육체의 나이가 더 이상 감옥이 되지 않을 것입니다.

지금 현재 지내고 있는 거처에 만족하지 못하고 다른 거처로 옮기고자 한다면 현재의 거처는 여러분에게 괴로움이 됩니다. 하지만 사실은 거처가 괴로움이 되는 것이 아닙니다. 괴로움의 원인은 거처를 옮기고 싶은 마음입니다.

때로는 아름다운 호흡의 단계에서도 자신의 수행 단계에 만족하지 않을 수 있습니다. 몇 년이나 수행을 했는데 겨우 이 정도냐고 생각하며 불만스럽게 느낄 수 있습니다. 이 경우에도 불만족을 야기한 것은 현재의 수행 단계가 아닙니다. 그 이상을 바라는 마음입니다.

그러므로 어떤 명상 수행이든지 자신이 지금 경험하는 그 수행을 충분히 좋은 것으로 여기십시오. 그곳에 있는 것에 행복해하십시오. 니밋따 수행도 아니고 선정 수행도 아니지만 들어오고 나가는 호흡을 바라보는 이 순간의 호흡 수행에서 행복을 느끼십시오. 행복을 느끼면 자유롭고 만족하게 됩니다. 만족하면 기쁨과 행복감이 일어납니다. 그리고 기쁨과 행복감으로 인해 더욱 커다란 만족감을 느낍니다. 그러면 니밋따가 나타납니다. 현재 이 상태에서 만족해하자 니밋따가 나타난 것입니다.

이런 과정을 통해서 수행자는 어떤 마음가짐으로 수행해야 하는지 배우게 됩니다. 그리고 사성제를 이해하게 됩니다. 아무것도 원하지 않으면 만족스럽고 자유롭고 행복하다는 것을 깨우치는 것입니다. 이와 같이 수행을 하는 과정에서 사성제, 연기, 놓아버리기 등의 법에 대한 이해가 점점 깊어집니다. 그리고 법에 대한 이해가 깊어지면서 수행은 점점 더 진전하게 됩니다.

수행에서 중요한 것은 '무엇을 경험하는가'가 아니라 '어떻게 경험하는가'입니다. 경험에 대한 내면의 반응이 중요한 것입니다. 현재 상태에 만족하지 않고 자신이 지금은 비록 여기에 있지만 다음 단계로 부지런히 나아가야 한다고 생각한다면 스스로 괴로움의 원인을 만드는 것입니다. 현재 있는 바로 그 자리에 있기를 원하면 그 순간에 여러분은 자유로워지고 수행은 급진전을 이룰 것입니다.

자리에 앉으십시오. 아무것도 하지 말고 현재 상태에서 행복감을 느끼십시오. 칠각지의 법문에서 말했듯이 기쁨을 통해 수행자는 몸과 마음의 편안함, 경안(輕安)을 얻습니다. 기쁨이 편안함으로 이어지는 것입니다.

지금 이 순간 이곳에 있는 것이 행복하다면 행위를 할 필요가 없어집니다. 그러면 행위가 없는 정지 상태가 됩니다. 마음이 작동을 멈추는 것입니다. 무언가 문제를 해결해야 하는 경우에 마음은 작동을 시작합니다. 만족하면 아무 문제가 없습니다. 아무 문제도 없으면 현재의 상태가 행복합니다. 현재 상태가 행복하면 마음이 작동을 시작할 필요가 없습니다.

저는 외면적으로는 몹시 바쁜 승려입니다. 많은 것을 결정해야하고 많은 사람을 만나야 합니다. 하지만 저는 어떻게 해야 만족을 느끼는지 알고 있습니다.

저는 금요일부터 일요일까지 도시에 있는 명상 센터에서 수행을 가르치고 일요일 오후 사원으로 돌아와 그때부터 다음 금요일까지 사원의 일을 봅니다. 사원에는 언제나 해야 할 일이 많습니다.

언젠가 어떤 방문객이 찾아와 저희 사원이 고요하고 평화롭다며 이런 곳에서 지내니 얼마나 좋으냐고 감탄했습니다. 저는 그에게 제가 해야 하는 많은 일을 설명했고 저에게 있어서 사원은 아름답고 고요한 곳이 아니라 많은 문제를 해결해야 하는 장소라고 말했습니다. 하지만 그렇게 말해놓고 나서 저는 제가 그동안 어떤 실수를 저질렀는지 깨달았습니다. 방문객은 저희 사원을 고요한 곳으로 느끼는데 막상 저 자신은 바쁜 일터로만 본 것입니다.

그래서 매주 월요일 오전에는 사원을 책임지는 주지승이 아니라 방문객의 눈으로 사원을 보기로 했습니다. 월요일 오전만은 방문객이 되기로 한 것입니다. 어떤 문제가 있어도 그것은 저의 문제가 아니며 저에게는 어떤 책임도 없다는 마음가짐을 가졌습니다. 사원의 주인이 되지 않았습니다. 그러자 비로소 제가 지내는 사원이 고요하고 평화롭고 아름답다는 것을 느낄 수 있었습니다.

자신이 몸의 주인이라고 생각하지 않는다면 몸은 평화롭고 아름답습니다. 몸을 자신의 소유라고 생각하는 순간부터 몸에 대해 걱정하기 시작합니다. 가슴에 통증을 느끼기만 해도 심장 마비를 염려합니다. 몸이 자신에게 속한 것이라고 생각하면 그때부터 걱정하고 염려하게 되는 것입니다.

여러분은 지금 명상 수련회를 위해 임시로 이곳에 머무르고 있습니다. 며칠 지나면 이곳을 떠납니다. 물론 여러분은 지금의 임시 거처를 깨끗하게 사용하고 있을 것입니다. 하지만 문짝이 잘 안 맞거나 창문 유리에 금이 갔다고 해서 그것을 자신의 문제로 여기고 걱정하지는 않습니다. 여러분은 그저 방문객일 뿐입니다. 이제 곧 떠날 것입니다. 따라서 지나치게 염려하지 않습니다.

자신의 몸을 이러한 임시 숙소로 여기십시오. 여러분은 그저 방문객일 뿐입니다. 몇 년을 머무르건 몸은 결국 임시 숙소일 뿐입니다. 너무 염려할 필요가 없습니다. 그러한 마음가짐을 가지면 비로소 이완할 수 있게 됩니다. 만약 병이 든다고 해도 아잔 차 스님이 저에게 말했던 것처럼 병이 낫거나 아니면 죽습니다. 병이 언제까지고 계속되는 일은 없습니다. 그러니 염려할 것 없습니다.

자신의 마음을 대할 때도 방문객의 마음가짐으로 대하십시오. 자신의 수행도 방문객의 마음가짐으로 대하십시오. 수행을 자신의 수행이라고 여기지 마십시오. 마음을 나의 마음이라고 여기지 마십시오. 수행을 자신의 것으로 소유하지 마십시오. 소유하지 않으면 책임이 없습니다. 수행에서 진전을 이룰 필요도 없습니다. 깨달음을 얻을 필요도 없습니다. 어떤 것도 할 필요가 없습니다. 그저 방문 객입니다. 그런 마음가짐을 가지면 아마 굉장히 빨리 깨달음을 얻을 것입니다.

무아(無我, anattā)의 가르침이 이런 것입니다. 자신이 무엇인가 소유하고 있다고 생각합니까? 자신이 무엇인가 하고 있다고 생각합 니까? 누가 깨달음을 얻습니까? 여기에는 아무도 없습니다. 허공에 훈장을 달려고 하는 것과 같습니다. 훈장의 핀을 꽂을 곳이 없습니 다. 예류자라는 훈장을 어디에 꽂겠습니까? 학위 증서를 받아도 걸 어둘 벽이 존재하지 않는 셈입니다.

주인이 되지 않고 방문객이 되면 삶이 훨씬 쉬워집니다. 저는 이 곳 스리랑카에서 그저 방문객에 불과합니다. 따라서 책임이 없습니 다. 하고 싶은 말을 다 하고 며칠 후에는 스리랑카를 떠날 것입니다.

자신의 몸과 마음을 방문객의 태도로 대하면 놓아버리기가 쉬위집니다. 방문객은 무엇을 개선해야 하는지, 무엇을 없애야 하는지, 무엇을 이해해야 하는지 알지 못합니다. 아름다움과 고요함을 느낄 뿐입니다. 자신의 마음을 주인의 자세가 아닌 방문객의 자세로 대한 다면 문제점과 개선해야 할 부분을 보면서 계속 실망하는 대신 마음의 아름다움을 볼 수 있게 됩니다. 방문객으로서 평화로움과 고요함을 느끼게 되고 만족감에서 우러나오는 행복을 느낄 수 있을 것입니다. 그러나 마음의 주인으로 남아 있으면 결코 만족할 수 없습니다.

희열에서 경안이 나오고 경안에서 행복감이 일어나고 행복감으로 인해 마음이 고요해집니다. 고요함이 깊어지면 선정에 이릅니다. 선정에서는 더 깊은 행복감을 느끼게 됩니다. 그때 여러분은 세상을 있는 그대로 볼 수 있게 되고 깨달음을 얻을 수 있습니다. 따라서 아무것도 소유하지 마십시오.

여러분은 수행자로서 이미 많은 것을 포기했습니다. 하지만 아직 충분치 않습니다. 아직도 더 포기해야 할 것이 남아 있습니다. 몸에 대한 소유권 그리고 수행에 대한 소유권마저 포기해야 합니다.

수행에서 중요한 것은 '무엇을 경험하는가'가 아니라
'어떻게 경험하는가'입니다. 경험에 대한 내면의
반응이 중요한 것입니다. 현재 상태에 만족하지 않고
자신이 지금은 비록 여기에 있지만 다음 단계로
부지런히 나아가야 한다고 생각한다면 스스로
괴로움의 원인을 만드는 것입니다. 현재 있는 바로
그 자리에 있기를 원하면 그 순간에 여러분은
자유로워지고 수행은 급진전을 이룰 것입니다.

14

깨달음

도(magga)와 과(phala) I

오늘은 깨달음이란 어떤 것이며 깨달음에는 어떤 단계가 있는지 그리고 깨달음을 얻으려면 어떻게 해야 하는지 이야기하겠습니다.

많은 사람들이 깨달음을 얻고 싶어 합니다. 하지만 정작 깨달음이 무엇인지 아는 사람은 거의 없습니다. 그래서 어떤 사람들은 자신이 깨달았다는 전문가의 확인을 받고 싶어 합니다. 깨달음마저 욕망의 대상이 된 것입니다.

그러다 보니 깨달음을 인증하고 자격증을 주는 명상 수련회도 생겨났습니다. 한 달쯤 되는 비교적 긴 기간의 수련회를 마칠 무렵 시험을 치르고 그 결과에 따라 예류자, 일래자, 불환자, 아라한이라는 자격증을 나누어주는 것입니다. 이 수련회에 참여했던 어떤 사람은 처음 참가했을 때는 불환자의 자격증을 받았는데 이 년 후 두 번째로 참가했을 때는 예류자의 자격증을 받았다고 합니다. 이 사람을 기억하지 못한 주최 측의 실수로 이 년 후에 두 단계가 내려갔던 것입니다. 그 명상 수련회는 후에 없어진 것 같습니다.

깨달았다는 자격증을 받고 싶어 하는 이런 것이 영적인 물질주의입니다. 여러분 중에도 자신의 수행과 다른 사람의 수행을 비교하고 우월감을 갖는 사람이 있을 것입니다. 이처럼 수행의 단계는 쉽게 자만심과 연결됩니다. 그러나 수행자로서 우리는 어떤 것도 자만심의 근거로 삼지 말아야 합니다. 수행을 통해 자아를 강화하는 것이 아니라 약화시켜야 합니다.

저는 수행 지도자로 꽤 알려졌습니다. 많은 사람이 제 책을 읽었고 인터넷으로 제 법문을 듣는 사람도 많습니다. 이런 명상 수련회가 있으면 저를 위해 이런저런 음식을 준비해주는 사람들도 있습니다. 그래서 어떤 사람은 저를 부러워하고 유명한 수행 지도자가 되고 싶어 합니다. 하지만 저를 부러워하지 마십시오. 저는 여러분에게 절대 이름난 수행 지도자가 되지 말라고 조언합니다. 여기 이 스리랑카 명상 수련회가 끝나면 저는 싱가포르로 가서 수행을 지도해야 합니다. 그 다음에는 호주에 갔다가 다시 태국과 홍콩으로 가야 합니다. 휴식을 취할 시간이 없습니다. 저처럼 되지 마십시오.

제가 강연 중에 계속 괴상한 농담을 하면 언젠가 사람들은 저의 강연에 질리게 될 것입니다. 저의 강연에 질리면 더 이상 저를 강사로 초대하지 않을 것이고 그러면 비로소 저는 휴식할 수 있게 될 것입니다. 제가 괴상한 농담을 하는 데는 그런 숨은 의도가 있다고 농담 삼아 말하고는 합니다. 하지만 묘하게도 사람들이 점점 저의 괴상한 농담을 좋아하고 있습니다. 요즘에는 점잖은 스님들조차 저의 괴상한 농담을 즐기는 것 같습니다.

그런데도 수행 지도자가 되고 싶어 하는 수행자들이 많습니다. 물론 깊은 수행을 경험하고 법에 대한 이해가 깊어진 사람은 당연히 자신의 경험을 다른 사람과 나누어야 합니다. 많은 사람들이 가르침을 필요로 합니다.

저는 인터넷에서 스스로 아라한이라고 자칭하는 사람들이 올려놓은 강의를 들어보았습니다. 그 강의의 일부만 들어도 그들이 얼마나 법에 대해 무지한지 알 수 있었습니다. 많은 사람들이 힘에 대한 갈증 때문에 스스로 깨달았다고 선언하고 스승이 되려 합니다.

오래전에 미국에서 활동하던 어떤 인도 구루는 자신이 완전히 집착을 버렸기 때문에 이제 더 이상 '집착 없음'에도 집착하지 않는다고 말했습니다. 이것은 상당히 영리한 핑계입니다. 이렇게 말하고 그는 자신이 원하는 것은 무엇이든 했습니다. 많은 사람들이 어리석게도 그런 말을 믿습니다.

수술을 받기 위해 병원을 찾아간다면 수술을 집도하는 의사가 자격을 갖추고 있는지 먼저 확인하려 할 것입니다. 이와 마찬가지로 수행 지도자가 자격을 갖추었는지 확인해보아야 합니다. 자신이 선정이나 깨달음을 얻었다고 말하지만 사실은 착각인 경우가 많습니다. 그런 경우에는 진짜 선정이나 깨달음이 그들이 경험한 것과 다르다고 말해도 그들은 받아들이지 못합니다. 선정이나 깨달음을 얻었다는 것이 그들 자아의 깊은 부분에 닿아 있기 때문입니다. 그래서 세상에는 깨달음을 얻지 못했는데 깨달았다고 주장하는 사람들이 많이 있습니다.

무엇이 깨달음이 아닌가

그러면 깨달음이 무엇인지 어떻게 알 수 있을까요? 어쩌면 깨달음이 무엇인지 알기에 앞서 먼저 무엇이 깨달음이 아닌지 알아야 할 것 같습니다. 그 이야기를 하기 위해 제 자신의 경험을 이야기하겠습니다. 제가 깨달음을 얻었던 이야기입니다. 좀 더 정확하게 말하자면 제가 깨달았다고 생각했던 이야기입니다. 정말 굉장한 경험이었습니다.

제가 아라한이 된 것은 출가한 지 사 년이 되었을 때의 일입니다. 당시 저는 태국 북동부에 있는 한적한 사원에서 삼 개월의 우기 안거를 보내고 있었습니다. 그 사원은 조용하고 외딴 곳이어서 저는 종일 명상 수행에 몰두할 수 있었습니다. 수행은 점점 더 깊어져서 기쁨이 강해졌고 마음챙김의 힘도 점점 강해지고 있었습니다.

그러던 어느 날 저녁, 경행대에서 걷기 수행을 하고 있을 때였습니다. 마음은 고요했고 어떤 번뇌도 일어나지 않았습니다. 그리고 불현듯 강렬한 깨우침이 일어났습니다. 제가 깨우침을 얻으려고 했던 것이 아닙니다. 내면에서 저절로 깨우침이 일어났습니다. 세상의 모든 이치가 환하게 이해되었고 엄청난 환희와 동시에 깊은 고요함을 느꼈습니다. 그러다가 훨씬 더 강렬한 깨우침이 일어났습니다.

무아의 체험이었습니다. 드디어 깨달음을 얻고 아라한이 되었던 것입니다. 혹시 아시는지 모르겠지만 아라한이 되면 기쁨과 행복감으로 가득 참니다. 걷기 수행을 하는 것이 마치 허공을 둥둥 떠다니는 것 같았습니다. 새벽 1~2시까지 수행했지만 조금도 졸리지 않고 마음이 완벽하게 명료함을 유지했습니다. 저는 누워서 삼십 분 정도 휴식을 취했습니다. 잠들지는 않았고 그저 신체를 잠시 쉬게 한 것입니다. 그리고 2시 30분에서 3시까지 다시 수행을 했습니다. 3시에 새벽 수행을 알리는 종이 쳤습니다. 마음은 조금도 흔들림 없이 그저 고요했습니다.

저는 새벽 수행 시간이면 태국의 더운 날씨 때문에 곧잘 졸음에 시달리고는 했습니다. 하지만 그날 저의 마음은 너무나 명료했습니다. 그리고 졸음에 겨운 스님들이 웅얼거리는 태국의 아침 염불은 평소에는 그다지 아름답지 않았지만 그날 새벽의 염불 소리는 아름다운 천상의 음악으로 들렸습니다. 깨달음이란 그런 것입니다.

그리고 저는 아침 탁발을 나갔습니다. 저의 발우에 음식을 보시하는 신도들을 보며 그들에게 한없는 자애심을 보냈습니다. 그리고 그들이 얼마나 운이 좋은지, 새로운 아라한에게 첫 번째 공양을 올리다니 얼마나 커다란 복을 짓는 것인지에 대하여 생각했습니다.

사실 그곳 태국 북동부의 음식은 형편없습니다. 제가 태국에서 만난 외국 수행자들은 대부분 전 세계를 여행했던 사람들입니다. 그들 모두의 공통적인 의견은 세상에서 가장 열악한 음식이 바로 태국 북동부의 음식이라는 것입니다. 그곳에서 먹던 음식은 물소의 태반,

개구리, 달팽이, 그리고 그 밖에 여러 종류의 기어 다니는 생물들이었습니다.

당시 그 사원에서 매일 먹던 음식은 생선 젓갈이었습니다. 태국의 불교 신도도 물고기를 잡는 사람이 있습니다. 불교도가 어떻게 살생을 하냐고 물으면 자신은 살생한 것이 아니라 물고기를 물 밖으로 건져내었을 뿐인데 물고기가 스스로 죽어버렸다고 답하고는 합니다. 이런 것은 배우지 마십시오.

저희가 먹던 생선 젓갈은 그렇게 물고기를 잡아서 소금이나 다른 양념 없이 그저 항아리에 담아 플라스틱 뚜껑을 덮고 보관해서 삭힌 것입니다. 한번은 제가 사원의 공양간을 청소하다 젓갈 항아리에 구더기가 가득한 것을 보고 내다 버리려고 했습니다. 그런데 마침 사원에 왔던 마을의 촌장님이 구더기가 있는 것이 더 영양가가 많다며 저를 말렸습니다. 물론 그 다음 날도 반찬은 생선 젓갈뿐이었습니다. 몹시 역겨운 맛이었지만 저희는 매일 그것을 먹어야 했습니다. 다른 반찬은 없었습니다. 태국 특유의 찰기가 강한 밥과 생선 젓갈이 전부였습니다.

하지만 제가 깨달음을 얻던 날, 공양간에는 음식을 담은 통이 두 개 있었습니다. 한 통에는 항상 먹던 생선 젓갈이 담겨 있었지만 다른 통에는 제대로 요리된 돼지고기 카레가 있었습니다. 저는 곧 눈치를 챘습니다. 천신들이 저의 깨달음을 축복하기 위해 공양한 것이 틀림없었습니다.

당시 그 사원에는 스님이 별로 없어서 저보다 법랍이 높은 스님은 그 사원의 주지 스님 한 분뿐이었습니다. 그 스님은 그 지역에서 자라나 그 사원으로 출가한 스님이었습니다. 따라서 그 지방의 음식에 몹시 익숙한 사람입니다. 하지만 그 스님은 생선 젓갈은 조금도 손대지 않고 돼지고기 카레를 듬뿍, 아무도 그만치 먹을 수 없을 만큼 듬뿍, 자신의 발우에 담았습니다. 뭐, 그래도 상관없었습니다. 아직도 많은 양이 통에 남아 있었습니다. 하지만 그 다음에 주지 스님은 돼지고기 카레가 든 통을 들더니 돼지고기 카레를 모두 생선 젓갈 통에 부어버렸습니다. 그러고는 국자로 휘휘 저으면서 '이것들은 다 마찬가지야. 이것들은 다 마찬가지야.'라고 중얼거렸습니다. 저는 속으로 생각했습니다.

'만약 그 두 가지 음식이 다 마찬가지라면 왜 자기 발우에는 돼지고기 카레만 담았지? 이 위선자! 욕심쟁이! 돼지! 자기 발우에는 그렇게 많이 담고⋯. 내가 아라한이 되어서 천신들이 공양한 좋은 음식을 모조리 망쳐버렸어.'

그러다가 문득 아라한은 음식에 대한 욕심이 없고 화도 내지 않는다는 사실이 떠올랐습니다. 저는 깨달음을 얻지 못했던 것입니다. 진짜 괴로움을 알고 싶다면 먼저 자신이 아라한이 되었다고 생각하고 그 다음에 아라한이 아니라는 것을 깨달으면 됩니다. 그 해의 우기 안거는 무척이나 괴로운 우기 안거였습니다.

깨달았다는 착각을 일으키기는 이처럼 쉽습니다. 강렬한 깨우침이 일어나고 다섯 가지 장애가 사라지는 경험을 합니다. 후에 두려움이나 분노나 그 밖의 다른 번뇌가 일어나는 것을 확인하고서야 자신이 깨닫지 못했다는 것을 알게 되는 것입니다. 여러분 중 많은 분들이 이미 이런 경험을 했거나 그렇지 않으면 머지않아 이와 비슷한 경험을 하게 될 것입니다.

깊은 수행을 경험한 후에 강렬한 깨우침이 일어나고 마음속은 기쁨으로 가득합니다. 그리고 번뇌가 사라집니다. 하지만 이런 경우에도 기다려야 합니다. 또다시 번뇌가 일어날 수 있기 때문입니다.

마치 폭탄이 터지는 것과 같습니다. 폭탄이 터지면 그 일대는 연기로 자욱하고 아무것도 식별할 수 없습니다. 연기가 가라앉으면 그제야 어떤 건물이 완전히 파괴되었는지 어떤 건물이 부분적으로 파괴되었는지 그리고 또 어떤 건물은 전혀 손상이 없는지를 식별할 수 있습니다. 강한 깨우침이 일어난 경우에도 어떤 장애는 사라지고 어떤 장애는 약화되지만 또 어떤 장애는 전혀 손상 없이 건재합니다. 따라서 매우 조심스럽게 스스로의 수행 정도를 평가해야 합니다.

모든 것이 사라진다

그렇다면 어떤 것이 깨달음일까요? 깨달음의 첫 번째 단계는 예류자입니다. 예류자의 단계에서 유신견(有身見, sakkāya-diṭṭhi)이 완전히 사라집니다. 어디에도, 어떤 형태로도 자아라는 것이 없다는 것을 이해하는 것입니다. 오온(五蘊) 중의 어떤 것도 내가 아니고, 나의 것이 아니고, 나의 자아가 아니라는 것을 깨닫는 것입니다. 그리고 오온, 다섯 가지 무더기를 벗어난 것이 존재하지 않는다는 것을 아는 것입니다.

우리는 자아에 대한 집착이 너무나 강하기 때문에 어떤 형태로든 자아가 지속되기를 원합니다. 마치 은퇴 후 영원히 행복하게 쉴 수 있기를 원하는 것처럼 깨달음을 얻은 후 영원히 행복하게 머무르기를 원합니다.

다행히도 스리랑카에서는 경전에 근거해서 가르침을 펍니다. 그것은 좋은 일입니다. 불운하게도 태국에서는 스님들이 경전을 읽지 않습니다. 그들은 경전을 책장에 넣어두고 책장의 문을 잠그고는 아침마다 그 책장을 향해 경배합니다.

경전을 읽고 경전에서 제시한 길을 따라가는 것은 몹시 중요한 일입니다. 저와 함께 승가 생활을 했던 동료 수행자들, 즉 태국 상좌부 전통의 스님 중 일부는 반열반 후에 어떤 식으로든 지속되는 것이 있다고 생각합니다. 반열반 후에 어떤 형태로든 존재가 지속된다고 생각하는 것입니다. 그들은 반열반 후에 모든 것이 사라진다면 깨달음은 도대체 무슨 소용인지 묻습니다. 모든 것이 사라진다고 주장하는 것은 단멸론이고 정신적인 자살이라고 말합니다. 하지만 그것은 단멸론이 아닙니다. 왜냐하면 존재하던 어떤 것이 사라지는 게 아니라 처음부터 아무것도 없었기 때문입니다. 어떤 것이 존재하다가 파괴되는 것이 아니고 처음부터 원인과 결과만 있었던 것입니다. 그리고 어느 순간 원인이 소멸되어서 더 이상 결과가 일어나지 않는 것입니다.

『상윳따 니까야』의 「야마까 경」(S22:85)에서 사리뿟따 존자는 '여래는 사후는 커녕 지금 현재에도 확정되지 않으며 그저 오온이 있을 뿐'이라고 말합니다. 반열반 후에 존재가 지속되기는커녕 지금 여기에서도 여래를 발견할 수 없다는 것입니다. 오온이 있을 뿐이기 때문입니다. 그러므로 파괴될 것이 없습니다.

일어나고 사라질 뿐입니다. 원인과 결과입니다. 원인이 소멸되어 사라지면 결과는 더 이상 일어나지 않습니다. 그뿐입니다. 경전에서는 이것을 분명하게 설명하고 있습니다. 하지만 사람들은 그런 설명을 보지 않습니다.

장애가 없어지면 눈앞을 가렸던 것이 벗겨지고 비로소 모든 것을 있는 그대로 보게 됩니다. 탐진치의 번뇌가 일어나는 것을 알기는 비교적 쉽지만 자신이 깨닫지 못했다는 것을 아는 것은 어렵습니다. 있는 그대로의 사실을 알기 어렵게 만드는 것이 바로 무명(無明)의 역할이기 때문입니다. 무명으로 인해 우리는 자기가 보고 싶은 것만 봅니다. 그래서 자신이 깨달았다는 착각에 오랜 세월 빠져 있기도 합니다.

그러므로 스스로가 깨달음을 얻었다고 생각해도 부디 침묵을 지키기 바랍니다. 자신의 증득에 대해 사람들에게 말하지 마십시오. 깨달음을 얻었다는 것을 말하면 다른 사람들이 기뻐할 것이라고 착각할 수도 있습니다. 하지만 다른 사람들은 깨달음을 얻지 못했습니다. 따라서 질투심을 느낍니다. 심지어는 적개심을 가질 수도 있습니다. 상대가 악한 업을 짓는 것을 미연에 방지하기 위해서라도 말하지 않고 침묵하는 편이 좋습니다. 만일 자신의 증득을 말하고 싶어 견딜 수가 없다면 아직 예류자가 되지 못한 것입니다. 말하고 싶은 마음이 좋은 표시입니다. 남들에게 자랑하고 싶은 마음이 있다는 것은 아직 깨달음을 얻지 못했다는 뜻입니다.

또한 깊은 수행의 체험으로 폭발이 일어나는 경우에 그 폭발의 연기가 가라앉기까지 여러 해가 걸릴 수 있습니다. 그 당시에는 자신이 깨달음을 얻었다고 생각할 수도 있지만 몇 년이 지나 번뇌가 일어나면 그때 비로소 깨달음을 얻지 못했다는 것을 알 수도 있습니다.

네 번의 작은 방귀에 호수를 건넌 스님

중국의 옛날이야기를 하나 들려드리겠습니다.

옛날에 어느 젊은 스님이 오로지 수행에만 정진하여 깨달음을 얻고 싶었습니다. 그래서 주지 스님의 승낙을 받아 사원 근처 호수에 있는 섬에 오두막을 지었습니다. 그 섬은 아무도 살지 않는 작은 섬이었습니다. 이 스님은 그곳에서 수행에만 몰두했습니다. 일주일에 한 번 사원에서 사람을 보내 스님에게 필요한 것이 무엇인지 확인하고 그 다음 주에 가져다주었습니다. 그렇게 삼 년이 흘렀습니다. 그 스님은 마침내 자신의 마음속에서 모든 번뇌가 다 사라졌다고 결론을 내렸습니다. 아라한이 되었다고 생각한 것입니다.

그 스님은 자신의 놀라운 증득을 주지 스님에게 알려야겠다고 생각했습니다. 그래서 매주 사원에서 보내는 사람에게 최상품의 화선지와 붓과 벼루와 먹을 가져다줄 것을 청했습니다. 다음 주에 화선지와 붓과 벼루와 먹이 오자 그 스님은 깊은 명상을 하고 나서 가장 청정한 마음 상태에서 사행시를 지었습니다. 명상 후의 평정심에서 붓을 잡았으므로 당연히 필체가 훌륭했습니다. 그 스님은 다음과 같이 썼습니다.

부지런한 스님은/ 삼 년간 혼자 정진하여/ 이제 네 가지
세상의 바람에/ 조금도 움직이지 않는다.

네 가지 세상의 바람은 명예, 존경, 이득, 칭찬을 의미합니다. 자신이 깨달음을 얻어 바위처럼 흔들림이 없다는 뜻입니다. 그 젊은 스님은 주지 스님에게 이 오도송(悟道頌)을 보냈습니다.

그런데 그 다음 주에 주지 스님이 같은 화선지를 되돌려 보냈습니다. 젊은 스님은 어리둥절해서 주지 스님이 되돌려 보낸 화선지를 펼쳐보았습니다. 첫 번째 구절 '부지런한 스님은' 뒤에 주지 스님은 커다란 글씨로 '뿡'이라고 써놓았습니다. '삼 년간 혼자 정진하여'라는 구절 뒤에도 주지 스님은 더 크게 '뿡'이라고 써놓았습니다. 세 번째 구절 뒤에는 더 큰 글씨로 감탄 부호를 붙여서 '뿡'이라고 써놓았고, 네 번째 구절 뒤에도 더 큰 글씨로 더 많은 감탄 부호를 붙여서 '뿡'이라고 써놓았습니다. 그리고 밑줄까지 쳤습니다. 젊은 스님은 몹시 화가 났습니다. 깨달음을 얻은 승려의 오도송을 이토록 모욕할 수 있다는 것을 믿을 수가 없었습니다. 그래서 심부름하는 사람이 타고 온 배를 타고 곧장 사원으로 갔습니다. 그리고 주지 스님을 만나 고함을 쳤습니다. 자기의 아름다운 시에 도대체 무슨 짓을 한 것인지 따져 물었습니다.

주지 스님은 종이를 펼쳐 그 스님이 쓴 시를 읽었습니다.

부지런한 스님은/ 삼 년간 혼자 정진하여/ 이제 네 가지
세상의 바람에/ 조금도 움직이지 않는다.

주지 스님은 이 스님을 바라보았습니다. 그리고 말했습니다.

"네 가지 세상의 바람에는 조금도 움직이지 않지만 네 번의 작은 방귀에 호수를 건너 이곳 사원까지 날아왔구나."

그 스님은 주지 스님의 말씀을 이해하고 다시 섬으로 돌아가 육칠 년 열심히 수행해 깨달음을 얻었다고 합니다. 하지만 이번에는 아무에게도 말하지 않았고 시도 쓰지 않았다고 합니다.

이렇듯 대승불교에서도 누군가 깨달음을 얻었다고 말하면 숨겨진 번뇌가 일어나도록 그 사람을 자극하는 경우가 있습니다. 수행자는 수행의 과정에서 자신이 깨달았다고 착각하기 쉽기 때문에 번뇌가 일어나도록 자극할 필요가 있는 것입니다.

색온(色蘊), 있는 그대로 놓아두기

많은 사람들이 오온(五蘊) 중에서 색온(色蘊)에 집착하지 않는 것은 쉬운 일이라고 생각합니다. 육체는 결국 자기 자신이 아닌 것이 분명하다고 생각합니다. 누구나 죽음을 맞기 때문입니다. 하지만 지금 어떤 사람이 여러분 뒤에서 커다란 칼로 목을 치겠다고 위협하면 어떨까요? 혹은 의사에게서 말기 암 선고를 받으면 어떨까요?

제가 아는 스님 중에 '담마난다'라는 스님이 있었습니다. 그 스님은 병원에서 말기 암으로 이제 몇 개월밖에 못 산다는 말을 듣고는 웃음을 터뜨렸습니다. 그 스님은 암 선고라는 것이 몹시 재미있다고 여겼습니다. 이런 경우를 통해 정말로 육체에 집착하지 않는다는 것이 무엇인지 알 수 있습니다. 집착이 남아 있는지 알려면 그런 계기가 필요합니다.

많은 수행자들이 수행의 과정에서 호흡이 없어지거나 몸이 사라지면 두려움을 느낍니다. 그러한 두려움이 수행자가 자신의 몸, 색온에 집착하고 있다는 것을 보여줍니다. 육체를 놓아버리지 못하고 여전히 집착하고 있는 것입니다. 다시 말해서 육체 어딘가에 자신의 자아가 있다고 생각하고, 육체를 자신의 것이라고 여기며, 육체가 자신이라고 믿는 것입니다. 그런 이론을 가지고 있다는 뜻이 아닙니다. 경전을 읽고 부처님의 의견에 동의하면서 색온에는 내가 없고, 색온은 나의 것이 아니고, 색온은 나의 자아가 아니라고 말할 수 있습니다.

그러나 실제로 자신이 어떻게 느끼는지 잘 관찰해야 합니다. 어떤 계기로 몸에 위협이 닥쳤을 때 놓아버릴 수 있는지 확인해야 합니다. 자신이 방문객의 자세로 육체를 대하는지 보십시오. 육체를 놓아버릴 수 있으면 더 이상 죽음을 두려워하지 않게 됩니다. 수행 중에 몸이 사라지고 호흡이 사라져도 두려움 없이 그저 받아들입니다. 자신과 상관없는 자연스러운 수행의 과정이라는 것을 이해하게 됩니다.

우리는 몸의 건강도 통제할 수 없습니다. 건강하려고 노력하지만 병에 걸립니다. 그저 있는 그대로 놓아두십시오. 건강도 병도 몸이라는 자연 현상의 한 과정입니다. 있는 그대로 놓아두십시오.

수온(受蘊), 행복과 괴로움 둘 중 하나만을 가질 수는 없습니다

두 번째는 수온(受蘊), 느낌입니다. 우리는 항상 즐거운 느낌만 바랍니다. 괴로운 느낌은 일어나지 않고 즐거운 느낌만 지속되기를 원합니다. 물론 몸에 위험이 닥쳐 통증으로 신호를 보내는 경우에는 피하는 것이 옳습니다. 하지만 언제까지고 즐거운 느낌만 지속되고 괴로운 느낌이 일어나지 않을 수는 없습니다.

괴로운 느낌이 사라지지 않고 지속되면 괴로움에 익숙해집니다. 마치 제가 태국 사원에서 먹던 생선 젓갈과 같습니다. 처음에는 몹시 역겹지만 결국에는 익숙해집니다. 가끔은 맛있을 때도 있습니다. 평소보다 역겨운 맛이 덜하면 맛있게 느끼는 것입니다.

괴로움과 즐거움이라는 느낌도 마찬가지입니다. 행복이란 그저 고통과 고통 사이의 간극일 뿐이라는 말이 있습니다. 그 이전의 순간이 괴로우면 괴로울수록 괴로움이 사라진 후의 순간이 행복하게 여겨집니다. 그 뒤에 오는 행복의 정도를 결정하는 것은 이전에 느꼈던 괴로움의 정도입니다.

병에 걸렸다가 나으면 스스로의 건강을 분명하게 인식하는 것과 같습니다. 일상적인 건강은 잘 자각하지 못하고 당연한 것으로 생각하기 쉽습니다. 일단 병에 걸려서 몸에 기력이 없고 열이 나고 고통스럽다가 병이 나으면 비로소 자신이 건강함을 느낍니다. 그리고 행복해합니다.

이처럼 행복과 괴로움은 서로 상호 관계에 놓여 있습니다. 우리는 그중 하나만 가질 수 없습니다. 행복감 없이 괴로움만 지속될 수는 없습니다. 괴로움이 지속되려면 이따금씩 행복감을 맛보아야 합니다. 마찬가지로 행복감만 계속 느낄 수도 없습니다. 행복감을 계속 느끼기 위해서는 이따금씩 괴로움을 느껴야 합니다. 그렇지 않으면 더 이상 행복감을 자각하지 못할 것입니다.

결국 느낌은 나 자신이 아닙니다. 저는 젊은 시절 느낌을 통제하려고 열심히 애썼습니다. 괴로움은 제거하고 행복감만 느끼려고 했습니다. 하지만 불가능하다는 것을 깨달았습니다. 누구도 느낌을 통제할 수 없기 때문입니다. 느낌은 자연의 현상입니다. 내가 아닙니다.

우리는 느낌을 통제할 수 없습니다. 행복하려고 노력하지만 괴로움이 일어납니다. 그러니 있는 그대로 놓아두십시오. 행복도 괴로움도 느낌이라는 자연 현상의 한 과정입니다. 있는 그대로 받아들이면 됩니다.

상온(想蘊), 행온(行蘊), 식온(識蘊)

그리고 다음은 상온(想蘊), 인식입니다. 우리는 스스로가 사물을 보고 있다고 생각합니다. 자신이 지금 이 법문을 듣고 있다고 생각합니다. 자신이 주변의 상황을 인식하고 있다고 생각합니다. 하지만 인식의 과정에는 주체가 없습니다. 인식의 과정은 모두 다 조건 지어진 것입니다. 우리는 모두 세뇌되어 있습니다. 자신이 속한 문화나 그 밖의 여러 가지 믿음 체계에 의해 세뇌되어 있습니다. 과학자도 자신의 믿음 체계에 상반되는 현상은 인식하려 들지 않습니다. 저는 과학자들이 주최하는 컨퍼런스에 참가하는 일이 많습니다. 그런 모임에 가면 과학자들이 얼마나 많은 도그마를 가지고 있는지 알 수 있습니다. 사실 그들의 이론은 각자의 믿음 체계에 근거하고 있습니다.

그리고 다음은 행온(行蘊), 상카라(saṅkhāra)입니다. 상카라는 '형성된 것'이라고 번역됩니다. 하지만 오온의 맥락에서 상카라는 의지라는 뜻입니다. 여러분은 의지가 스스로의 통제 바깥에 있다는 것을 알아챘습니까? 의지는 자아에서 비롯된 것이 아닙니다. 의지라는 것은 나와 무관한 것입니다. 그러므로 자신이 원하는 것을 얻기 위해서 스스로의 의지를 강하게 만들어야 하는 것이 아닙니다. 의지가 영리해지도록 훈련시켜야 하는 것도 아닙니다.

제가 말한 운전사 없는 버스 이야기와 같습니다. 운전석이 비어 있습니다. 의지란 없습니다. 하지만 여러분은 여전히 자신이 책임을 맡은 책임자인 것처럼 행동합니다. 그리고 기대가 충족되지 않으면 화를 냅니다. 제가 어떤 이야기를 하면 왜 그런 이야기를 하느냐고 항의하는 사람도 있습니다. 그 이야기를 한 것은 제가 아닙니다. 의지도 아닙니다. 그것은 원인과 결과입니다.

저는 법문 중에 곧잘 농담을 합니다. 제가 왜 농담을 할까요? 다른 스님들은 그다지 농담을 하지 않습니다. 제가 농담을 좋아하는 이유는 그저 저의 아버지가 농담을 즐겼기 때문입니다. 저는 거기에 조건 지어졌고 그래서 법문 중에 농담을 합니다. 원인과 결과입니다. 여러분도 마찬가지입니다. 여러분이 어떤 말을 하고 어떤 행동을 하는 것은 모두 조건 지어져 있습니다. 여러분이 특정한 행동을 하는 이유를 생각해보십시오. 그것이 정말 자신의 결정입니까? 선택을 하는 것은 누구입니까? 수행을 하도록 결정한 것은 누구입니까? 호흡을 알아차리려고 하는 것은 누구입니까? 어쩌면 호흡을 알아차리려고 하는 것은 '무엇'이냐고 묻는 것이 더 정확할 수도 있습니다.

의지가 자신과 아무 상관없다는 것을 알기는 매우 어렵습니다. 하지만 의지는 자연의 현상입니다. 나의 것이 아닙니다. 나 자신이 아닙니다. 나와 아무 상관없는 것입니다.

수행의 과정에서 어느 순간 의지가 멈춥니다. 이것은 중요한 전환점입니다. 이제 수행자는 무아(無我)를 이해할 수 있게 됩니다.

식온(識蘊), 의식도 마찬가지입니다. 이 법문을 듣는 것은 여러분이 아닙니다. 그저 오고 가는 마음의 작용일 뿐입니다. 일어나고 사라집니다. 의식은 자기 자신이 아닙니다. 이 법문을 듣는 것은 다섯 가지 무더기, 오온(五蘊)입니다.

아무도 이곳이 감옥이라는 것을 알지 못한다

말하기는 쉽습니다. 어쩌면 생각하기도 쉽습니다. 하지만 실제로 깨닫기는 어렵습니다. 자신이 살면서 가져왔던 전제와 반대되기 때문입니다. 여러분은 평생 동안 의지와 자신을 동일시해왔습니다. 의지라는 것을 왕좌에 앉아서 명령을 내리는 왕 같은 것으로 여겼습니다. 어떤 일을 해야 하는지 결정하고 옳고 그름을 판단하는 것이 의지라고 생각해왔습니다.

마음은 다섯 개의 커다란 벽에 갇혀 있는 수감자와 같습니다. 이 다섯 개의 벽은 시각, 청각, 후각, 미각, 촉각의 벽입니다. 대부분의 사람들은 이 다섯 가지 감각 바깥으로 나가지 못합니다. 이 감옥에는 간수가 있습니다. 그 간수가 바로 의지입니다. 이 간수는 여러분을 잠시도 조용히 놓아두지 않고 언제나 명령을 내립니다. 일어나라고 하고, 앉으라고 하고, 여기로 가라고 하고, 저기로 가라고 합니다. 여러분은 이 감옥과 간수에 너무나 익숙해져 있습니다. 이제 이 간수를 친구라고 생각합니다. 이 간수는 여러분을 잠시도 내버려두지 않습니다. 의지는 언제나 여러분을 움직이게 합니다.

어떤 사람들은 자신의 감방을 개선하려고 합니다. 다른 감방의 수감자와 결혼하기도 합니다. 감옥 안에서 자녀를 키우고 직장에 다닙니다. 돈을 많이 벌어 넓은 감방으로 옮기기도 합니다. 그리고 자신의 감방이 다른 수감자들의 감방보다 넓다고 자랑스러워합니다. 때로는 선거에서 당선되어 자신에게 권력이 있다고 믿기도 합니다. 또 그중에는 인자하고 자애로운 수감자가 있어서 가난한 수감자의 감방을 개선해서 좀 더 살기 좋은 곳으로 바꿔주는 데 평생을 바치기도 합니다. 또 어떤 수감자는 의술을 배워서 병든 수감자를 치료해주기도 합니다.

하지만 아무도 그곳이 감옥이라는 것을 알지 못합니다. 그래서 그들은 감옥에서 벗어나 자유를 얻으려 하지 않습니다. 심지어 감옥 바깥에 다른 세상이 존재한다는 것조차 알지 못합니다.

그러던 어느 날, 한 명의 수감자가 감옥 바깥으로 나갔습니다. 그리고 다른 사람들에게 빠져나갈 길을 가르쳐주기 위해 감옥으로 되돌아왔습니다. 그의 이름이 고타마 싯다르타, 그가 파놓은 터널이 바로 팔정도입니다. 그 터널을 빠져나가면 감옥 바깥으로 나갈 수 있습니다. 그것이 열반, 깨달음입니다. 아마도 선정이 먼저 오고 그다음에 깨달음이 온다고 말할 수 있을 것입니다. 왜냐하면 다섯 가지 감각에서 벗어나는 것은 선정의 역할이기 때문입니다.

여러분은 스스로를 더 나은 사람으로 만들 수 있습니다. 돈을 벌 수도 있고 유명해질 수도 있습니다. 하지만 여러분은 여전히 감옥 안에 있습니다. 그리고 의지는 여러분이 평화로운 상태에 있도록 놓아두지 않습니다. 심지어는 밤에도 그저 놓아두지 않습니다. 경전에 밤에는 연기 내고 낮에는 불타오른다는 표현이 있습니다. 밤에는 망상을 일으키고 낮에는 그 망상을 실행에 옮긴다는 뜻입니다. 결국 평화롭게 지내는 시간은 없습니다.

부처님은 우리에게 감옥에서 빠져나가는 터널이 바로 가까이에 있다고 말합니다. 그것이 팔정도입니다. 팔정도의 길은 고요함의 길입니다. 고요함만이 감옥의 간수에게서 벗어날 수 있는 수단입니다. 고요하게 머물면 의지가 더 이상 활동하지 않기 때문입니다.

'모든 형성된 것들이 가라앉음'[『상윳따 니까야』「무더기 상윳따」「찬나 경」(S22:90) 등]이라는 경전 구절이 의미하는 것이 바로 이것입니다. '형성된 것'의 빨리어가 '상카라'입니다. 이 맥락에서는 '모든 의지의 가라앉음'으로 해석해야 합니다. 의지가 점점 고요해져서 잠이 들면 마침내 감옥에서 빠져나올 수 있습니다. 그저 걸어 나오면 됩니다. 하지만 또 하나의 문제가 있습니다. 많은 사람들이 감옥 바깥으로 나오는 것에 두려움을 느끼고 감옥 안에서 행복을 느끼고 있습니다.

똥 무더기 속의 집착

옛날에 몹시 친한 두 명의 스님이 있었습니다. 그 두 스님은 죽어서 한 스님은 천상의 천신으로 태어났습니다. 하지만 다른 스님은 무언가 악한 업을 지었는지 똥 무더기 속의 벌레로 태어났습니다.

천신으로 태어난 스님은 천신의 신통력으로 다른 친구 스님이 어디에 태어났는지 살펴보았습니다. 하지만 천상계에서 친구 스님을 찾을 수 없었고, 인간계에서도, 동물계에서도 찾을 수 없었습니다. 그래서 그 스님은 점점 더 낮은 단계의 동물을 살펴보았습니다. 그러다 결국 똥 무더기 속의 벌레로 태어난 자신의 친구를 발견하였습니다.

그래서 이 천신은 똥 무더기 앞에 모습을 드러냈습니다. 그리고 친구였던 벌레를 불러내어 자신을 기억하는지 물었습니다. 그 벌레는 기억하지 못했습니다. 그러자 천신은 벌레와 자신이 친구였다고 설명하고 자신은 아름다운 천상에 태어났다고 말했습니다. 그리고 자신이 데리고 갈 테니 함께 천상에 가자고 권했습니다. 그러나 벌레는 내켜하지 않았습니다. 그러고는 천상에도 똥이 있느냐고 물었습니다. 천신은 그렇지 않다고, 천상에는 그런 더러운 것은 없다고 말했습니다. 벌레는 똥이 없다면 자기는 가지 않겠다고 말했습니다. 벌레는 똥이야 말로 자신의 음식이며 집이라서 자신은 향기롭고 따뜻한 똥 없이는 하루도 지낼 수 없다고 했습니다. 천신은 천상의 아름다움을 묘사하고 천상의 음식이 얼마나 맛있는지 말했지만 벌레는 들으려 하지 않았습니다.

천신은 생각했습니다.

'만약 내가 이 벌레를 천상에 데려가서 직접 천상의 아름다움을 보게 하면 생각이 바뀔 것이다. 억지로라도 데리고 가자.'

그래서 똥 무더기 속에 손을 집어넣고 벌레를 잡아 꺼내려 했습니다. 천신이 그런 행동을 하는 것을 상상해보십시오. 하지만 천신이 벌레를 잡으려 할 때마다 벌레는 미끄러져 빠져나갔습니다. 벌레는 온몸에 똥을 묻히고 있었기 때문에 매우 미끄러웠습니다. 천신은 벌레를 잡을 수가 없었습니다. 하지만 천신은 포기하지 않았습니다. 한 손으로 코를 막고 다른 한 손으로 똥 무더기 속에 손을 집어넣어 벌레를 잡으려 했습니다. 하지만 거의 잡힐 뻔할 때마다 벌레는 용케도 몸부림을 쳐서 빠져나갔습니다. 구 일 동안 천신은 벌레를 잡으려고 애썼지만 벌레는 어떻게든 빠져나갔고 다시 똥 무더기 속으로 기어들어 갔습니다.

이것이 바로 집착입니다. 더럽고 냄새나는 것도 이 벌레에게는 세상에서 가장 아름답고 소중합니다.

저는 이 명상 수련회를 지난 구 일 동안 가르쳤습니다. 저는 여러분을 거의 꺼낼 뻔했습니다. 하지만 여러분은 다시 똥 무더기로 기어들어 갔습니다. 여러분은 바깥으로 나오기를 원하지 않습니다.

그것이 바로 집착입니다. 사람을 꺼내는 것은 쉬운 일이 아닙니다. 어디까지는 나오지만 다시 기어들어 갑니다. 여기에는 재가 수행자들이 있습니다. 이 수련회가 끝나면 출가해서 스님이 될까요? 아마도 똥 무더기 속으로 다시 기어들어 갈 것입니다. 그곳이 근사하고 따뜻하며 아늑하다고 말할 것입니다. 벌레가 보는 방식과 같은 것입니다.

깨달음을 얻는 것은 이런 이유에서 어렵습니다. 우리는 문제가 무엇인지 알지 못하고 자신이 행복을 누리고 있다고 생각합니다. 감옥 안에 머물러 있으면서 다른 세상을 알려 하지 않습니다.

의지는 감옥의 간수입니다. 시각의 경험, 청각의 경험, 후각의 경험, 미각의 경험, 촉각의 경험 등은 기본적으로 괴로움입니다.

사람들은 추한 대상을 보는 것은 괴로움이지만 아름다운 대상을 보는 것은 즐거움이라고 생각합니다. 소음을 듣는 것은 괴로움이지만 아름다운 음악을 듣는 것은 즐거움이라고 생각합니다. 하지만 감옥 안에서 아무리 즐거운 일을 경험해도 감옥 바깥과 비교하면 그것은 여전히 괴로움입니다. 가장 아름다운 마음 상태도 마음이 멈추고 사라졌을 때와 비교하면 괴로움입니다. 경전에서 말하듯 열반이 최상의 행복입니다.

굶주림은 가장 큰 병이고 / 이 몸은 가장 큰 괴로움이다. /
이것을 사실 그대로 알면 / 열반은 최상의 행복이다.

건강은 최상의 이익이며/ 만족은 최상의 재물이며/

신뢰는 최상의 친척이며/ 열반은 최상의 행복이다.

___『담마빠다』 게송 203~204, 일아 스님 옮김, 불광출판사

만일 이것을 이해하면 어디에나 괴로움이 있다는 것을 볼 수 있을 것입니다. 다섯 가지 무더기, 오온이 아무리 아름다운 모습을 띠고 있어도 여전히 괴로움입니다.

의지는 여러분과 아무 상관없습니다. 의지는 괴로움입니다. 의지를 북돋우지 마십시오. 의지를 강하게 만들지 마십시오.

노력은 자아라는 관념을 점점 강화시킵니다. 사회에서 성공하는 것은 에고(ego)를 강화할 뿐입니다. 도널드 트럼프 같은 사람을 보십시오. 사회적으로 성공했지만 에고가 거대해져서 완전히 미망(迷妄) 속에 빠져 있습니다.

따라서 실패하는 편이 낫습니다. 실패하면 주변의 모든 것을 통제하려 들지 않을 것이기 때문입니다. 실패한 사람은 아무것도 통제할 수 없다는 것을 훨씬 잘 이해할 것입니다. 그래서 에고가 약화됩니다. 그러니 성공하지 말고 실패하십시오. 실패는 아름답습니다. 실패는 여러분의 에고를 약화시킵니다.

여러분은 왜 노력을 합니까? 누가 노력을 합니까? 이 모든 어려운 작업을 하는 것은 누구입니까? 많은 일을 열심히 하면 가치 있는

어떤 것을 얻을 수 있습니까? 아니면 점점 더 좌절하게 됩니까?

성공한 사람도 언젠가는 실패를 맛볼 것입니다. 그때 그의 에고에 어떤 일이 일어나겠습니까?

자아라는 관념을 가지고는 결코 깨달음을 얻을 수 없습니다. 길은 있으나 그 길을 걷는 자는 없습니다. 열반은 있으나 열반을 얻는 자는 없습니다. 자기 자신이 먼저 사라져야 합니다. 특히 자신의 의지가 사라져야 합니다. 놓아버리고 내맡기십시오. 자애로운 마음가짐을 가지십시오. 자애로움은 모든 것을 있는 그대로 놓아두고 통제하지 않는 것입니다.

수행은 장애라는 해충을 박멸하는 일이 아닙니다. 장애와 함께 지내는 법을 배우는 것입니다. 해충을 박멸하는 것이 좋은 일이라고 생각하십니까? 물론 그렇지 않습니다. 그러면 번뇌를 박멸하는 것은 좋은 일이라고 생각하십니까?

여러분은 자기 마음에 들지 않는 것을 파괴하려고 합니다. 하지만 파괴하기보다 세상을 다르게 보는 법을 배우십시오. 세상을 다섯 가지 무더기, 오온으로 보면 문제가 해결됩니다.

깨달음의 첫 단계인 예류자가 되면 삶은 훨씬 쉬워질 것입니다. 자아가 없다는 것을 깨닫기 때문입니다. 그렇지만 예류자가 되어도 다른 사람에게 말하지 마십시오. 왜 말하고 싶어합니까? 자아 때문입니다. 그런데 자아가 남아 있다면 아직 예류자가 아닙니다.

제가 좋아하던 스리랑카 스님이 한 분 계셨습니다. '난다망갈라'라는 스님입니다. 이 스님은 학승으로 유명했던 삐야닷시 스님이나 나라다 스님, 그리고 미국에서 활동하는 구나라타나 스님 등과 모두 친한 친구였습니다. 이 스님은 상당히 반항적이고 솔직한 성격이었습니다.

이 스님이 호주에 있는 저희 사원을 방문했을 때 누군가 이 스님에게 깨달음을 얻었는지 물어보았습니다. 그러자 이 스님은 자신은 깨달은 것이 아니라 굉장히 많이 소거(消去)되었다고 대답했습니다.

Are you enlightened? / No, I am highly eliminated.

깨달았다거나 해탈했다고 말하기보다 소거되었다는 표현이 더 정확합니다. 더 깨달을수록 여러분은 점점 더 소거됩니다. 누군가 수행이 어떻게 되어가느냐고 물으면 점점 더 소거되어가고 있다고 대답할 수 있을 것입니다.

이것이 수행의 여정에 대한 부처님의 설명입니다.

15

깨달음을 얻는 법

도(magga)와 과(phala) II

저는 강의를 위해 세계 여러 곳을 여행합니다. 그래서 정해진 시간이 되기를 기다리며 공항에 앉아 있을 때가 많습니다. 우리의 삶에는 그렇게 여분의 시간이 있습니다. 때로는 강의를 들으러 갔는데 강사가 오지 않아 오 분이나 십 분 기다려야 할 때도 있습니다. 약속 시간을 기다릴 수도 있고 버스가 오기를 기다릴 때도 있습니다. 살면서 이렇게 오 분, 십 분, 삼십 분 정도 여분의 시간이 생깁니다. 이러한 여분의 시간이 마음의 고요함을 계발하기에 가장 좋은 시간입니다.

오늘이 명상 수련회의 마지막 날이라서 단체 사진을 찍고 명상홀에 오니 십 분의 여유가 있었습니다. 그 십 분은 참으로 고마운 시간이었습니다. 저는 강의 내용을 미리 고민하지도 않았고 이런저런 망상으로 시간을 허비하지도 않았습니다. 저는 조용히 긴장을 풀고 여분의 십 분을 즐겼습니다. 이렇게 여분의 시간을 유용하게 사용할 수 있습니다. 시간을 낭비할 이유가 없습니다. 공항에서 비행기를 기다리거나 길거리에서 버스를 기다리거나 그 밖에도 정해진 시간이 되기를 기다리면서 생기는 여분의 시간을 유용하게 사용하십시오. 마음을 고요히 하고 현재 이 순간에 머무르십시오. 그러면 수행에 필요한 마음가짐이 계발됩니다.

바른 견해에 다다르는 방법

지난 법문에서 저는 깨달음에 대해 이야기했습니다. 깨달음의 첫 번째 단계인 예류과를 얻으면 자신이 존재한다는 유신견이 사라지고 바른 견해를 가지게 됩니다.

그렇지만 먼저 어떻게 해야 바른 견해를 가질 수 있는지 알아야 할 것입니다. 그래서 오늘은 바른 견해가 무엇인지 설명하기보다 바른 견해에 다다르는 방법에 대해 강의하겠습니다.

제가 출가한 첫해에 아잔 차 스님에게서 들은 이야기가 있습니다. 저는 이 이야기를 오랫동안 잊고 있었습니다.

여러분도 법문을 듣고 나서 법문의 내용을 잊었다고 생각하는 경우가 있을 것입니다. 하지만 진정한 가르침은 여러분의 마음속에 머물러 있다가 필요한 순간에 떠오릅니다. 수행하다가 장애를 만나거나 지혜가 필요할 때 오래전에 들었던 가르침이 떠오르는 것입니다.

저의 경우 수행 중에 갑자기 떠오른 지혜가 어디에서 왔는지 생각해보면 이미 잊었다고 생각했던 아잔 차 스님의 가르침인 경우가 많았습니다. 놀랍게도 가르침의 씨앗이 의식 아래에 머물러 있다가 필요한 순간에 모습을 드러낸 것입니다. 여러분도 오래전에 듣고 이미 잊어버린 법문의 내용이 수행 중에 떠오른 경험이 있을 것입니다. 올바른 가르침은 그렇게 마음속에 머물고 있다가 필요한 순간에 떠올라 장애의 극복과 수행의 진전에 도움을 줍니다.

제가 출가했던 즈음에 아잔 차 스님은 자신의 사원이 망고 과수원이고 그 망고 나무들은 부처님이 심은 것이라는 이야기를 여러 차례 했습니다. 부처님은 태국에 가지도 않았고 2,500년 전에 심은 망고 나무가 남아 있을 리도 없습니다. 모두 방편적인 비유입니다.

그리고 각각의 망고 나무에 수천 개의 망고가 열려 있는데 우리가 먹어본 중에 가장 맛있고 향기로운 망고라고 했습니다. 하지만 나무에 기어올라가서는 결코 망고를 딸 수 없으며 무엇을 던지거나 나무를 흔드는 것도 소용없다고 했습니다. 망고를 따서 먹을 수 있는 유일한 방법은 망고 나무 아래 조용히 앉아서 손을 벌리고 있는 것뿐이고 그렇게 있으면 망고가 저절로 손에 떨어진다는 것입니다.

저는 처음 그 이야기를 들었을 때 아잔 차 스님이 제정신이 아니라고 생각했습니다. 얼마나 오랫동안 나무 밑에 앉아 기다리고 있어야 망고가 떨어집니까? 그리고 망고가 떨어진다고 해도 벌린 손 안에 떨어질 확률이 있습니까? 떨어진다면 아마 머리 위로 떨어질 것입니다. 저는 그 이야기에 아무 의미도 없다고 생각했습니다.

하지만 오랜 후에 저는 그 의미를 이해했습니다. 우리는 열반을 얻기 위해 나무를 흔들어서는 안 됩니다. 나무에 기어올라가서도 안 되고 사다리로도 안 됩니다. 우리가 할 일은 나무 밑에 고요히 앉아 있는 것뿐입니다. 마음을 열고 그저 고요히 앉아 있으면 깨달음은 저절로 일어납니다. 깨달음을 얻기 위한 노력은 나무에 오르는 것과 같습니다. 깨달음을 얻기 위해 나무에 올라간 것이 얼마나 시간 낭비였는지 나중에 이해하게 될 것입니다.

하지만 지금 여러분은 저의 말을 듣지 않을 것입니다. 여전히 노력할 것이고 어쩌면 밤을 새워 수행할지도 모릅니다. 그러나 모든 노력이 허사로 돌아가고 좌절하게 되면 그때 저의 말이 떠오를 것입니다. 나무를 흔들지 마십시오. 그저 나무 밑에 조용히 앉아 있으십시오. 모든 것을 멈추고 고요히 앉아 있으십시오. 그러면 깨달음이 손에 떨어집니다.

지혜로운 당나귀

제가 만든 이야기도 하나 들려드리겠습니다. 당나귀와 당근의 이야기입니다.

당나귀는 힘이 매우 세서 무거운 수레도 끌 수 있습니다. 하지만 문제는 당나귀의 고집이 몹시 세다는 것입니다. 당나귀는 불교 승려보다 더 고집이 셉니다. 사람이 때리면 매를 맞으면서 가만히 서 있을 뿐이지 때린다고 사람의 말을 듣거나 하지 않습니다.

하지만 당나귀를 움직이게 하는 방법이 있습니다. 당나귀의 목에 막대를 묶고 그 막대 끝에 줄을 묶어서 그 줄의 끝에 당근을 매다는 것입니다. 그래서 당근이 당나귀 눈앞 50센티미터 부근에서 대롱거리게 만듭니다. 그러면 당나귀는 눈앞의 당근을 먹기 위해 앞으로 움직입니다. 당나귀가 움직이면 막대기도 움직이고 막대기가 움직이면 막대기에 매달려 있는 당근도 움직입니다. 당나귀가 당근을 향해 달려가도 당근은 언제나 당나귀 앞 50센티미터 정도에 머물러 있습니다. 그렇게 해서 당나귀는 수레를 끌게 됩니다.

수행할 때도 마찬가지입니다. 여러분의 바로 눈앞에 니밋따나 열반이 보입니다. 여러분은 그 니밋따나 열반을 향해서 움직입니다. 여러분이 움직이면 니밋따도 움직입니다. 어떤 순간에는 아주 가까이 있는 듯 느껴질 것입니다.

당나귀는 당근을 좋아합니다. 그래서 앞으로 걷기 시작합니다. 나중에는 달리기도 합니다. 하지만 아무리 빨리 달려도 당근은 여전히 50센티미터 앞에 있습니다. 그런데 가르침을 이해한 당나귀 한 마리가 이렇게 당근을 쫓아 달리다가 어느 순간에 멈춰 섰습니다. 그러자 당근은 관성의 힘으로 평소보다 멀어졌습니다.

수행하다가 놓아버리는 경우도 마찬가지입니다. 처음에는 끝없이 망상이 떠오르기도 하고 마음이 풀려 잠이 드는 경우도 있습니다. 그러면 사람들은 아잔 브람의 방식으로 수행하니까 수행이 퇴보했다고 생각합니다. 자신의 경우에는 긴장을 풀고 자애로움으로 대하면 마음이 고요해지는 것이 아니라 더 어수선해진다고 말합니다.

하지만 이 당나귀에게는 믿음이 있었습니다. 그래서 당근이 멀어져도 조금도 움직이지 않고 기다렸습니다. 당근은 점점 더 멀어져서 1미터 이상 멀어졌습니다. 그래도 당나귀는 꼼짝도 하지 않았습니다. 그러자 당나귀 평생 한 번도 일어난 적이 없는 일이 일어났습니다. 멀어졌던 당근이 다시 되돌아오기 시작한 것입니다. 순식간에 평소처럼 50센티미터 거리로 돌아왔고 계속해서 빠른 속도로 당나귀의 입을 향해 다가왔습니다. 당나귀는 무엇을 했을까요? 아무것도 하지 않고 기다렸습니다.

당근이 입에 닿는 순간 당나귀는 고요함을 유지한 채로, 망고나무 아래 고요히 앉아 손을 벌리는 것처럼, 당근을 향해 입을 벌렸습니다. 그리고 당근을 먹었습니다.

마지막 순간에 자신을 열어 받아들이지 않으면 당근이 입에 맞고 튀어나갈지도 모릅니다. 자신을 열어놓을 수 있는 자애로움이 없다면 깨달음이 일어나지 못합니다. 이것이 지혜로운 당나귀가 당근을 먹는 방법입니다.

여러분은 선정을 얻기 위해 달렸습니다. 깨달음을 얻기 위해 최선을 다했습니다. 여러 해 동안 달렸고 어쩌면 여러 생 동안 달려왔는지도 모릅니다. 이제는 달리기를 멈추십시오. 집착을 버리십시오. 바라는 마음을 버리십시오. 얻기 위한 노력을 그만두십시오.

노력을 멈추면 잡으려던 것이 오히려 멀어집니다. 그때 믿음과 인내와 지혜를 가지고 계속 고요히 머물러 있어야 합니다. 아무것도 하지 말아야 합니다. 그러면 얻고자 했던 것이 여러분을 향해 다가옵니다. 여러분이 자신을 열어 다가온 것을 받아들이면 비로소 당근을 먹을 수 있게 됩니다.

이것은 열반이 일어나는 과정에 대한 좋은 비유입니다. 특히 깨달음의 첫 단계인 예류자가 되는 과정을 잘 보여줍니다. 쫓아가지 말고 놓아두십시오. 움직임을 멈추고 고요히 머무르십시오. 그러면 지혜가 여러분에게 다가옵니다.

예류자

여러분은 괴로움을 이해하고 있다고 생각합니다. 하지만 여러분은 괴로움을 충분하게 이해하고 있지 못합니다.

부처님은 사람들이 깨달음을 얻지 못하고 윤회를 거듭하는 이유가 괴로움을 충분히 이해하지 못했기 때문이고, 그러므로 '이 괴로움의 진리는 철저하게 알아져야 한다.'라고 말합니다. 괴로움을 철저하게 이해한 후에 부처님은 스스로의 깨달음을 선언했습니다. 여러분은 괴로움을 철저하게 이해했습니까? 괴로움을 철저히 이해했다면 이미 깨달은 사람입니다. 깨달음을 얻지 못했다면 아직 괴로움을 이해하지 못하고 있다는 뜻입니다.

물론 괴로움에 대한 이해에는 두 가지 단계가 있습니다. 예류자의 단계는 자신이 가지고 있던 세계관에 처음으로 금이 가서 진리를 보기 시작하는 단계입니다.

율장의 주석서는 승려가 깨달음을 얻었다고 주장하는 경우 그것이 사실인지 아닌지 확인하는 여러 가지 질문의 예를 들고 있습니다. 거짓으로 깨달았다고 하는 것은 강제로 환속해야 하는 중한 범계이기 때문입니다.

그러한 질문 중의 하나는 깨달음을 언제 어디에서 얻었는지 그 시간과 장소를 묻는 것입니다. 그것은 깨달음을 얻는 것이 하나의 사건이라는 것을 말해주고 있습니다. 결코 잊을 수 없는 사건인 것입니다.

조금 전 우리는 단체 사진을 찍었습니다. 여러분은 사진을 찍었던 그 일을 기억하고 있습니다. 이삼십 분 전에 있었던 일이고 장소는 명상홀 앞의 잔디밭이었습니다. 여러분은 그 사건의 시간과 장소를 기억합니다.

언제 예류자가 되었느냐는 질문을 받고는 오랜 수행 기간 중에 서서히 예류과를 얻었다는 식으로 말한다면 그는 예류과를 얻은 것이 아닙니다. 예류과를 얻어 예류자가 되는 것은 시간과 장소를 기억할 수 있는 그런 사건입니다.

『앙굿따라 니까야』의 「기억 경」(A3:12)에서 부처님은 우리가 평생 기억해야 할 세 가지 장소가 있다고 말합니다. 첫 번째는 사미계를 받은 장소입니다. 비구계를 받은 곳이 아닙니다. 사미계를 받은 장소는 재가 생활에서 처음으로 승려 생활로 전환한 곳이라서 평생 기억하고 경배해야 한다고 부처님은 말합니다. 그리고 두 번째는 사성제를 깨달아 예류자가 된 장소입니다. 세 번째는 모든 번뇌를 다 없애고 아라한을 얻은 장소입니다. 이처럼 깨달음은 기억에 생생하게 남는 강렬한 사건입니다.

깨달음을 얻은 사람의 특징 중 하나는 그들의 견해가 변한다는 것입니다. 예를 들어 예류자는 자아가 있다는 견해를 갖지 않습니다. 반열반 후에 '우주적 의식'이나 '영원한 자아' 등이 남는다는 견해를 갖지 않습니다. 모든 것은 '일어나는 법'입니다. 그리고 일어나는 법은 모두 소멸하기 마련입니다. 이 진리를 깨달은 사람이 예류자입니다.

「초전법륜경」(S56:11) 등의 여러 경전에서 ['일어나는 법은 그 무엇이건 모두 소멸하기 마련인 법이다.'라는 티 없고 때가 없는 법의 눈이 생겼다.]는 정형구로 예류과를 얻었다는 것을 표현합니다.

강물이 모두 바다로 모이듯 깨달음을 얻으면 우주적 의식으로 흘러들어 브라흐만과의 합일이 이루어진다거나 모든 존재의 근원으로 돌아간다는 식의 갖가지 놀랍고 어리석은 설명이 있습니다. '모든 존재의 근원'이라는 단어는 그럴듯하게 들리지만 사실은 아무 의미도 없습니다. 사람들은 무의미하고 그럴듯하게 들리면 심오하다고 생각합니다.

저는 출가하기 전 영국에 있을 때 선불교 선사들의 법문을 들을 기회가 여러 번 있었는데 단 한 마디도 이해할 수 없었습니다. 하지만 법문을 같이 들었던 친구들은 법문이 몹시 심오하다고 했습니다. 저는 어느 부분이 어떻게 심오했는지 물었습니다. 그러자 그들은 자신이 전혀 이해할 수 없었으니 심오했던 것이 틀림없다고 했습니다.

양자물리학의 대가인 에르빈 슈뢰딩거(Erwin Schrödinger)라는 사람이 강의에서 자주 하던 말이 있습니다. 어떤 사람이 양자물리학을 정말로 이해하고 있다면, 그가 술집에 가서 여급에게 양자물리학을 설명했을 때 여급이 그것에 대해서 이해할 수 있어야 한다는 것입니다.

여러분이 어떤 법문을 듣고 그 법문을 이해할 수 없다면 그것은 아마도 법문을 하는 사람이 스스로 무슨 말을 하는지 이해하지 못한 채 말하고 있기 때문일 것입니다.

'견해 – 인식 – 생각'의 순환

예류자의 또 하나의 특징은 부처님과 법과 승가에 대해 완전한 믿음을 가지게 되는 것입니다.

수행의 과정에서 수행자는 부처님이 오래전에 경험한 것을 스스로 하나하나 경험하게 됩니다. 그러면서 부처님과 그의 가르침인 법에 대해 완전한 신뢰와 존경심을 가지게 됩니다. 그리고 깨달음을 얻는 데 최상의 조건을 제공하는 승가를 존경하게 됩니다.

깨달음을 얻으려면 반드시 승가의 일원, 승려가 되어야 하느냐는 질문을 종종 받습니다. 반드시 승려가 될 필요는 없습니다. 하지만 승려가 되는 것이 보다 쉬운 길입니다. 예를 들어 저희 사원이 있는 호주의 퍼스에서 스리랑카의 콜롬보까지 가야 한다고 생각해봅시다. 반드시 비행기로 가야 하는 것은 아닙니다. 다른 방법도 있습니다. 우선 호주 퍼스에서 자전거로 호주의 북부 해안까지 가면 그곳에서 페리를 타고 인도네시아 발리까지 갈 수 있습니다. 그리고 발리에서 인도네시아 북부로 가 해협을 건너 싱가포르로 갑니다. 싱가포르에서 말레이시아로, 말레이시아에서 태국으로, 태국에서 미얀마로, 미얀마에서 북인도로 갈 수 있습니다. 북인도에서 인도의 남부 해안까지 와 배를 타고 콜롬보로 갈 수 있습니다. 그것은 가능합니다. 하지만 그렇게 가는 것은 정말로 어리석은 일일 것입니다. 요즘에 비행기 여행이라는 것은 그렇게까지 비싼 것은 아닙니다. 비행기를 타면 호주 퍼스에서 스리랑카 콜롬보까지 몇 시간이면 쉽게 갈 수 있습니다.

재가자로 깨달음을 얻는 것도 역시 가능합니다. 하지만 깨달음을 얻는 데는 승가라는 아름다운 방법이 있습니다. 승가에 합류하면 부처님이 만들어낸 근사한 항공편으로 가는 셈입니다. 그런 의미에서 승가는 붓다 항공이라고 말할 수 있습니다.

재가자가 깨달음을 얻을 수 있는지에 대한 답은 '그렇다'입니다. 물론 가능합니다. 하지만 승가의 일원이 되는 것이 최상의 방법입니다. 만일 정말 원하는 것이 깨달음이라면 왜 재가 생활을 포기하지 않습니까?

예류자가 되면 승가에 대해 커다란 믿음을 가지게 됩니다. 승가가 존재하는 목적을 이해하고 승가를 보전하기 위해 노력하게 됩니다. 승가라는 것은 부처님이 남기신 유산 같은 것입니다. 저는 그런 이유에서 상좌부 전통에 비구니 승가를 다시 세우기 위해 최선을 다했습니다. 부처님이 남기신 유산 중의 일부가 상실되었다고 생각했기 때문입니다.

하지만 예류자에게는 여전히 탐진치의 번뇌가 남아 있습니다. 이미 무아를 이해한 예류자의 단계에서 어떻게 욕심이나 분노 같은 번뇌가 남아 있는지 의아해하는 사람도 있을 것입니다.

앞서 말했듯이 견해가 인식을 만들고 인식이 생각을 형성하고 생각이 다시 견해를 강화시킵니다. 그런 악순환을 통해 인지 과정의 왜곡이 지속되고 강화됩니다. [『앙굿따라 니까야』 「넷의 모음」 「전도(轉倒)경」(A4:49)]

간단히 말하자면 견해가 경험과 생각을 좌우하는 것입니다. 그래서 잘못된 견해를 가지면 모든 경험을 다 왜곡해서 받아들이게 됩니다.

기독교인은 다른 사람들이 도대체 어째서 신의 존재를 인정하지 않는지 이해할 수 없다고 말하기도 합니다. 기독교인에게 신의 존재라는 것은 너무나 자명한 사실인 것입니다.

사람들은 자신의 견해에 따라 세상을 바라보기 때문에 모든 경험을 자신의 견해를 증명하는 것으로 받아들입니다. 그리고 자신의 견해에 반대되는 것은 아예 처음부터 인식하지 않게 됩니다. 기독교인은 신이 없다는 어떠한 증거도 인식하지 않습니다.

이처럼 견해에 의해서 우리의 인식 자체가 왜곡됩니다. 그리고 인식에서 받아들인 일차적인 정보를 통해 우리의 생각이 형성됩니다. 인식한 것에 기반을 두고 생각하는 것입니다.

여러분이 이 명상 수련회를 좋은 것이라고 인식한다면 여러분은 이 수련회가 좋았다는 '생각'을 가지게 됩니다. 하지만 여러분이 이 수련회는 음식도 좋지 않았고 너무나 말이 많았고 수행할 시간이 없었다고 인식한다면 이 수련회는 좋지 않았다는 '생각'을 가지게 됩니다. 그리고 그러한 생각이 견해를 강화시킵니다.

견해는 인식을 만들고, 인식으로 생각이 형성되고, 생각은 다시 견해를 강화시킵니다. 이 세 가지가 계속 돌고 돕니다.

만약 불멸의 자아, 우주적 의식, 궁극적 존재, 죽지 않는 불사의 마음 같은 것이 존재한다는 견해를 가지고 있으면 수행 중에 그런 것을 경험하게 될 것입니다. 그런 것을 인식하고 생각하고 더 나아가 다른 사람에게도 가르치게 될 것입니다. 저의 도반 스님 중에도 불사의 마음에 대해 가르치는 스님들이 있습니다. 계율도 잘 지키고 수행도 열심히 하는 좋은 스님들인데 그런 것을 가르칩니다. 사람은 자신이 가지고 있는 견해에 맞추어 인식하기 때문입니다.

제가 그들의 견해를 반박하면 그들은 저도 깊은 수행을 경험하면 그런 것을 이해할 수 있을 것이라고 말하고는 합니다. 어쩐지 기독교인들의 논리와 유사합니다. 믿으면 알게 된다는 것입니다.

어떤 견해를 가지면 그 견해에 따라 인식하게 됩니다. 예를 들어 불멸의 자아가 있다고 믿으면 그러한 견해에 따라서 불멸의 자아를 경험하게 되고 그러한 경험으로 인해 견해가 더욱 강화됩니다. 이러한 왜곡의 악순환을 부수기는 매우 어렵습니다.

이러한 왜곡을 깨는 방법은 다섯 가지 장애를 극복하는 것입니다. 장애가 없으면 여러분은 세상을 있는 그대로 볼 수 있게 됩니다. 장애가 없으면 더 이상 보고 싶은 대로 보거나 기대하는 대로 보지 않습니다.

예류자가 되면 장애의 일부가 사라집니다. 그러면 기존에 가지고 있던 견해가 완전히 뒤집힙니다. 다시는 전에 가졌던 견해대로 세상을 보지 않을 것입니다.

수행의 여정에서 큰 영향을 미치는 것이 바로 견해입니다. 그래서 팔정도 중에 첫 번째가 바른 견해, 정견입니다. 경전에서는 예류자를 '견해를 구족한 자'라고 표현하기도 합니다.

어떤 사람들은 모든 견해가 다 잘못되었다고 말합니다. 견해를 가진 사람은 모두 다 잘못된 것이라고 합니다. 당연히 그렇지 않습니다. 바른 견해가 있습니다. '나'라는 것이 없다는 것을 알고, 인생이라는 버스에는 운전사가 없다는 것을 이해하는 것이 바른 견해입니다. 장애가 없는 상태에서 생겨난 견해이기 때문입니다.

예류자가 된다면 사실은 거기에서부터 수행이 시작되는 것입니다. 경전에서는 예류자, 일래자, 불환자를 유학(有學, sekha), 배우는 자라고 표현합니다. 배움이 시작되기 위해서는 우선 예류자가 되어야 하는 것입니다. 저는 이 구절을 처음 읽고 몹시 놀랐습니다. 그렇다면 예류자가 되기 이전에는 도대체 무엇을 하고 있었단 말입니까? 예류자가 되어야 '운전 연습 중'이라는 표지를 붙이고 도로에서 운전 연습을 하는 면허 시험 응시생이 됩니다. 그러면 그 이전의 상태는 무엇입니까? 아무 방향 없이 그저 오락가락했던 셈입니다.

예류자가 되면 자아는 존재하지 않는다는 바른 견해를 가지게 됩니다. 하지만 여전히 잠재적인 성향이 있습니다. 따라서 간혹 바른 견해를 잊기도 합니다. 오래된 습관이 모습을 드러내어 바른 견해를 덮어버리는 것입니다.

부처님의 시자였던 아난다 존자는 예류자였지만 부처님이 편찮으실 때는 법이 온통 분명치 않게 되었다고 말합니다. 그리고 부처님이 반열반에 드실 때는 문틀에 기대어 눈물을 흘립니다. [『디가 니까야』「대반열반경」(D16)] 이것이 예류자 상태의 좋은 예입니다. 예류자는 바른 견해를 잊을 때가 있습니다. 오래된 습관이 새로운 견해를 뒤덮는 것입니다.

흡연에 비유할 수도 있습니다. 담배 피우는 사람도 담배가 건강에 나쁘다는 것을 알고 있습니다. 하지만 오래된 습관이라서 몸에 나쁘다는 것을 알면서도 끊지 못합니다. 예류자도 이와 마찬가지입니다. 탐심이나 적개심이 해롭다는 것을 잘 알고 있습니다. 하지만 오래된 습관이 남아 있는 것입니다. 담배 피우는 사람이 언젠가 담배가 나쁘다는 것을 정말 완전히 이해하게 되면 그때는 담배를 끊을 것입니다. 예류자가 더 높은 증득을 얻는 것도 마찬가지입니다.

예류자는 수행을 통해 바른 견해가 새로운 인식을 만들 때까지 마음을 계발합니다. 유학의 과정, 즉 예류자, 일래자, 불환자의 과정에서는 여전히 오래된 인식이 바른 인식을 가로막기도 합니다.

인식을 변환시키는 과정이 범부의 마음에서 성인의 마음으로 전환되는 과정입니다. 예류자는 성인에 포함되지만 마음이 가끔씩 옛날 방식과 옛날 생각으로 되돌아갑니다. 그래서 예류자는 범부의 방식으로 인식할 때가 있습니다. 하지만 수행의 과정에서 바른 견해가 점점 더 강해집니다. 바른 견해의 힘이 강해지면 팔정도의 두 번째인 '삼마 상깝빠(sammā-saṅkappa, 正思惟)', '바른 마음가짐'이 정화됩니다. 말하고 행동할 때의 마음가짐이 올바르게 정화되는 것입니다. 놓아버리는 마음가짐은 바른 마음가짐입니다. 무언가를 얻으려는 마음가짐, 유명해지려는 마음가짐, 이득을 취하려는 마음가짐, 더 많은 제자를 가지려는 마음가짐은 바른 마음가짐이 아닙니다. 저는 여기서 제 강의를 듣고 있는 여러분을 존경합니다. 하지만 저는 여러분이 사라지기를 바라고 있습니다. 누가 제자를 원하겠습니까? 제자라는 것은 다 두통거리입니다.

모으려고 하는 것은 바른 마음가짐이 아닙니다. 버리려고 하는 것이 바른 마음가짐입니다. 좋은 수행자는 언제나 소유가 줄기를 원합니다. 소유가 늘어나기를 바라지 않습니다. 이것이 바른 마음가짐의 첫 번째인 놓아버림입니다. 바른 견해를 가지면 바른 마음가짐이 생겨납니다. 그러면 삶의 방향이 놓아버리는 쪽으로 변하게 됩니다.

저는 다른 나라를 여행할 때도 항상 승려용 가방 하나만 지니고 다닙니다. 부처님은 승려들이 새와 같아야 한다고 말씀하셨습니다.

예를 들면 새가 어디를 날아가더라도 자기 양 날개만을
짐으로 하여 날아가는 것과 같습니다. 그와 마찬가지로

비구는 몸을 보호하기 위한 옷과 위장을 지탱하기 위한
음식으로 만족합니다. 어디를 가더라도 이것을 지키며
갑니다. 대왕이여, 이와 같이 비구는 얻은 필수품만으로
만족합니다.

　　_『디가 니까야』「사문과경」(D2) §66, 초기불전연구원

저는 새가 짐 가방을 들고 다니는 것을 본 적이 없습니다. 멀리 날아
가는 철새가 등에 배낭을 메고 다니는 일도 없습니다. 공항의 세관
을 통과할 때면 가끔 세관원이 짐 가방은 어디 있는지 묻습니다. 불
교 승려라서 어떤 짐도 없다고 말하면 그들은 곧 이해합니다. 그리
고 승려라면 당연히 그래야 할 것 같다면서 저의 말에 동감을 표시
합니다.

　바른 마음가짐의 두 번째는 적개심 없는 마음가짐, 자애로움입
니다. 저의 경우는 아마 이 두 번째인 자애로움이 과하고 놓아버림
이 부족한지도 모릅니다. 그래서 모든 것을 놓아버리지 못하고 이렇
게 계속 강의를 하고 다니는 바보짓을 하는 것 같습니다.

　예류자가 되면 분노와 거친 마음은 점점 줄어들어서 매우 자애
로운 사람이 됩니다. 언제나 평화롭고 모든 것을 놓아버리는 사람이
됩니다.

무아

바른 마음가짐을 가지게 되면 바른 말, 바른 행동, 바른 생계가 자연스럽게 이루어집니다. 번뇌가 없으면 계율을 지키는 것은 쉽고 당연한 일이 됩니다.

세 가지의 바른 마음가짐인 놓아버림, 자애로움, 자비로움을 계발하면 자연히 바른 말을 하게 됩니다. 거칠게 말할 이유가 없어지는 것입니다. 다른 사람에게 소리 지를 이유가 없어집니다.

그리고 바른 마음가짐에 의해 바른 행동과 바른 생계가 자연스럽게 이루어집니다. 이득을 얻는 것보다 무언가 주는 것에서 즐거움을 느낍니다.

바른 정진도 바른 마음가짐에서 비롯됩니다. 경전에서 바른 정진은 네 가지로 설명됩니다. 아직 생겨나지 않은 좋은 품성을 생겨나게 하는 정진, 이미 일어난 좋은 품성을 지속되게 하는 정진, 아직 생겨나지 않은 좋지 않은 품성이 생기지 않게 하는 정진, 이미 생겨난 좋지 않은 품성이 사라지게 하는 정진이 바른 정진입니다. 모두 결과를 기준으로 삼고 있습니다. 따라서 어떤 방향으로 가면 어떤 결과가 나오는지 스스로의 경험을 통해 점검해보아야 합니다.

억지로 노력하고 애를 쓰면 부정적인 마음이 일어납니까? 아니면 평화로운 마음이 일어납니까?

억지로 애쓰며 노력하면 쉽게 화내고 분노하고 좌절하게 됩니다. 그리고 점점 까다로워집니다. 억지로 노력하는 사람들은 주변에 대고 소리칩니다.

"내 수행 방해하지 마!"

"소리 내지 말고 조용히 해!"

"가까이 오지 마!"

애를 쓰면 쓸수록 점점 더 요구하는 마음가짐이 되기 때문입니다. 저는 억지로 노력하고 애를 쓰는 수행자를 많이 보았습니다. 정직하게 말해서 저는 그들이 좋은 품성을 계발하는 것을 보지 못했습니다.

내맡기고 놓아버리고 자애로움과 자비로움을 계발하면 좋지 않은 품성이 점점 줄어듭니다. 기쁨과 행복감을 느끼게 되고 여러 가지 좋은 품성이 생겨납니다.

바른 견해에서 보면 내면에 있는 자아는 없습니다. 그렇다면 억지로 애를 쓰는 그 사람은 누구입니까? 왜 억지로 애를 씁니까? 애쓰고 노력하는 이유는 무엇입니까?

억지로 애를 쓰는 마음은 처음부터 잘못된 전제에서 비롯되었습니다. 버스에 운전사가 존재하고 있다고 생각하고 있고 그래서 운전사에게 빨리 가자거나 천천히 가자고 요구하는 것입니다. 더 열심히 운전하고 더 영리하게 운전하라고 합니다. 운전사가 없다는 것을 아직 모르고 있습니다. 바른 견해를 가지면 길은 자연스럽게 흘러가게 됩니다. 노력 없이 흘러가게 됩니다.

저는 승려라서 여러 종류의 사람을 만나게 됩니다. 때로는 유명한 운동선수도 만나고 세계적인 무용수를 만나기도 합니다. 한번은 세계적으로 잘 알려진 인도 고전 무용수를 만난 일이 있습니다. 저는 그녀에게 그토록 높은 수준의 무용을 할 수 있는 비결이 있는지 물었습니다.

그러자 그녀는 우선 충분한 훈련을 쌓은 후, 사람들 앞에서 공연할 때는 모든 것을 잊고 춤이 스스로 일어나도록 자신을 놓아버린다고 말했습니다. 이처럼 최고의 무용수는 무아에 대해 이해하고 있습니다. 자신이 길에서 비켜서서 춤이 저절로 일어나도록 놓아두는 것입니다.

저도 강연을 할 때 스스로 물러서서 강연 내용이 흘러나오도록 놓아둡니다. 저는 그런 경험을 많이 했습니다. 강연을 하는데 여전히 제 자신이 남아 있으면 말이 자연스럽게 흘러나오지 않습니다. 제 자신이 먼저 완전히 사라지면 말이 흘러나옵니다. 어떤 때는 저의 입에서 상당히 지혜로운 말이 흘러나와서 놀라는 경우도 있습니다. 괜찮은 강연은 제 자신이 사라졌을 때 나옵니다.

바른 견해가 있으면 자신이 사라질 수 있게 됩니다. 자신이 사라지면 어떤 노력 없이도 모든 것이 저절로 자연스럽게 일어납니다. 수행자는 아무 노력 없이 몇 시간씩 앉아 수행하기도 합니다. 그리고 즐거움을 누립니다. 어떤 노력도 필요 없습니다. 하지만 억지로 앉으려고 하면 두세 시간 앉는 것도 몹시 힘겹습니다.

저는 출가한 지 오륙 년 되던 해에 어떤 사원에 머문 적이 있습니다. 그런데 그 사원에는 신도들이 몰려와 이것저것 물어대서 수행을 할 수가 없었습니다. 그들은 외국인을 처음 보았기 때문에 제가 어디에서 왔는지, 부모님은 있는지, 형제는 몇 명인지, 출가하기 전에는 무슨 일을 하였는지 등의 온갖 질문을 다 했습니다. 법에 대한 질문은 없었습니다. 저는 결국 그 사원을 떠났습니다.

비좁은 버스를 타고 무더위 속에 종일 길을 갔습니다. 다른 사원에 도착했을 때는 이미 저녁 5시쯤 되었습니다. 온몸은 땀투성이였고 몹시 지쳐 있었습니다. 그런데 그 사원에서는 매일 저녁 6시부터 네 시간 동안 수행한다고 했습니다. 지친 상태라서 당황스러웠지만 여하튼 샤워를 하고 명상홀로 갔습니다.

다행히도 저는 수행하는 법을 알고 있었습니다. 그래서 모든 것을 놓아버렸습니다. 그리고 네 시간 동안 행복하게 수행할 수 있었습니다. 억지로 애쓰지 않았기 때문입니다.

애를 쓰면 긴장하게 됩니다. 그래서 몇 시간 수행하면 온몸이 아프고 괴로워서 수행 시간의 끝을 알리는 종소리만 기다립니다. 하지만 놓아버리는 방법을 알면 수행이라는 것은 전혀 애를 쓰지 않아도 되는 어떤 것입니다.

무용수나 음악가의 경우도 마찬가지입니다. 그들은 완전히 놓아버리지 않고 자신이 남아 있으면 공연 중에 무언가 일이 틀어지게 된다고 합니다.

이것이 바른 정진입니다. 바르게 정진하면 고요하고 평화스럽기 때문에 마음챙김이 강해집니다. 그리고 마음챙김이 강하므로 마음이 오랫동안 고요하게 머무릅니다. 그러면 장애가 일어날 틈이 없습니다. 장애는 영양분을 공급받지 못하고 약화됩니다.

불환자

선정에 오랜 시간 머무르면 더 이상 감각적인 쾌락을 원하지 않게 됩니다. 선정의 즐거움이 훨씬 더 강하기 때문입니다.

세상의 감각적 쾌락에 대한 집착이나 세속적인 즐거움에 대한 관심이 완전히 사라지는 것이 깨달음의 세 번째 단계인 불환자(不還者)입니다. 불환자는 더 이상 욕계에 태어나지 않습니다. 감각적 욕망에 대한 관심이 완전히 사라졌기 때문입니다. 다섯 가지 감각적 경험에 대해서 어떤 흥미도 없습니다. 세상을 떠날 때까지 다른 사람들에게 도움을 주며 그저 해야 할 일을 할 뿐입니다.

불환자의 경우에는 바른 견해가 몹시 강해져 있습니다. 그래서 바른 견해가 인식에 스며들어 이제 더 이상 외부의 세상을 즐거움의 대상으로 여기지 않습니다. 가장 좋아하던 음식이나 아름다운 음악 혹은 아름다운 여인을 보아도 그러한 것들을 더 이상 아름답다고 여기지 않습니다. 남자는 남자고 여자는 여자일 뿐입니다. 더 이상 매혹되거나 하지 않습니다. 모든 것이 다섯 가지 무더기, 오온으로 보일 뿐입니다. 인식이 마침내 바른 견해와 합치된 것입니다.

불환자는 더 이상 화도 내지 않습니다. 아잔 차 스님의 경우 화를 낼 일이 있어도 웃음을 터뜨리고는 했습니다. 누군가 찾아와서 아잔 차 스님에게 바보 같은 중이라고 욕하자 아잔 차 스님은 웃음을 터뜨렸습니다. 그분이 웃는 모습을 보고 저는 그분의 인식이 완전히 전환되어 있다는 것을 알았습니다. 무엇을 듣든지 무엇을 보든지 분노를 터뜨리는 것이 아니라 웃음을 터뜨렸습니다.

저는 자주 실수를 저지릅니다. 제가 실수하면 상대도 웃고 저도 웃습니다. 함께 웃을 기회가 생기는 것입니다. 그래서 저는 제가 저지른 실수에 대해 이야기하는 것을 좋아합니다.

작년 12월 말레이시아의 쿠알라룸푸르 근교에서 명상 수련회를 지도했을 때의 일입니다. 제가 보기엔 22살쯤 되어 보이는 젊은 여자분이 수행에 대해서 개인 면담을 했습니다. 그녀 옆에는 함께 온 남자분이 있었고 그녀는 면담을 하면서 연신 그 남자분을 쳐다봤습니다. 면담이 끝나고 저는 그녀에게 옆에 앉은 사람이 남자 친구인지 물었습니다. 그러자 그녀는 웃음을 터뜨리면서 자신의 아버지라고 말했습니다. 하지만 그 두 사람은 몹시 즐거워했습니다. 그녀는 알고 보니 16살 소녀였습니다. 그 소녀는 자신이 22살 정도의 성숙한 여자로 보였다는 것을 칭찬으로 받아들였고 즐거워했습니다. 그리고 그 소녀의 아버지도 자신이 22살 정도로 보이는 여자의 남자 친구로 보일 만큼 젊게 보였다는 사실에 흐뭇해했습니다. 함께 웃고 나서 그들은 떠났다가 다시 돌아와 저희 사원에 150달러의 보시를 했습니다. 그리고 쪽지에 그 보시금으로 제가 새로 시력 검사를 받을 수 있기를 바란다고 적어놓았습니다.

저는 실수를 합니다. 실수를 한다고 화를 내지는 않습니다. 실수는 즐거움을 줄 뿐입니다. 바른 인식을 가지면 더 이상 화를 낼 일이 없습니다. 누군가가 여러분을 바보 천치라고 부르면 분노가 일어나는 것이 아니라 몹시 재미있는 일로 여기게 됩니다.

바른 견해를 가지면 바른 인식을 가지게 되고 바른 인식으로 바른 견해를 보완하게 됩니다.

제일 마지막에 변하는 것이 '생각'입니다. 『상윳따 니까야』의 「케마까 경」(S22:89)에는 불환자와 아라한의 차이를 설명하는 대목이 나옵니다. 불환자가 된 사람은 인식이 정화되어 있지만 간혹 자기 자신이 존재한다는 생각이 떠오른다고 합니다.

「케마까 경」에서는 빨래를 했는데 빨래를 위해 사용했던 세제의 냄새가 남아 있는 것에 비유하고 있습니다. '내가 있다'는 생각이 미세하게 아직 배어 있는 것입니다. 인식의 형태가 아니라 생각의 형태로 남아 있습니다. 그 상태가 불환자입니다. 하지만 이것은 시간이 지나면 해결되는 문제입니다.

저는 여러분 중 많은 분이 이 명상 수련회 후에 불환자가 되면 그것으로 만족하리라고 생각합니다. 아라한까지는 아니더라도 그 정도면 괜찮다고 여길 것입니다.

사람들은 수행자가 선정에 집착하는 위험에 대해 말합니다. 그 것은 사실입니다. 수행자는 선정에 집착할 수 있습니다. 그러나 선정에 대한 집착은 불환자가 아라한이 되는 것을 방해할 뿐입니다. 그러니 그 집착이 큰 문제가 되지는 않을 것입니다. 다른 것에 대한 집착이 문제를 일으킵니다.

바른 견해를 통해 바른 인식을 가지게 되고 마침내 바른 생각을 가지게 됩니다. 그 세 가지가 모두 합치해서 더 이상 바라는 마음도 없고 분노도 일어나지 않는 상태가 아라한입니다. 마침내 자유로 워진 것입니다.

누군가 여러분에게 와서 자신이 불환자나 아라한이라고 한다면 그 사람은 불환자나 아라한이 아닙니다. 불환자나 아라한이라면 자신이 그렇다고 말하지 않을 것입니다. 만일 여러분이 깨달음을 얻으면 침묵하기 바랍니다. 남들에게 말할 필요가 없습니다. 한국의 어느 비구니 스님은 이렇게 충고했다고 합니다.

"깨달음을 얻으면 부디 아무에게도 말하지 마라. 한번 말하면 나머지 평생 동안 자신이 깨달았다는 것을 증명하느라 인생을 소비할 것이다."

사람들은 여러분을 몰래 엿보고 여러 가지 이유를 찾아서 여러분이 깨닫지 않았다는 것을 증명하려 들 것입니다. 그러니 깨달으면 침묵을 지키십시오.

부처님은 승려들이 실제로 깨달음을 얻어도 자신이 깨달았다고 재가 신도에게 말하는 것을 계율로 금했습니다. 승려가 자신의 깨달음을 드러내는 것은 승가 안에 차별을 만들 수도 있기 때문입니다.

제가 출가한 지 얼마 안 되었을 때의 일입니다. 여러 번 말했듯이 그 당시 저희가 먹는 음식은 몹시 열악했습니다. 그런데 어느 날 아침, 음식을 가득 실은 트럭이 사원으로 들어왔습니다. 도시에 사는 신도가 여러 가지 반찬과 과일과 푸딩과 과자 등을 보시하기 위해 트럭에 싣고 왔던 것입니다. 저는 기대에 들떴습니다. 그 신도는 트럭에서 내려 아잔 차 스님이 어디 계신지 물었습니다. 아잔 차 스님은 하필 그날 아침 마을에 사는 신도의 공양청을 받아 사원에 없었습니다. 그러자 그는 트럭에 다시 올라타더니 차를 몰고 가버렸습니다. 저는 정말 몹시 상처받았습니다. 아마 그 순간을 잊지 못할 것입니다.

경전에 따르면 깨달음을 얻은 사람에게 공양하는 것은 범부에게 공양하는 것보다 더 큰 선업이 됩니다. 특히 아라한에게 공양을 하는 것은 훨씬 커다란 선업입니다. 따라서 이 신도분은 자신의 공양을 저희와 같은 평범한 승려에게 낭비하고 싶지 않았던 것입니다. 마치 배당률이 높은 곳에 투자를 하는 것처럼 아잔 차 스님에게 공양을 올리는 것이 훨씬 더 큰 보상을 받을 수 있다고 생각한 것입니다.

그 일이 있고 나서 저는 승려가 스스로의 깨달음을 밝히지 못하게 금지한 계율의 목적을 이해했습니다. 그런 계율이 없다면 사원에 살던 깨달은 스님이 다른 곳으로 갔을 때 보시가 끊길 수도 있습니다. 그리고 누가 깨달음을 얻었는지 밝히면 그 스님만 쫓아다니는 스토커가 생길 수도 있습니다.

승가의 구성원들은 모두 평등하게 대해져야 합니다. 신도들이 사원을 방문했을 때 누가 깨달은 스님이고 누가 범부인지 알지 못해야 합니다. 그래서 모든 스님들이 동등하게 존경받아야 합니다. 그러니 침묵을 지키기 바랍니다.

이것이 이 명상 수련회의 마지막 법문이었습니다.
감사합니다.

스리랑카에 온 지도 벌써 십 년이 넘었습니다. 스리랑카에서는 아직도 깊은 숲속에 혼자 살면서 탁발하고 수행하는 생활이 가능합니다. 불교가 국교인 이 나라에서는 수행자를 돕는 것을 커다란 공덕으로 여깁니다. 외국인 수행자도 예외가 아닙니다. 저도 그 혜택을 누리고 있습니다.

    2017년 1월에 아잔 브람 스님이 스리랑카에 와서 열흘간 명상 수련회를 지도했습니다. 주로 승려들을 대상으로 하는 수련회였습니다. 스리랑카 스님들과 스리랑카에서 수행하는 외국 스님들이 많이 참가했으며 한국 스님도 저를 포함해서 네 명이나 되었습니다. 이 책은 그 수련회에서 있었던 열다섯 번의 강의를 모두 번역한 것입니다. 참가자들이 주로 수행승이었기 때문에 실제적인 수행의 방법이 하나하나 경전을 근거로 설명되었습니다. 아잔 브람 스님이 강조하는 놓아버림의 마음가짐이 사실은 부처님의 가르침에 담겨 있다는 것을 알 수 있는 좋은 기회였습니다.

스리랑카의 스님들은 대개 경전에 친숙합니다. 그래서 경전의 제목만 언급하고 설명이 이어지는 경우가 많았습니다. 이 책에는 독자들의 이해를 위해 경전의 내용을 함께 실었습니다.

이 책은 호흡 수행에 대한 설명입니다. 여기에는 부처님이 가르치신 호흡 수행의 열여섯 단계가 그대로 제시되고 있습니다. 아잔 브람 스님은 교학적인 접근을 통해서가 아니라 스스로의 수행을 통해 부처님의 가르침을 이해했고, 그래서 경전의 언어를 수행의 실용 지침으로 명쾌하게 해석하고 있습니다. 그런 의미에서 이 책은 수행자가 신뢰할 수 있는 좋은 안내서가 될 것입니다.

그리고 자칫 수행과 무관한 것으로 여기게 되는 사성제, 칠각지, 팔정도 등이 행복을 찾는 우리의 삶과 어떻게 직접 연결되는지 살아 있는 언어로 설명하고 있습니다. 이런 오래 묵은 용어들이 모두 '나'라는 낡은 세계관을 뒤집는 혁명의 언어라는 것을 말해주고 있습니다. 경험을 통해 알듯이 우리의 낡은 세계관은 불행에 이르는 세계관입니다. 세계관의 혁명이 없이는 행복에 이를 수 없습니다. 어떤 면에서 보면 평화롭고 고요한 이 내면의 혁명이 가장 유의미하고 불가역적인 혁명일 것입니다.

번역 작업에 중요한 역할을 한 분들이 있습니다. 행복 MBSR 연구소 김인중 소장님은 스리랑카로 와서 함께 수련회에 참가했으며 통역을 녹음했고 책으로 만들자는 아이디어를 냈습니다. 그분이 없었다면 번역은 아예 시작되지 않았을 것입니다. 그리고 무의미한 간투사와 잡음으로 가득한 녹음을 놀랄 만큼 정확한 녹취록 파일로 만들어 보낸 양훈주 님의 재능과 정성이 없었다면 번역의 시도는 미완성으로 그쳤을 것입니다. 두 분에게 감사드립니다.

아잔 브람 스님에게 감사하는 것은 새삼스러운 일일 것입니다. 하지만 이메일로 번역과 출판의 허락을 구했을 때 몇 시간 만에 흔쾌히 허락의 답장을 보내주신 것에 특별히 감사드리고 싶습니다.

그리고 함께 수련회에 참가했던 다른 두 분의 한국 스님, 로카히타 스님과 쿠살라 스님께도 고마움을 전합니다.

이제 저는 아무것도 할 일이 없어서 아무 일도 하지 않는 숲속 수행승의 생활로 돌아갈 수 있게 되었습니다.

__ 스리랑카에서
지나왐사 두 손 모음

아무것도 남기지 않기
아잔 브람의 위빠사나 명상 강의

ⓒ 아잔브람, 지나(왐사) 2018

2018년 3월 21일 초판 1쇄 발행
2023년 10월 13일 초판 5쇄 발행

지은이 아잔 브람 • 옮긴이 지나
발행인 박상근(至弘) • 편집인 류지호 • 편집이사 양동민
편집 김재호, 양민호, 김소영, 최호승, 하다해 • 디자인 쿠담디자인 • 제작 김명환
마케팅 김대현, 이선호 • 관리 윤정안
콘텐츠국 유권준, 정승채, 김희준
펴낸 곳 불광출판사 (03169) 서울시 종로구 사직로10길 17 인왕빌딩 301호
　　　　대표전화 02) 420-3200 편집부 02) 420-3300 팩시밀리 02) 420-3400
　　　　출판등록 제300-2009-130호(1979. 10. 10.)

ISBN 978-89-7479-390-6 (03220)

값 23,000원

잘못된 책은 구입하신 서점에서 바꾸어 드립니다.
독자의 의견을 기다립니다. www.bulkwang.co.kr
불광출판사는 (주)불광미디어의 단행본 브랜드입니다.